教育部人文社会科学研究一般项目资助"高校学位授予权研究"
（批准号：14YJC820086）

高校学位授予权研究

周慧蕾◎著

中国社会科学出版社

图书在版编目（CIP）数据

高校学位授予权研究／周慧蕾著．—北京：中国社会科学
出版社，2016.3
　ISBN 978 - 7 - 5161 - 7619 - 1

　Ⅰ.①高…　Ⅱ.①周…　Ⅲ.①高等学校—学位—授权
管理—研究—中国　Ⅳ.①G643.7

　中国版本图书馆 CIP 数据核字（2016）第 032910 号

出 版 人	赵剑英	
责任编辑	张　林	
特约编辑	李伟华	
责任校对	韩天炜	
责任印制	戴　宽	

出　　版	中国社会科学出版社	
社　　址	北京鼓楼西大街甲 158 号	
邮　　编	100720	
网　　址	http://www.csspw.cn	
发 行 部	010 - 84083685	
门 市 部	010 - 84029450	
经　　销	新华书店及其他书店	

印刷装订	三河市君旺印务有限公司	
版　　次	2016 年 3 月第 1 版	
印　　次	2016 年 3 月第 1 次印刷	

开　　本	710×1000　1/16	
印　　张	16.75	
插　　页	2	
字　　数	289 千字	
定　　价	62.00 元	

目　　次

第 一 章

绪　论

第一节　研究的缘起与目标

在如今符号化色彩愈加浓厚的社会里，学位这一符号所具有的意义对国家、组织和个体都显得格外重要。对国家而言，学位、学位制度是教育水准与品位的一个重要象征，是国际交流不可或缺的通行证，也是教育全球化的重要部分。[①] 对一个组织或机构而言，成员所拥有的高学位量是其服务高质量的重要证据。而其中对于高校或大学来说，是否拥有学位授予权，拥有何种学位授予权，都将成为衡量其所提供的高等教育质量与竞争力的重要指标。对个人而言，学位的拥有无疑影响甚至是决定了他/她的就业、社会地位和荣誉。

正因如此，我国在改革开放之初，社会主义法制建设百废待兴之际，将学位立法纳入重要日程，催马加鞭，于 1980 年出台了《中华人民共和国学位条例》。该条例对于我国学位制度的发展有着不可低估的意义。但随着法治建设的深入，《学位条例》的滞后性逐渐显露。对此，国家有关机构、社会各界也不断呼吁修订《学位条例》。从 1997 年始，《学位条例》的修订工作就正式纳入国家工作日程当中。2004 年全国人大常委会对《学位条例》进行了修订，但此次修订力度不大，与各界期待甚有差距。所以，出台更具时代性与完善性的《学位法》的呼声一直不断。

与此同时，以田永案为标志的高校与大学生纠纷的司法解决路径成为

---

① 1979 年 9 月 19—25 日，教育部为了重建中国研究生教育制度，在北京召开了高等学校研究生工作座谈会。会议指出，培养研究生一定要与学位制度结合起来。学位制度是教育制度的重要组成部分，是衡量一个国家学术水平和高等教育质量的标志。参见刘晖、侯春山编《中国研究生教育和学位制度》，教育科学出版社 1988 年版，第 12 页。

了社会关注的焦点。从最初媒体报纸惊呼与讶异大学生状告母校的标题中所凸显的传统伦理观念的羁绊，到后来"有权利必有救济"的权利话语的激荡，"突破特别权力关系"的理论观点的崛起，"让高校走出法治真空"的制度建构的呼唤，社会已经开始坦然接受高校涉讼案件，并对此进行理性思考与分析。其中，因学位纠纷而引发的诉讼案件是重点之一。自1999年刘燕文诉北京大学学位评定委员会博士学位不授予这一案始，因各种原因请求高校授予学位的案件不断涌现。除此之外，因学位撤销纠纷引发的陈颖诉中山大学案，以及因不满陕西省学位委员会博士点申报程序与结果的西北政法大学提起的行政复议案，使得学位纠纷的类型不断扩大，所涉主体从单纯的高校与大学生，扩展到政府部门。

纠纷的背后折射出了学位法律制度的诸多问题，比如在学位授予纠纷案件中，高校能否以道德品行作为学位授予的条件之一、能否提高学位授予标准与要求；高校学位授予行为到底属于法律法规授权，还是国务院学位委员会委托；学位是高校依职权主动授予，还是依大学生申请才授予；学位是否可以补授；法院是否可以直接判决授予学位等。而纠结在这些问题背后的是一些更为基础性的争议：学位的法律性质与功能、学位法律关系的主体与内容、高校自订学位规则的合法性来源、学位立法的规范密度、学位司法审查的界限与标准等。在这些争议中又蕴含着一个根本性的理论关怀：如何平衡高校自治（自主）、国家监督与大学生权利保障。

针对学位法律制度中的诸多问题，实务中尚未形成共识，时常造成相似案件不同结果，一定程度上影响了司法的严肃性与统一性；而学术界目前偏重于问题点的探讨，而且主要是就实践中的热点问题作出回应，这使得理论研究在整体上显得较为松垮、混杂。鉴于此，笔者认为对学位法律制度进行系统性的研究很有必要。

当然，若要面面俱到且深入系统地对学位法律制度进行探讨，又避免蜻蜓点水式地研究，还须假以更多时日、夯实功底。因此，本书更愿意选择从一个视角来切入。笛卡尔说过："画家是不能在一个平面上把立体的各方面同等地表现出来的，只有从其中选择一个主要方面正对着光线，把其他的方面都放在背阴处，使人们看正面的时候可以附带看到侧面。"①

---

① ［法］笛卡尔著：《谈谈方法》，王太庆译，商务印书馆2000年版，第35页。

在学位法律制度中能凸显其他侧面的正面，笔者认为就是高校学位授予权。① 无疑，这种选择的视角带有本土色彩。

纵览我国现有的学位纠纷案件，其最主要的争点在于高校能否在法律规定的学位授予标准之上增加要求。② 实务部门对于这一争点存在不同的回答。肯定者从高校自主权或学术自治的角度来论证其合法性，如湖北省武汉市中级人民法院认为："学位的授予是对学位获得者学习成绩和学术水平的客观证明，学校以培养人才为目的，有权对自己所培养的学生质量作出规定和要求"③；"各高等院校根据自身的教学水平和实际情况在法定的基本原则范围内确定各自学士学位授予的学术标准，是学术自治原则在高等院校办学过程中的具体体现，坚持确定较高的学士学位授予学术标准抑或适当放宽学士学位授予学术标准均应由各高等院校根据各自的办学理念、教学实际情况和对学术水平的理想追求自行决定"④。否定者则认为学位授予是国家授权高校行使的行政职权，应该严格按照法律规定。如福建省莆田市城厢区人民法院认为："国家实行学位制度，被告作为学士学位授权单位，应根据《中华人民共和国学位条例》规定的条件，对达到一定学术水平或专业技术水平的人员，授予相应的学位，并颁发学位证书，被告所制订的《莆田学院学士学位授予工作细则（试行）》中第三条：'在校学习期间，违反学校有关管理规定，曾受过校行政记过（含记过）以上处分者或按结业处理者，不授予学士学位'的规定，与《中华人民共和国学位条例》第四条规定相抵触，应认定无效。"⑤

对此，理论界同样存在不同观点。像湛中乐、胡锦光等学者就认同高校学位授予权属于国家行政职权的观点，如："我国实行国家学位制度，

① 高校即高等学校。根据《高等教育法》第 18 条规定，我国高校主要包括：大学、独立设置的学院、高等专科学校以及经国务院教育行政部门批准，承担研究生教育任务的科学研究机构。因专科不属于我国学位制度体系的一级，因此本书所指的高校并不包括高等专科学校。

② 笔者通过北大法宝、万律等资料库共收集了 35 份学位授予纠纷案件判决书。详见附件 1。

③ 杨蕾、刘毅、冯伟波、张维、白紫山诉武汉理工大学案行政判决书，（2006）武行终字第 60 号。

④ 何小强诉华中科技大学案行政判决书，（2009）武行终字第 61 号。该案例刊登在 2012 年第 2 期的《最高人民法院公报》上。

⑤ 张福华诉莆田学院案行政判决书，（2010）城行初字第 22 号。

高等学校颁发学位证书的权力来源于法律、法规的明确授权，从这一点上来讲，高等学校的学位授予行为属于法律、法规授权的组织行使行政职权的行为，应纳入具体行政行为的范畴。"[①] "高等学校对学位申请人授予学士学位、硕士学位和博士学位，是作为法律、法规授权的组织行使的行政职权"。[②] 而沈岿则对上述观点提出了质疑："如果仅就文字的意义而言，国家实行某种制度和国家在这方面享有独占的管理权力之间并不能画等号（试比较国家实行社会主义市场经济制度）；经国家批准设立或认可的一个组织按照国家规定作出某个行为，并不意味着这个组织是在代表国家行使公共权力（试比较经国家批准设立的企业之间依法签订合同的行为）。因此，单单根据《教育法》第21条、第22条之规定，断言学校颁发毕业证、学位证是一种代表国家的行政权力，论理上并不十分周延。"[③] 也有学者直接断言高等学校授予学位的行为属于学校自主管理行为。[④]

可见，实务争点的核心与理论观点的分歧在于：高校学位授予权到底属于高校自主权还是国家行政权？虽然学者们各自给出了答案，但是他们的论证都较为简单，有的甚至很牵强。这种观点纷乱的局面虽然存有多方面的原因，但笔者认为最关键的因素在于对学位授予权的基础性理论研究不够。换言之，我们必须在这一问题之上做进一步的思考：

1. 到底什么是学位授予权？学位授予权的主体是谁？其合法性来源在何处？内容有哪些？怎么运行？应遵循哪些原则？

2. 当下对高校学位授予权法律性质的争议源于哪些因素？对其性质的不同定位又将产生哪些法律效果？

3. 从事实、规范和价值的三维视角来看，高校学位授予权的法律性质呈现怎么样的状况？其法律特征和运行原则又是什么？

4. 从应然视角如何合理规范与保障高校学位授予权？

5. 如果要回答上述问题，还要廓清高校自主权与国家行政权的关系。

---

① 湛中乐、李凤英：《刘燕文诉北京大学案的法律分析——论我国高等教育学位制度之完善》，《中外法学》2000年第4期。

② 胡锦光：《北大博士学位案评析》，《人大法律评论》2000年第2期。

③ 沈岿：《公法变迁与合法性》，法律出版社2010年版，第119页。

④ 余功文、余翠兰：《高等学校教育管理行为辨析——以高等学校授予学位行为为例》，载《湖北社会科学》2007年第6期。

首先，衡量一项权利（或权力）属于高校自主权还是国家行政权的基准是什么？其次，由于国家行政权作为公权力，其性质、特点、运行原则等都存有基本共识，那么，高校自主权从法律性质上又具有哪些特征？其内涵、合法性来源又是什么？其运行又应遵循哪些原则？与行政权的区别在何处？与公民权利（如学生受教育权）又是什么关系？

正是基于上述疑惑，本书将对高校学位授予权进行全面性研究，去探讨它的基本内涵、法律性质、法律特征、运行原则，以及如何对其进行保障与规制，并期冀于这一研究能够具体达致下述目标，以抛砖引玉：

1. 基础性地厘定高校学位授予权制度中的基本概念与法律内涵；

2. 概貌性地透视高校学位授予权纷争背后的制度与理念因素；

3. 初步性地建构高校学位授予权保障与规制的合理路径与基本框架。

第二节 研究现状与文献综述

由于研究缘起于一种强烈的本土问题意识，本书的文献收集同样首先聚焦在本土文献研究上。虽然国外也存在由于学位授予而引发的司法纠纷，但是在学位授予权的性质上并未存在着高校自主权与国家行政权之争，基本上都肯定学位授予作为大学自治的基本内容。当然有关国外相关研究的文献概况，本书将在主文写作中作相应的介绍。本节主要就我国现有学位法律制度研究的文献作一简要综述。

一 研究线索与动因

从所掌握的文献资料来看，学位纠纷的司法诉讼案是学术研究的主要线索。而尝试着回答或解释学位纠纷中出现的问题则成为研究的主要动因。可以发现，实务中每出现一类学位纠纷，往往会引发一次研究热潮。从这一角度来看，下面三起学位纠纷事件是学位法律问题研究中具有标志性或开拓性的案例，其所遭遇的问题既是研究的热点、焦点，也是研究的趋势与方向。

一是刘燕文案。1997年田永诉北京科技大学案成为高校纠纷司法解决的标志性案件。① 此案成为学界研究的经典案例，一直不断地受到关注与探讨。该案虽涉及学位证书颁发问题，但由于其焦点在于田永是否已经丧失学籍，学校制订的考试规则是否违法等，致使学位授予问题并未受到关注。而真正引发学界对学位授予中法律问题的关注，则始于1999年刘燕文诉北京大学学术评定委员会案。② 该案引发的问题，如对不授予学位的决定是否属于行政诉讼受案范围、学术评定委员会是否可以成为行政诉讼主体、学位评定规则是否正当等，都成了学界探讨的主题。与此案相关的主要文献有，秦惠民：《从首例学位诉讼案看〈学位条例〉的修订》，《学位与研究生教育》2000年第2期；胡锦光：《北大博士学位案评析》，《人大法律评论》2000年第2期；湛中乐、李凤英：《刘燕文诉北京大学案的法律分析——论我国高等教育学位制度之完善》，《中外法学》2000年第4期等。

二是陈颖案。本案发生在2005年，中山大学以伪造学历为由撤销了陈颖的硕士学位。这是我国首例学位撤销纠纷诉讼，从而使学术研究从学位授予拓展到学位撤销的相关法律问题的探讨。与此案相关的文献主要有：肖鹏：《论撤销学位的法律规制——对中山大学撤销陈颖硕士学位案件的法律思考》，《中国高教研究》2008年第2期；湛中乐：《论对学位撤销权的法律规制——陈颖诉中山大学案的分析与思考》，载《大学法治与权益保护》，中国法制出版社2011年版，等等。

---

① 田永案简介：田永是北京科技大学应用科学学院物理化学系的学生。1996年2月29日在参加电磁学课程补考时，在厕所被监考老师跟踪发现有作弊嫌疑——写有电磁学公式的纸条掉在了地上。虽未抓到"正在偷看"的直接证据，但监考老师还是按考场纪律，取消了他的考试资格。北京科技大学依据校规"凡考试作弊者，一律按退学处理"，对田永作出了退学处分。但是，学校在作出退学处理并填发了学籍变动通知以后，并没有直接向田永宣布结果，也未给田永办理退学手续。此后两年时间里，田永继续在该校以在校大学生的身份，正常学习及活动。等到他修完学业并通过了论文答辩，学校才发现其已被退学处理，于是拒绝向他颁发毕业证书和学位证书。1997年田永就此向北京市海淀区法院提起行政诉讼并被受理。后一二审法院判决田永胜诉。

② 刘燕文案简介：刘燕文是北京大学无线电电子学系92级博士生。1996年1月24日北大学位评定委员会审查刘燕文的博士论文时，认为该论文未达到博士论文水平，而以6票赞成，7票反对，3票弃权的票数决定不予通过该博士论文并拒绝授予刘燕文博士学位。1999年9月24日刘燕文向北京市海淀区人民法院提起行政诉讼，将北大推上被告席。该案一审法院判决北大败诉，北大不服提起上诉，二审裁定发回重审。海淀区法院重新组成合议庭再审该案，最后以该案已过时效为由驳回起诉。刘燕文对该裁定不服，提起上诉，最终北京市中级人民法院维持再审一审的驳回起诉裁定。

三是西北政法大学案。2009年，陕西省学位委员会按国务院学位委员会发布的文件，作出的有关博士学位授权单位立项建设的决定。西北政法大学对此不服，向陕西省人民政府提起了行政复议。该案是我国第一例学位授权审核纠纷。该案把学位法律问题研究从大学与学生之间的纠纷，延展到了大学与国家机关之间的纠纷。与此相关的文献主要有：湛中乐：《西北政法大学"申博"行政复议案的法律分析》，载劳凯声主编《中国教育法制评论》（第7辑），教育科学出版社2009年版；湛中乐：《历史不应忘记：为何持续关注西北政法大学"申博"案》，载劳凯声主编《中国教育法制评论》（第8辑），教育科学出版社2010年版；等等。

二 研究方向与主要文献

从研究方向上看，这些文献资料主要集中在以下方面。

一是有关学位立法（法建构）。1980年制定的《学位条例》，从1997年官方将其纳入立法修订程序后，这方面的研究便开始得到加强。较早的如，秦惠民：《关于我国学位立法的若干思考》，《学位与研究生教育》1997年第5期；王大泉：《我国学位法律制度的特点及其缺陷分析》，载劳凯声主编《中国教育法制评论》（第1辑），教育科学出版社2002年版。2004年8月《学位条例》修订后，学界进一步对修订后的学位条例进行评判，提出立法建议。如唐余明、孙大廷：《〈学位条例〉所存在的问题分析》，《复旦教育论坛》2004年第2卷第3期；申素平：《学位立法的国际比较与借鉴》，《学位与研究生教育》2004年第11期；湛中乐：《进一步改革与完善学位法律制度》，《中国高等教育》2005年第2期；陈越峰：《学位评定立法：原则、主体、程序和救济》，《行政与法》2010年第1期。此外，亦有文章对学位立法进行回顾与展望，如吴本厦：《我国建立学位制度的决策和立法过程》，《学位与研究生教育》2007年第4期；刘元芳：《我经历的"中国学位30年"二三事》，《学位与研究生教育》2011年第2期；鲍嵘：《学位授予与社会公正——从〈中华人民共和国学位条例〉的创制说起》，《清华大学教育研究》2011年第2期。

二是有关学位法律关系主体。学位法律关系具有多层次性，既有大学与学生之间的学位法律关系，也有大学与国家（机关）之间的，还有国家（机关）与学生之间的。每一层面的法律关系都存有相关主体。其中，国务院学位委员会、省级学位委员会、校学位评定委员会、校学位评定分委员会，以及答辩委员会，是学位法律关系的主要主体。这些主体的法律地位，权力职责或权利义务，以及彼此之间的法律关系，需要深入研究。因为，现实中很多问题就是源于这些主体法律地位不明、关系不清。但从现有资料来看，这方面的研究较为薄弱，主要关注到了校学位评定委员会。与此相关的主要文献有：唐余明：《学位评定委员会的名与实》，《复旦教育论坛》2003 年第 1 卷第 3 期；张德瑞：《高校学位评定委员会的性质、地位与立法完善》，《学位与研究生教育》2009 年第 1 期。

　　三是有关学位法律关系客体。法律关系的客体实际上就是权利义务所承载的具体利益。① 那么，学位法律关系的客体主要有学位及其相关行为。

　　无疑，学位是学位法律关系中的核心概念。目前，学术界对学位的研究主要集中在高等教育学科，其中康翠萍的《学位论》最具系统性。② 文章建构了"个体—学术—社会"的理论分析框架，并从学术、教育、管理三个视角对学位及其本质与价值进行了论述。其中主要观点有："学术是学位的规定性和最终体现，舍此，就会改变学位的根本性质"；"学术的本质内涵是：学者个体通过教育活动追求学术的成果形式与社会通过管理活动对其评价、认可形式的统一体"；"为学位的价值反映的是学位这一客体的固有属性与学位的主体（作为个体的学位申请者和代表社会的学位授予者）之间的内在的需要关系，它具体表现在，学位的教育价值、学术价值、管理价值，个体价值和社会价值，工具性价值和目的性价值"。这些观点对研究与学位相关的现象和制度具有一定的启发性。但从法律的视角来看，学位到底具有何种内涵、性质与特点，仍需要作进一步的思考。当前对此研究并不多，主要文献有：李玉梅：《论学位的功能——质疑高校管理中不授予学位处罚的运用》，《学位与研究生教育》2005 年第 5 期；郑焱、张昶：《从法律视角重新认识学位和学位授予权》，《学位与研究生教育》2006 年第 4 期。

　　学位行为还包含着各行使主体的基本利益，在大学与学生之间主要包括学位申请、学位评定、学位授予、学位撤销；在大学与国家之间主要有学位授权申请、学位授权审核、学位授权资格撤销、学位评估等。目前法

---

① 孙笑侠、夏立安主编：《法理学导论》，高等教育出版社 2004 年版，第 126 页。
② 康翠萍：《学位论》，人民出版社 2005 年版。

学视角的研究主要集中于学位授予行为,与此相关的主要文献有:周光礼:《论学位授予行为的法律性质》,《科技进步与对策》2004 年第 3 期;余功文、余翠兰:《高等学校教育管理行为辨析——以高等学校授予学位行为为例》,《湖北社会科学》2007 年第 6 期;罗向阳、支希哲:《高校学术权力的泛化倾向:基于学位论文审查与学位授予的视角》,《学位与研究生教育》2008 年第 5 期;蔡洁:《我国高校学位授予行为的行政法规制》,中国人民大学博士学位论文,2009 年。

此外,研究较深入的是有关学位授权制度,不过其中大部分是从高等教育学视角进行。主要文献有:罗建国:《我国学位授权政策研究》,华中科技大学博士学位论文,2008 年;梁传杰、韩习祥、张文斌:《中国学位授权机制改革探析》,湖北人民出版社 2009 年版。

四是有关学位法律关系内容。学位法律关系因主体间的不同而形成不同的权利义务关系。其中,学位授予权具有重要意义,因为它既是国家与高校在学位法律关系的核心内容,也是形成高校与学生学位法律关系的核心要素。目前与此相关的主要文献有:石正义:《法理学视野下的学位授予权》,《湖北社会科学》2005 年第 10 期;贾媛媛:《高等学校学位证颁发权的法理研究》,中国政法大学硕士学位论文,2006 年。

五是有关学位纠纷与司法救济。正如前文所言,学位纠纷是引发学位法律问题研究的主要线索与动因,学界对此除了进行个案性研究外,还对此现象进行整体性研究。与此相关文献有:陈越峰:《高校学位授予要件设定的司法审查标准及其意义》,《华东政法大学学报》2011 年第 3 期(总第 76 期);吕莉莎:《从我国现实的学位纠纷看法律对高等学校权力的约束》,载劳凯声主编《中国教育法制评论》(第 4 辑),教育科学出版社 2006 年版。

六是有关域外比较研究。由于现实中学位众多问题引发了域外比较研究的兴趣。相对而言,该视角的研究涉及面较广,资料比较丰富。与此相关的主要文献有:申素平:《学位立法的国际比较与借鉴》,《学位与研究生教育》2004 年第 11 期;王秀槐(台湾大学):《德国、日本与美国主要大学研究所学位授予比较研究》,《复旦教育论坛》2006 年第 2 期;袁治杰:《德国博士学位法律制度研究及其对我国的启示》,《比较法研究》2009 年第 6 期;吴文灵:《美国"司法节制"原则在拒绝授予学位领域的适用》,《学位与研究生教育》2010 年第 2 期;等等。

七是有关高校学位规则合法性。在学位纠纷中高校自订的规则是否合法成为司法审查中一个焦点问题。目前学界主要从学位授予与高校发表论文要求的角度切入。与此相关文献主要有：丁伟、阎锐：《以论文发表数量作为学位论文答辩前提的法理追问》，《政法论坛》2008 年第 2 期；倪洪涛：《论法律保留对"校规"的适用边界——从发表论文等与学位"挂钩"谈起》，《现代法学》2008 年第 9 期。

三　主要内容与基本观点

有关学位法研究的主要内容与观点包括：1. 有关《学位条例》。（1）学位条例的立法目的与立法原则需要修正。不能仅有管理而无权益保护，秦惠民在《从首例学位诉讼案看〈学位条例〉的修订》一文中指出，学位条例基于管理的目标而欠缺对公民合法权益的保护，应随着权利意识的觉醒而修改，首先应该通过法律的可诉性对公民权利进行程序性保护，其次应在学位立法中加强对公民权利实质意义上的保障。在立法原则上，秦惠民坚持认为应以国家监督与管理为主。张传则认为，应该在立法中确立学术自由、学术自治与学术中立的原则。（2）学位条例名称与修法连续性问题。对于《学位条例》的名称不符合《立法法》应做修改，已有共识。但是应修改为什么，值得进一步思考。多数学者建议修改为《学位法》。至于制定的学位法与学位条例之间到底是修订关系，还是将学位条例废止，重新制定学位法，秦惠民建议应保持学位条例现有基本立法精神与原则，不是废止而是修订。（3）《学位条例》存在的问题。一是立法技术方面，如唐余明、孙大廷在《〈学位条例〉所存在的问题分析》中用列举的方式论证了《学位条例》存在立法技术方面的缺陷，如表述不明确、逻辑不严谨，以及立法的严重滞后性。二是立法内容方面。张传在《学位立法中应注意的问题》中指出，目前我国学位立法中存在使高校自主权受到较大限制、缺乏明确具体的学位授予基本标准、学位审查授予主体职能不清以及程序规定不健全和不完善的问题。2. 学位法的立法建议。形式框架方面，秦惠民在《关于我国学位立法的若干思考》中做了较为细致的探讨。实质内容方面，亦有学者提出了宏观性建议，如袁永红、代玉美、刘元芳在《〈学位法〉的立法分析》中建议在立法中应注意：（1）坚持立法的法制统一原则；（2）调整政府和学位授予单位之间的关系，建立大学学位制度；（3）保证学位授予的公开、公正、合理；

（4）明确权利义务，保障权利救济；《学位法》首先应注意各利益群体的权利与义务的平衡，明确规定各主体的权利、义务、责任，然后建立一套畅通的权利救济途径和争议解决办法；（5）与世界学位制度接轨。3. 对学位法规范体系建构的两种路径：（1）在单一国家权力中心下，建构以宪法—教育基本法—高等教育法—学位法—国务院学位管理行政法规—部门学位行政规章—各省市（地方）学位规章—各校学位规章的立法构建路径；在这种立法建构路径下，建立层级性学位规范体系。如蔡洁一文。（2）提议在"国家与社会二权"结构下，将校级学位规章视为自治规章，与法律规范体系相互辉映，但互不包含。国家学位立法只是为学位设定了最低标准。如陈越峰、倪洪涛等。

黄平则从实证角度指出我国目前学位法律制度是一种学术评判制度与行政管理制度共存一体的二元结构，但在实际运行过程中，两套制度出现了交叉并导致了功能的变异和法定功能的弱化。

从现有的文献资料来看，学位法律关系主体的研究比较薄弱，对其进行系统研究尚未着手。目前，研究焦点集中在由刘燕文案引起的对校级学位评定委员会与答辩委员会的主体性质，西北政法大学"申博"复议案后引起的对省级学位委员会主体性质的思考，而对于国务院学位委员会尚无相关研究。即使是对校级学位评定委员会的研究，也只是作一般性探讨，而未深入研究其组成规则与议事规则的合法性与正当性问题、权利行使与责任分担问题。具体而言：1. 学位评定委员会的法律地位。唐余明认为，我国学位评定委员会不是学位的评定机构，应当是学位授予单位中的管理机构，它的职责是批准学位，对学位工作进行领导和决策，这个机构的名称以学位委员会为宜。张德瑞认为，学位评定委员会并不具有以自己的名义颁发学位证书的权力。陈越峰建议，建立答辩委员会实施实质性审查、学校学位评定委员会进行形式性审查的二级评审体系。2. 答辩委员会的法律地位。（1）答辩委员会的专业判断。（2）必须由专家组成，实行回避制度。（3）议事规则不应简单地以无记名投票，而应由专家写成专家意见。（4）答辩通过与学位授予不存在直接联系。根据现有学位条例，学位获得必须具备：个人品质、课程完成、论文答辩通过。（5）法律责任。只对学术声誉负责。（6）答辩通过的法律效力。在专业判断上应给予充分尊重，不允许学校评定委员会任意推翻。（7）对学术争议，应有相应的学术仲裁委员会。

　　有关学位法律关系客体研究的主要内容与观点则主要包括：1. 学位的法律内涵。李玉梅认为，学位是个人学术水平的资格证书。2. 学位授予行为的法律性质。周光礼认为，学位授予行为是一种应申请行政行为。王学栋、张学亮认为，学位授予行为是行政主体依法行使行政权、并能产生法律效果的行为，是一种外部具体行政行为。肖鹏、汪秋慧认为，授予学位是学位授予单位对学位申请人学术水平肯定性评价的行政行为，同时也是授益行政行为。田鹏慧、赵建亮认为，学位授予是行政许可；丁伟、阎锐认为，学位授予属于行政确认行为。但是余功文、余翠兰则不同意上述观点，论证了高等学校授予学位的行为并不是授权的行政行为，而应是学校自主管理行为。3. 学位撤销行为与规范。田鹏慧、赵建亮认为，撤销学位是撤销一项行政许可，不是行政处罚。肖鹏、汪秋慧认为，撤销学位的法定条件应是学位申请人存在学术造假或者学术舞弊事实并且申请时学术水平明显低于被授予学位的标准，撤销学位应遵守行政法信赖保护原则、事实不可更改原则及正当程序原则。4. 学位授权审核制度与规范。对学位授权审核制度进行研究者不少，但从法律规范角度进行探讨的并不多。学位授权审核的前提是国家学位本位主义，目的是保障学位质量，在预设该价值前提下，对学位授权审核到底属于何种法律性质，其主体组成的合法性与正当性、国家与省级学位委员会的关系与职责、两级学位委员会作出的决定性行为的法律性质与可诉性问题、学位授权审核如何法治化问题，都值得深入探讨。目前，在学位授权制度上主要关注两个问题，一是学位授权审核的法律性质，二是如何法治化。胡大伟认为，实现学位授权审核行政法治之目标，需要建立软法之下的学位授权审核程序规制机制，完成学位授权审核由"行政审批"到"行政许可"的转变。

　　有关学位授予权研究的主要内容与基本观点主要有：1. 法律内涵。在学位授予权上存在国家学位本位与大学学位本位两种观点。以国家学位本位出发，国家是学位授予的权力主体，学位授予权具有权力性质，如郑焱、张昶认为，高等院校代表国家行使学位授予权，具有公定力、确定力、执行力等行政权力的特征。周光礼认为，学位授予权作为国家管理学位事务的权力，它实质上是一种行政权。因为学位授予权不仅是一种具有国家强制力的法定权力，而且是一种以公共利益为出发点的自由裁量权。石正义认为，学位授予权是一种法律法规授权，这种权力具有行政权和学术权的双重属性。莫玉婉认为，高校学位授予权是一种法律法规授权，不属于高校自主管理权的范畴。但是许中华则认为，高校学位授予权则属于法律法规授权下的高校自治权。2. 学位授予权的渊源。对于我国高校学位授予权的渊源问题一直存在着争议，目前学术界有四种理论。第一种理论认为它是来源于高校自治权，高校颁发学位证书属于学校享有自治权的一种体现，是对学术水平的界定。第二种理论认为它来源于法律法规授权，学位授予权是高校依法获得的对学生学术水平的评价权力。第三种理论认为它来源于公务法人的公权力，即高校是依法成立的公务法人，具有独立的法律人格，能够以自己的名义独立颁发学位证书，并能独立承担相应的责任，学位授予权受公法调整。第四种理论认为它来源于特别权力关系主体对相对人行使的行政管理权，学生入校后便与学校形成了一种"特别的权力关系"，学校对学生有绝对的管理权，学位授予行为不受司法干涉。

学位纠纷与司法审查研究的主要内容与观点主要包括：（1）学位纠纷的类型。从现有的案例来看，学位纠纷主要是三类，一是学位授予纠纷，二是学位撤销纠纷，三是学位授权纠纷。从案件数量上看，主要集中在第一类，而第二类与第三类仅各有一件案例发生，即陈颖诉中山大学的学位撤销案和西北政法大学"申博"行政复议案。鉴于此，目前学界研究主要集中在学位授予纠纷上。（2）学位授予纠纷的原因。高校自订学位授予办法与学位法律存在差异是导致学位授予纠纷的主要原因，如高校学位授予权与自主管理权之间的冲突。（3）学位授予纠纷的类型。目前存有共识的是，学位授予纠纷主要有三类：由于学生的学术不当行为，依照学校规章制度而失去学位资格引发的纠纷；因学生没有达到学校的学术要求失去被授予学位资格而产生的纠纷；因学位论文评价没有通过而引发的纠纷。（4）司法审查的依据与标准。在学位授予纠纷中，存有两种司法审查路径：一是以高校自主权为由，视学位授予为高校自主管理权，而认为不应予以干涉；二是以法律保留原则为由，否认高校自订规章中与法律法规不一致的规定的合法性，从而判决高校败诉。针对这两种路径，学界支持与反对之声都有。如张书占认为，高校自主权侧重点在于教学学习管理，学位纠纷侧重点在于学生的学术水平是否合格。高校自主权与学位纠纷二者之间没有契合点。司法实践中，以高校自主权作为审判学位纠纷的理由，没有法的依据，也违背了《行政诉讼法》的合法性审查原则。倪洪涛认为，法律保留对校规适用是存在一定边界的，对"学术性规则"而言，法律设定的"国标"只是学术的"最低标准"，为教育质量计，各大学的"学术性规则"可以在法律之上设定更加严格的学术条件。而对"行政性规则"，法律则是不可逾越的"上限"规范。陈越峰则通过案例研究，考察了我国法院在学位授予纠纷中的审查标准的转变，提出值得深思的问题，即如何平衡法律保留原则与大学自治原则在司法中的适用。

最后，高校学位规则合法性研究的主要内容与观点主要包括：（1）学生处分能否作为学位不授予的条件。田鹏慧认为，学位授予要求申请者具备学术条件和政治条件，引起学生处分的行为既包括学术性不当行为，也包括非学术性不当行为，其中学术性不当行为和学术直接相关，非学术性不当行为中的政治行为属于学位授予条件，其余部分和学位授予条件没有直接的关联，因此，不能直接将所有学生处分与学位授予相联结。（2）学位取得与论文发表的关系。丁伟、阎锐认为，我国学位属于国家学位，学位授予属于行政确认行为，高等学校作为授权行政组织，应当依照法定的学位授予标准向学生授予学位，其并没有依照授权取得学位方面的立法权，学校内部规章制度也不能对学位授予前提作出创设性规定。学校出台的挂钩规定，在我国现有法律框架内，合法性方面存在一定问题。

第三节　研究思路与方法

一　研究思路

正如埃利希所言："人类的思考必然受目的观念的支配，目的观念为人类的思考提供方向，决定材料的选择，决定思考的方法。"① 本书的研究思路与方法同样受限于写作目的。

上文已提及论文所期冀达致的三个具体目标：

1. 基础性地厘定高校学位授予权制度中的基本概念与法律内涵；

2. 概貌性地透视高校学位授予权纷争背后的制度与理念因素；

3. 初步性地建构高校学位授予权保障与规制的合理路径与基本框架。

但目标不等同于目的。因为写作目的不仅关涉到选题的学术意义与价值，更关怀着笔者的研究旨趣及学术抱负。在笔者的期待中，本书写作的

---

① ［奥］欧根·埃利希：《法社会学原理》，舒国滢译，中国大百科全书出版社2009年版，第4页。

目的并不限于这三个目标的实现。或者可以说，这三个目标只是本书写作目的的具体载体或选择视角而已。那么，扪心自问：本书写作的目的到底是什么呢？其欲达致的学术抱负又是什么？而这个选题能否真正完成这样一种写作目的的实现呢？

我国正朝着法治国家方向努力，但这条道路荆棘重重。德沃金尖锐地洞悉道："中国当前正处在一个社会和经济迅速变革的时期。这一变革带来了对于新的法律的巨大需求。而法律迅速发展的时期必然对维护法律的有效性提出特殊的挑战。"[①] 当然在中国，法律的有效性除了来自社会迅速变革的挑战外，还来自传统文化中与法治理念相冲突的观念和意识的挑战，特别是传统文化中视法律为治民的工具、重义务轻权利、重结果轻程序、重集体轻个人等。面对这种来自传统文化的挑战，学界存在着两种截然不同的观点：一种认为这些传统的观念和意识是法治建设的障碍，希望通过制度的理性建构来改变现状，如季卫东、贺卫方等；另一种则认为这些传统文化是法治建设中不可忽视的因素，必须重视这些本土资源，在其自身演化的过程中逐步实现法治，如苏力、梁治平等。[②] 可见，学者们虽然对如何在中国实现法治存在分歧，但对在中国要走法治之路则是存有共识的。笔者在这两种路径上更倾向于中庸，也许制度的理性建构与自身演化在当下中国都有存在的必要，但认为在当下更须关切的一个问题是对"法治"本质的准确解读。

何谓"法治"？两千年前希腊哲人亚里士多德就说过："法治应该包含两重意义：已成立的法律获得普遍的服从，而大家所服从的法律又应该是本身制定得良好的法律。"[③] 亚氏这一观点里就已包含了现代法治的主要问题，即法治的形式问题与实质问题。"法律的普遍服从"即法律的有效性是法治的形式要求；"制定良好"即法律的正当性，是法治的实质要求。这两个面相上的问题相互关联着，形式上的有效性必须以实质上的正当性为前提，否则这种仅依靠暴力贯彻的法律有效性无异于人治下的专制。在我国法治建设过程中，存在过于强调形式要求而忽视实质要求的现象。政府往往把法治简单地理解为法律的制定与执行的问题，而不问所制

① ［美］德沃金：《认真对待权利》，信春鹰、吴玉章译，上海三联书店2008年版，中文版前言，第2页。

② 参见孙笑侠《法学的本相——兼论法科教育转型》，《中外法学》2008年第3期。

③ ［古希腊］亚里士多德：《政治学》，吴寿彭译，商务印书馆1965年版，第199页。

定的法律本身是否存在正当性。正因如此才会有像孙志刚案、野蛮拆迁、怀胎七月被人流等事件的频发。所以，当下中国在宣告社会主义法律体系基本完成之际，问题的关键不再是法律的制定与执行，而是法律本身的正当性，我们必须从量化走向质化，从指数法治走向实质法治。

虽然衡量法治正当性具有价值主观性。但不管是把法治视为一种历史成就、一种法制品德、一种道德价值，还是一种社会实践，[①] 法治所内含的对公民权利的保障及对国家权力的制约都是正当性要求中最主要的旋律。"如果政府不给予法律获得尊重的权利，它就不能够重建人们对于法律的尊重。如果政府忽视法律同野蛮的命令的区别，它也不能重建人们对于法律的尊重。如果政府不认真地对待权利，那么它也不能够认真地对待法律。"[②] 所以，认真对待权利理应成为实质法治的核心，而权利研究也理应成为法治研究的重心。

法治的实践性同样赋予权利研究的具体实践性。因为只有"通过一项项具体权利的保护，通过对一项项具体权力的监督，权利的保障与权力的制约才能成为现实。"[③] 所以，选择一项具体权利来进行研究对于法治的探讨将更加有的放矢。

笔者较赞同这样的观点："法理的生命恰在于回应社会问题的能力，而社会问题的频出也需要法理给出自己的分析，学者的使命也在于此。"[④] 在当下中国，一方面是强大的国家公权力对市民社会自治权无所不在的侵蚀，另一方面则是借着自治名号的各种社会组织与团体对公民私权利的肆虐。如何让国家公权力、社团自治权与公民权利达致一种法治意义上的平衡，将成为法理学上一个重要的时代命题。

马克斯·韦伯"以学术为业"的演讲不知激励了多少大学人。在韦伯的眼中，学术、学者与大学难以分割。[⑤] 大学作为学术研究的重镇，作为学者共同体，为人类文明作出了重大贡献。而大学自治与学术自由的理念也被代代高举着。世界大学会社（World University Service）于 1993 年

---

① 夏勇：《法治是什么——渊源、规诫与价值》，《中国社会科学》1999 年第 4 期。

② ［美］德沃金：《认真对待权利》，信春鹰、吴玉章译，上海三联书店 2008 年版，第 273 页。

③ 吕良彪：《和光同尘——法治时代的权利博弈》，中国方正出版社 2009 年版，第 75 页。

④ 周安平：《大数法则——社会问题的法理透视》，中国政法大学出版社 2010 年版，自序。

⑤ ［德］马克斯·韦伯：《学术与政治》，冯克利译，生活·读书·新知三联书店 1998 年版，第 17—49 页。

出版的《学术自由——人权报告之二》开篇写道："尊重与保障学术自由和大学自治，不仅对于一个健康的教育体制来说是重要的，而且在我们看来，还是确保其他自由及努力发展与维持民主的必要前提。"① 但美国著名学者爱德华·希尔斯在追溯了西方现代大学发展历程后感慨道："大学在跨越将近两百年的学术成就、改变了我们对于自然的知识并在许多方面改进了我们的社会知识这一航程即将结束时，作为一个机构的大学现在驶入了危险的水域。大学或至少是它们的某些成员，想尽量做到八面玲珑。对外部世界更讨好和更随和，或者更专注于改变或摧毁外部世界存在的条件。大学已经成为一个为他人提供服务的中转站，而对保持自身作为一个承担着改进有秩序的知识和价值判断的核心的社会机构，则关注得不够。"②

正是基于这种状况，英国学者帕金尖刻地批判道："大学什么都研究，就是不研究它自己。"③ 虽然这种批评有失于偏颇，但却也时刻警醒着深处在象牙塔中的学人们。大学自治（学术自治）与法治存在着密切的关系。一方面大学自治是法治的组成部分，是法治在学术界、教育界的具体体现；另一方面，法治的发展为大学自治铺路，首先是从大学与政府关系上创造制度条件，促进和保障大学自治权。的确，当我们关切着国家的法治进路时，不应忽视大学的法治之路；当我们关切着市民社会的自治时，不应忘记大学所应享有的自治；当我们关切着公民权利的保障时，不应忽视对学者权利、学生权利的关切。因此，大学不仅为我们展开学术研究提供物质与制度保障，而且其本身可以成为我们研究的起点或基点。

作为一种理念，大学自治与国家法治虽同为舶来品，却都成为了一代代国人为之奋斗的目标。在当下中国，恰如建设法治国家的艰难，大学自治之路也是疑虑重重。大学为何自治、如何自治，自治与法治关系如何，大学自治权与大学成员权利的关系如何、（又应如何），大学自治在中国一种更契合情境的合理进路又是什么等，都需要深入思考与探讨。

正是抱着对法治国家坚定的追寻，以及对权利的无限尊崇与对大学自

① World University Service, *Academic Freedom 2: A Human Rights Report*, edited by John Daniel, Frederiek de Vlaming, Nigel Hartley, Manfred Nowak, Zed Books Ltd. 1993, "Introduction".

② ［美］爱德华·希尔斯：《学术的秩序——当代大学论文集》，李家永译，商务印书馆2007年版，第88页。

③ 这句话被中国学者广为引用，但笔者未能找到此话的确切出处。

治的无限期盼，本书选择高校学位授予权作为研究起点。因为高校学位授予权一方面关涉到大学自治的界限与实现问题，另一方面又关涉到学生权利的保障问题。从这一问题切入，既能从微观上把握在大学法治与自治中的具体问题，又能从中折射出权利与权力的博弈与制衡的本质。作为一名法律人，笔者期盼法治之光普照大地；作为一名大学人，我期待大学自治（学术自由）之翼翱翔天际。也正是在这样一种目的观念的支配下，本书写作的具体思路将如下文展开。

第一章　绪论。该部分主要包括研究缘起及目标、研究现状及文献综述、研究思路与方法。

第二章　学位授予权的一般法理。该章主要在于厘定学位授予权的法律内涵，作为下文进一步探讨的基础。具体而言，论文将从法学视角简要梳理学位制度的规范发展、探讨学位的本质与法律内涵，分析学位授予权的法律关系及运行逻辑。

第三章　三种维度上的高校学位授予权：法律性质的定位。本章与第四章把视角转向我国高校学位授予权在实践中所存在的争议与困惑。具体而言，该章将从事实、规范和价值三个视角来探讨高校学位授予权的法律性质。

第四章　种属关系下的高校学位授予权：法律特征及其运行规则。该章在第三章的基础上，进一步探讨作为高校自主权的学位授予权的法律特征及其运行规则。具体而言，该章将首先对高校自主权进行分析与探讨：到底何谓高校自主权？其范围与界限是什么？为何高校拥有自主权？高校所拥有的这一自主权，到底具有权力特征，还是具有权利特征？它在实践运行中应遵循何种原则？也只有厘清了高校自主权的这些基本问题，才能分析与确定与其有种属关系的高校学位授予权的法律特征及其运行原则。

第五章　高校学位授予权的立法保障。由于作为高校自主权的学位授予权，容易受到国家公权力的侵害，因此必须从制度上对其进行立法保障。纵观我国高校学位授予权的运行过程可知，其受到的主要侵害在于学位授权这一环节上。所以，该章将从学位授权制度视角对如何保障高校学位授予权进行分析与探讨。

第六章　高校学位授予权的司法规制。从内部视角而言，高校学位授予权的行使又极易侵害到学生权益。该章将探讨如何在尊重学术自治的前提下对高校学位授予权进行合理的司法规制，切实保障学生权利。

第七章 结语。本部分将在上文论述的基础上提炼：在法治视野下构建高校自主权、国家公权力、公民权利间平衡的基本框架。

二 研究方法

无疑，本选题从方法论的意义上来说，是对"返回法的形而下"的一种响应。①"离开抽象的玄想，将目光转向我们所生活的世界本身"②，选取一种具体的权利作为我们理解与观察这个世界的窗口。

从一般研究方法上来说，本书必然要运用到法学研究中所普遍应用的主要方法。我国著名民事诉讼法学教授张卫平曾在一篇谈论法学研究方法的文章中提到："无论是一般地讲法学的研究方法，还是某一个具体的法学领域的研究方法，其实方法论的运用都应当是自然的。所谓自然，笔者的体会是并非预先设定对某种方法的使用，任何方法的运用都与具体研究需要有关，与需要解决的问题有关，是在认识问题和解决问题的过程中自然形成的。"③ 也许，对于深谙娴熟的集大成者而言，这种法无定法的观点是存有真理的成分。但是，对于笔者这样一名所涉尚浅的法学研究新手，尚不具备化有为无的融会贯通的本领，必须从基础做起，认真研习前人总结的经验。子曰，工欲善其事，必先利其器。要利其器，首先要获其器，而获取的途径就是借鉴。

法学研究的对象存有"三度"：规则、事实与价值。面对这三个对象，法学形成了三个"向度"：规范法学、社会法学与哲理法学。④ 这三个"向度"的法学则形成了法学研究的三种主要方法：规范分析法、社会实证法与价值批判法。规范分析法主要以实在法体系与规则为分析对象与解释依据；社会实证法主要是对法律实施状况的描述与归纳；价值批判法则主要是运用一定的法理价值取向对现有规范与事实的反思与批判。恰如卡多佐所言："所有的方法都不能被视为偶像，它们只能被视为工具。我们必须用另一些方法来检验其中的一种方法，弥补和克服它的弱点，使

---

① 孙笑侠等主编：《返回法的形而下》，法律出版社 2003 年版。

② 孙笑侠、钟瑞庆等：《复活的私权》，中国政法大学出版社 2007 年版，序言。

③ 张卫平：《在"有"与"无"之间——法学方法论杂谈》，《法治研究》2010 年第 1 期。

④ 孙笑侠：《法学的本相——兼论法科教育转型》，《中外法学》2008 年第 3 期。

我们在需要之时能够随时利用其中那些最强大最出色的因素。"① 这三种方法各有利弊,融合应是必然趋势。故而,本书将会在相应部分借鉴这三种方法对高校学位授予权的规则体系进行规范分析、对执法与司法过程进行事实描述,并以国家法治与大学自治的价值理念对此进行反思、批判与重构。

---

① 〔美〕本杰明·卡多佐:《法律的生长》,刘培峰、刘骁军译,贵州人民出版社 2004 年版,第 55 页。

第 二 章

学位授予权的一般法理

所谓学位授予权，指根据学位授予标准与程序向学位申请者作出是否授予学位、授予何种学位并颁发相应证书的能力与资格。虽然曾有哲人说过："给概念下定义的地方就是停止思考的地方。"但只有通过概念的界定才能对所探讨的对象作一个基本的限定，否则很有可能因"自说自话"而引起误解与纷争。通过分析现象来认识和把握所要探讨的对象及其基本内涵是一种有效的方法。因此，对学位授予权的理解可以通过追溯学位的历史缘起及现代性发展、探析学位的法律性质、分析学位授予权的法律关系及其运行逻辑。

第一节　学位及其学位制度概述

一　学位及其学位制度的西方缘起与中国移植

"我们尽管从来不会仅仅通过当下来理解过去，但是对当下最内在的本质之洞观途径依然在于通过对过去的洞观：当下的每个片段都包含着其完整的过去，这一点可以被能够观察这种深度的慧眼清楚地分辨出来。"[1]因此要理解当下的学位及其学位制度，可以首先通过追溯其过去的历史发展来进行。

现代大学起源于中世纪西欧。最早的大学有意大利博洛尼亚大学和法国巴黎大学。这些大学区别于古代学校的一个重要特征就在于学位制度。正因如此，美国著名的教育学家、历史学家哈斯金斯（Charles

---

① ［奥］欧根·埃利希：《法社会学原理》，舒国滢译，中国大百科全书出版社 2009 年版，第 556 页。

Homer Haskins）在《大学的兴起》中描述了具有现代意义的大学教育的基本特征，"即由系科、学院、课程、考试、毕业典礼和学位组成的教育体系"①。可见，学位制度既缘起于中世纪大学，又成就了中世纪大学。

当然，中世纪大学最初的学位在内涵、形式与功能上与现代学位都存有一定差异。最初的学位其实是"对一个人任教资格的认可，是学者进入教师行会资格的证明。"因为，"在中世纪的欧洲大学里，教师自行组织同业公会，并规定其会员标准。凡是符合会员标准的就介绍给校长，并通过社会当局批准他从事教学工作，与此同时，发给一个教师凭证——'硕士'"②。从功能上来说，"中世纪的大学是通过授予学位保证其持有者的能力，同时对教学加以认可"③。后来随着大学发展，学位才逐渐成为现代意义上的一种区别知识层次的标志和一种荣誉头衔。④

我国学位制度有着移植西方与本土化发展的历史。虽然在中国古代就有学士、硕士和博士的称号，但是这些称号的古代意涵却与作为现代学位称号大相径庭。学士与博士在古代主要是作为一种官名，而硕士主要指品德高尚、学识渊博之士。⑤ 尽管在意涵上存在差异，但是也有学者考证指出，这些称号确实与我国现代学位制度的引进有一定的渊源。日本明治年间，从西方引进学位制度时，借用了汉语中的学士、硕士、博士这些词汇来翻译英语中的 Bachelor、Master 和 Doctor 这些学位称呼。到清末民初，中国人又从日本把这种译法搬了回来。⑥ 这也说明了"一切民族对于不熟悉的事物尤其是观念，常常借着自己早已熟悉的事物和观念来解释。这也是把外来文化的要件综摄到自己的文化里去。"⑦ 从而逐步实现本土化的

---

① ［美］哈斯金斯：《大学的兴起》，张堂会、朱涛译，北京出版社 2010 年版，第 7 页。

② 杨少琳：《法国学位制度研究》，西南大学博士论文，2009 年，第 28 页。

③ ［法］雅克·韦尔热：《中世纪大学》，王晓辉译，上海人民出版社 2007 年版，第 51 页。

④ 介绍中世纪学位制度的著作并不少，国外名家如爱弥尔·涂尔干《教育思想的演进》中就对中世纪学位有着专章的探讨，而国内也有不少学者的论著谈及中世纪大学学位制度，其中杨少琳的博士论文《法国学位制度研究》算是最为详细的。非常遗憾的是，这些著作对中世纪学位制度如何演变为现代学位制度都没有很好地进行探讨，这不能不算是当下学位制度研究中的一大盲区。

⑤ 具体意涵可以查询《辞海》，上海辞书出版社 1979 年版。

⑥ 陈四益、王嫣：《学位制度古今谈》，《特区科技》1994 年第 2 期。

⑦ 殷海光：《中国文化的展望》，上海三联书店 2002 年版，第 382 页。

发展。①

　　西方现代学位制度在清末民初的传播、引进，首先得益于一批现代意义上的新型大学的建立。1895 年盛宣怀创办的天津中西学堂的头等学堂是中国近代大学萌芽的标志；1898 年京师大学堂的建立是我国近代大学教育正式开始的标志。而最先将西方学位制度引进中国则是由西方基督教传教士在中国举办的教会大学。其中创始于 1879 年的上海圣约翰大学，在 1907 年授予 4 名毕业生文学士学位，这是中国教育史上中国人第一次在中国的土地上获得现代意义上的学士学位。② 随着教会大学对学位制度的引进与实践，晚清政府也逐渐接受了这种制度，并尝试着将其与科举制度糅合。如 1903 年颁布的《奖励游学毕业生章程》中就规定："在日本国家大学暨程度相当之官设学堂，三年毕业，得有学士文凭者，给以翰林出身；在日本国家大学院五年毕业，得有博士文凭者除给以翰林出身外，并予以翰林升阶。"③ 1904 年 1 月 13 日颁布的《奏定学堂章程》（即《癸卯学制》）中，甚至尝试着用一般性规范"将西方学位制度和中国科举功名奖励杂糅在一起，试图寻求建立一种与西方学位制度相应的制度体系。"④

　　虽然晚清政府最终未能出台有关专门的学位规定，但西方学位制度在中国大地已生根发芽。1912 年 10 月民国政府教育部公布《大学令》，其中对学位名称、学位授予资格、学位被授予者和授予者以及学位审查机构等各方面都作了明文规定，这可以算是中国现行学位制度的起始。1935 年 4 月 22 日国民政府颁布的《学位授予法》，则是中国历史上首部有关学位制度的专门性法规，全文共计 12 条。⑤

　　新中国成立后，新政府废除了旧政府的六法全书，并开始着手建设社

---

　　① 有关西方现代学位制度在中国的发展引起教育史研究者的兴趣，其中有关的硕博论文有：余伟良的博士论文《二十世纪的中国学位制度》，湖南师范大学 2008 年；吴静的硕士论文《民国时期学位制度探讨》，浙江大学 2001 年；陈洁的硕士论文《近代中国学位制度探析》，湘潭大学 2008 年。

　　② 余伟良：《二十世纪的中国学位制度》，湖南师范大学博士论文，2008 年，第 22 页。

　　③ 陈学恂、田正平：《留学教育》，上海教育出版社 1991 年版，第 56 页。转引自余伟良《二十世纪的中国学位制度》，湖南师范大学博士论文，2008 年，第 29 页。

　　④ 余伟良：《二十世纪的中国学位制度》，湖南师范大学博士论文，2008 年，第 29—30 页。

　　⑤ 该部法规目前在台湾地区依旧有效，并先后经历了 8 次修订，最近一次是在 2004 年 6 月 23 日。

会主义法制。但在 1949—1977 年间，由于各种政治因素导致社会主义法制建设步履维艰，甚至停滞不前。在这期间，政府也曾在 1956 年、1963 年两次制定了学位条例草案，但也都因各种政治因素先后流产。① 直到 1981 年，共和国的第一部《学位条例》才真正出台。

二　学位的多样化与学位制度的全球化

从中世纪大学走来的学位制度，已经成为现代高等教育体制中不可或缺的元素。而现代高等教育一方面从精英教育走向大众化教育，另一方面又接轨世界经济文化的发展走向全球化。现代学位及其学位制度也随着高等教育的发展方向，展现出多样化与全球化的面貌。

从精英教育到大众化教育的表现不仅体现在获得高等教育人数比例上的大幅度增加，更主要是体现在教育内容与方式上的改变。原先的精英教育往往采用的是博雅教育，"其总的目标是为绅士提供根据社会习俗对其提出的素质要求所需要的更加广博、更加精深的文化熏陶"②。在此种教育理念下往往在教学内容上采用通识教育，在教学方法采用经院式的方法，而专业教育则被视为大学本义之外的东西。但随着高等教育的大众化，专业教育开始成为大学教育中的一项重要的任务。

在此背景下，开始出现学术型学位（academic degree）与专业型学位（professional degree）的分流，从而逐渐形成学位类型的多样化。比如美国，经过两百多年的发展，学位名目繁多，学位名称已达到六百六十余种。就连一向坚持学术"金本位"的学位标准，不注重纯粹的应用技术和职业技术的学科和专业的英国，也于 20 世纪 90 年代初开辟了教育博士（ED. D）和一些校外学位类型。日本的学位制度是在引进德国、学习英国、模仿美国的基础上制定的，因此变动比较频繁。可以说在日本"第三次教育改革"以前学位类型比较单一、死板，但 1974 年以后增设了许多综合性的跨学科学位名称，如"学术博士""学术硕士"。1978 年在实

---

① 新中国成立后的二次学位条例的制定详情请参阅余伟良的博士论文《二十世纪的中国学位制度》，文中对每次制定的背景、草案的具体内容以及制定过程中的争论等都有较为详细的叙述。

② ［德］弗里德里希·包尔生：《德国大学与大学学习》，张弛、郗海霞、耿益群译，人民教育出版社 2009 年版，第 1 页。

行课程综合化的基础上又增设了"医学硕士""牙科学硕士"等学位类型。[1]

虽然学位名目与类型在不断的多样化，但在高等教育逐步全球化的背景下，为了使得本国高等教育更具国际竞争力，各国在学位制度的设置上也逐步走向趋同化，相继建立了易于和其他国家转换的学位制度。比如学位层次设置较为普遍的是学士—硕士—博士为主体的三级学位制度，但是在德国原先只存在硕士—博士两级学位制度，而没有学士学位。随着博洛尼亚进程，[2] 德国也开始对学位制度进行改革，引进了学士学位制度。

新中国成立后，我国在学位层次的设置上也经历了一个发展过程。从1956年拟定国务院学位、学衔、工程技术专家等级及荣誉称号等条例草案，到1963年拟订《中华人民共和国学位授予条例（草案）》，基本上是采用苏联的做法，大学本科毕业不设学位，将学位等级定为博士、副博士两级。而在1980年全国第五届人大常委会第13次会议通过的《中华人民共和国学位条例》中，则将我国学位制度分为学士、硕士、博士三级。正如有学者指出："这种分级结构采取了世界上多数国家通行的学位等级分类做法，将学位分级与高等教育的不同阶段相对应。这种对学位等级层次的分法，既有利于与国际接轨、互派留学生和进行国际学术交流，也易于为人们所理解和接受。"[3]

而中国自改革开放以来，也逐步形成学位类型的多样化。从1991年开始实行专业学位教育制度以来，到2009年，我国已设置了法律硕士，教育硕士、博士，工程硕士，建筑学学士、硕士，临床医学硕士、博士，工商管理硕士，农业推广硕士，兽医硕士、博士，公共管理硕士，口腔医学硕士、博士，公共卫生硕士，军事硕士，会计硕士，体育硕士，艺术硕士，风景园林硕士，汉语国际教育硕士，翻译硕士，社会工作硕士等19种专业学位，基本形成了以硕士学位为主，博士、硕士、学士三个学位层

① 康翠萍：《学位论》，华中科技大学博士论文，2002年，第9页。

② 博洛尼亚进程（Bologna Process）的正式名称是欧洲高等教育空间（European Higher Education Area，简称 EHEA），主要内容就是统一和国际化，简单地说，就是要通过强劲的改革，使欧洲的高等教育在整体上趋同，以利于它在欧洲各国以至全球的交流合作，利于学生和人才的跨国流动，利于增强国际竞争力，吸引外国留学生。自1999年博洛尼亚宣言（Bologna Declaration）到2005年卑尔根会议，博洛尼亚的参与国已达到45个。

③ 康翠萍：《学位论》，华中科技大学博士学位论文，2002年，第14页。

次并举的专业学位体系。①

三 学位的法律性质

从学位制度的缘起到学位发展的多样化与全球化可以看到现代学位现象所具有的复杂性。而这种复杂性也给学位的概念界定带来诸多困难与争议。目前学界对学位的认识主要存在以下观点。

第一种观点认为，学位是一个人受教育程度的标志和象征。其理由主要是学位的授予主要是依据学生对所规定的课业完成情况如何，因此，学位就是"学院或大学授予那些圆满地完成了规定课业的学生的称号"。②

第二种观点认为，学位是一个人在学术水平上的等位或头衔。比如在《大辞海》中把学位就解释为："由高等学校、科学研究机构或国家授予的表明专门人才学术水平的称号。"③ "学位的本质是学位持有人受过系统的高等教育而具备一定的学术水平的标志。"④ 该观点强调学位的学术性价值，认为能否授予学位，主要依学术上的水平和学术成就而定，甚至可以不依赖于教育或教育机构而像授予军衔、官衔或官位一样，由国家直接授予。

第三种观点则是前两种观点的综合，即认为学位既是一种受教育的标志，也是一种学术称号或象征。比如在《中国大百科全书》中对学位的解释就是："由国家授权具有授予学位权力的高等学校或科学研究机构，依据一定的专业学术标准，对达到相应学术水平或研究能力的个人授予的一种称号。它是衡量个人受教育程度和学术水平的重要客观标志"。⑤

第四种观点认为，学位是管理的工具和手段。其理由是，学位具有评价人、选拔人之功能。尤其是在追求高学历的社会，学位往往是社会评价、筛选和聘用人的一种极为有效的工具。⑥

第五种观点则综合了上述的受教育程度说、学术水平说与管理说，认

---

① 参见中国研究生招生信息网：http：//yz.chsi.com.cn/kyzx/zyss/201006/20100602/94524087. html，最后登录：2012 年 9 月 28 日。

② 李荷珍：《学位》，《外国教育》1981 年第 3 期。

③ 《大辞海》（语词卷 4），上海辞书出版社 2011 年版，第 4011 页。

④ 骆四铭：《我国学位制度的问题与改革对策研究》，华中科技大学博士学位论文，2003 年，第 82 页。

⑤ 《中国大百科全书》，中国大百科全书出版社 1993 年版，第 399 页。

⑥ 康翠萍：《学位论》，华中科技大学博士论文，2002 年，第 28—30 页。

为"学位既是高等教育活动结果的表现形态而依附于高等教育,又作为一种学术的体现而独立存在于社会之中,同时又与社会对学术的管理相联系。"①

从上述关于学位内涵的五种观点可以看到,学界对现代学位的认识是随着学位制度的发展而变化着。当然在这种对学位的认识从片面走向全面的过程中,也夹杂着一定的混乱。比如第一种观点其实是把获取学位的条件与途径当作学位本身,第四种观点关注的则是学位所具有的附加功能,而像第三、第五种所谓的综合说,虽看似全面,但实则加剧了这种混淆。第二种观点虽然存有可能把学位完全脱离于高等教育的嫌疑,但其对学位本质的把握却是简洁而深刻的。

因为,只有将学位限定为对个人学术水平的称号,剔除掉其所具有的附加价值与功能,才能从本质上区别于其他称号,如有关职业资质能力证书等。上文提到现代学位出现了学术型与专业型的分流,而专业学位又往往与职业密切相关,但专业学位不等同于职业(执业)证书,专业学位仍然是从学术上对个人专业能力所作出的评价与称号,并不是对持有人享有从事某种职业的许可。明确这点非常重要,特别是在域外比较研究中,若没有对学位的这一本质限定,很容易在语言与文化差异下将学位与其他证书等同起来,可能导致研究对象的不可比较性。而且这样的限定也符合我国现有法律对学位的基本认识。《学位条例》第 2 条规定:"凡是拥护中国共产党的领导、拥护社会主义制度,具有一定学术水平的公民,都可以按照本条例的规定申请相应的学位。"《教育法》第 22 条:"学位授予单位依法对达到一定学术水平或者专业技术水平的人员授予相应的学位,颁发学位证书。"《高等教育法》第 22 条:"国家实行学位制度。学位分为学士、硕士和博士。公民通过接受高等教育或者自学,其学业水平达到国家规定的学位标准,可以向学位授予单位申请授予相应的学位。"从这些条文可以看到,学位与学术水平或专业技术水平是紧密相连的。②

虽然对现代学位的本质从学术性上作出限定是必要的,但同样不能否

---

① 康翠萍:《学位论》,华中科技大学博士论文,2002 年,第 37 页。

② 我国学位制度恢复重建后最早一本由国家教委主编的关于我国研究生教育与学位制度的书籍里,同样对学位从学术水平这一本质进行界定,"学位,是评价个人学术水平的一种尺度,也是衡量一个国家学术水平高低的一种标准"。详见:国家教委、刘晖、侯春山编:《中国研究生教育和学位制度》,教育科学出版社 1988 年版,第 106 页。

认学位与各种利益始终缠绕着。从学位的缘起来看，学位最初就是作为一种教学许可证，这种许可证具有行业准入的性质。随着现代学位制度的发展，学位更是成为一种不仅关涉个人学术成就与受教育程度的标志，还彰显着复杂的社会组织间的管理关系。"现今学术知识，已经深深地和各种社会权力、利益体制相互交缠。"① 这不得不让我们思考：学位背后到底隐藏着哪些权利关系？而这些关系又蕴涵着怎样的法律利益？因此，我们还需要从法学的视角对学位的性质进行探析。

根据民法学理论，个人权利主要分为财产权与人身权。那么，一个人所拥有的学位到底是属于何种性质的权利呢？

最早对此产生争议的案例发生在 1980 年美国得克萨斯州的一件离婚诉讼案。这对夫妇是大学同学，并在大学毕业后就结婚了。后来丈夫辞职攻读医学院，而妻子辛苦工作贴补家用，并支付丈夫所需的学费。经过四年的努力，丈夫终于获得医学专业学位（professional degree of medical）。但就在此时，丈夫提出离婚要求。妻子在震惊与伤心之余，向法院提出要求分割丈夫所获得的医学专业学位。得克萨斯州实行的是婚后夫妻共同财产制度，但由于得克萨斯州对于夫妻存续期间所获得的学位是否属于婚姻财产没有明确的法律规定。最后得克萨斯州民事上诉法院，虽然判决丈夫补偿妻子 2 万美金，但认为："专业学位并不属于财产权，也不能在离婚时被分割。"② 后来 1985 年纽约州的另一起离婚案件中，则把婚后获得的学位视为夫妻财产，并对此进行分割。③ 但是，纽约州法院这一判决引起诸多争议，目前美国大多数州还是不把学位视为财产。④

笔者赞同不把学位视为财产的观点。的确，医学专业学位的获得为将来从事医师职业提供了重要的条件，这也意味着潜在的重大经济利益，但这只能算是学位所附加的价值。就该学位本身而言，它并不能被视为财产权。因为财产权的一项重要特性就是可流转性，而学位因与个人学术水平

---

① ［美］华勒斯坦等：《学科·知识·权力》，刘健芝等译，生活·读书·新知三联书店 1999 年版，第 150 页。

② 原文为："A professional education acquired during marriage is not a property right and is not divisible upon divorce." See Frausto v. Frausto，611 S. W. 2d 656（Tex. Civ. App. -San Antonio 1980）.

③ O'Brien v. O'Brien，489 N. E. 2d 712，715（N. Y. 1985）.

④ See Elizabeth Morse："Can you place a value on an education?：why Texas should treat a professional degree as marital property"，*Estate Planning & Community Property Law Journal*，Summer，2012（Approx. 28 pages）.

或专业素养密切相关，并不具有可流转性。换言之，学位应属于人身权的范畴。

我国关于学位法律性质的争议最早是出现在张向阳诉南京大学拒绝授予学士学位案中。① 该案原告张向阳于 1989 年取得南京农业大学学士学位，后因工作需要，自 1993 年起参加以被告为主考学校的江苏省法律专业本科自学考试，1996 年 6 月毕业。经原告本人申请，被告同意原告参加 1996 年成人高教法学学士学位考试，考试科目：合同法、企业法、学位英语。被告在通知原告报考时间时，同时书面告知：根据省学位办公室的规定，申报学士学位考试资格的非英语专业的本科毕业生，均需参加学士学位英语水平考试，只有获得大学英语四级考试合格证书或本科段自考外语科目成绩在 70 分以上的考生才可以免考。1996 年 10 月，原告报名参加考试，按规定缴纳了合同法、企业法、学位英语三门考试费。同年 11 月，原告只参加了合同法、企业法两门考试，未参加英语考试。1997 年 4 月，被告以原告无故缺考英语为由，未授予原告法学学士学位。后原告以本人已取得南京农业大学学士学位，在自考中英语免考为由与被告交涉，并通过省学位办与被告联系，但被告坚持己见。同月下旬，原告参加了省自学考试本科段英语考试，成绩为 78 分。同年 6 月原告持该成绩再次申办法学学士学位。被告认为，该成绩是原告在自考本科毕业已获毕业证书后取得的，不能作为本科段的学位外语考试成绩对待，拒绝颁发学位证书。1998 年 1 月，原告向法院提起民事诉讼。②

在该案中一个核心争点就是学位是否属于荣誉权。张向阳主张南京大学拒绝授予学士学位的行为是侵犯了其荣誉权，而南京大学则认为学位不属于荣誉权的范围。针对双方争议，二审法院最后认定："学位是国家通过特定的机关或组织给予公民在学业成绩和品行上的评价，是一种荣誉。"③ 该案将学位定位为荣誉是我国司法实务中最早也是最为明确的一次。此后虽发生诸多学位授予纠纷案件，但都因以行政诉讼提

---

① 从诉讼历程来看，该案颇为曲折。首先是以民事诉讼提起，一审法院判决原告败诉，后二审法院裁定该案不属于民事诉讼受理范围，并撤销了一审判决。接着，原告再以行政诉讼提起，最后一审法院驳回其诉讼请求。

② 参见江苏省南京市鼓楼区人民法院 (1998) 鼓民初字第 229 号民事判决书。《中国审判案例要览》，http://www.linklaw.com.cn/chinacase/al_content.asp? id = 1947，2012 年 8 月 25 日登录。

③ 江苏省南京市中级人民法院 (1998) 宁民终字第 651 号民事判决书。

起，争议的焦点往往在于学位授予（撤销）行为的法律性质，而非学位本身的法律性质。那么，将学位的法律性质定位为荣誉权是否妥当呢？

我国《民法通则》第 102 条规定："公民、法人享有荣誉权，禁止非法剥夺公民、法人的荣誉称号。"根据我国民法学理论，荣誉权属于人身权的范畴。虽然民法学界对荣誉权到底是属于人身权中的人格权还是身份权则存在争议，① 而这些争议的背后主要是源于对这些基本概念内涵的不同理解。但肯定的是，荣誉权是我国公民所享有的一种法定权利，主要指民事主体对自己的荣誉享有利益并排除他人非法侵害的权利。将学位定位为一种荣誉，将学位拥有者就该学位所享有的利益并排除他人非法侵害的权利定位为荣誉权，笔者认为在我国当下法制环境下是妥当合理的。因为只有将学位涵括在荣誉权的范畴内，才能切实保障学位拥有者的合法权益。

不过，正如在张向阳案中江苏省南京市中级人民法院所指出的那样："原告虽自认已完成规定的学士学业，符合学士学位的条件，但这并不意味着原告就当然能够取得学士学位，它还要借助于被告的积极承认并授予。由于被告拒绝授予原告学位，故原告就不能取得学位，其也就当然不享有以该学士学位为内容的荣誉权。"② 可见，将学位定位为荣誉权只能保障已获得学位称号的民事主体的相关利益，但对于尚未取得学位者而言，诉诸于荣誉权则显得无的放矢。这跟荣誉权的特性有关，因为荣誉权并非民事主体固有，而是基于国家或社会团体依据一定程序与条件授予特定人荣誉称号而产生的。所以，在荣誉尚未被授予之前，并不存在荣誉权的问题。而在荣誉的授予问题上，我们可以看到往往涉及的是国家或社会团体与个人之间的不平等关系。因此对学位的法律性质探讨不能仅仅局限在私法的角度，还应有公法的视角。

那么，从公法的视角来看，授予学位申请者的学位意味着什么呢？《教育法》第 42 条罗列了受教育者所享有的诸项权利，其中第 3 项规定："在学业成绩和品行上获得公正评价，完成规定的学业后获得相应的学业证书、学位证书。"可见，在达到规定的要求后获得学位是我国教育法赋

① 主要存在三种观点：人格权说、身份权说、双重属性说。
② 江苏省南京市中级人民法院（1998）宁民终字第 651 号民事判决书。

予受教育者的一项合法权利。有学者把该项权利称为学习成功权，并把该项法条分解为获得公正评价权和获得学业证书学位证书权。① 但笔者认为把该项法条分解为两种权利并不妥当。完成规定学业后获得相应的学业证书、学位证书其实也是一种公正评价的结果，所以应该将该条统称为是受教育者在教育过程中所享有的获得公正评价权。目前学界往往把包括该项权利在内的《教育法》第 42 条所规定的各项权利统摄在受教育权的范畴内，② 但这样的做法同样值得推敲，因为受教育者的权利并不等同于受教育权。

受教育权（right to education）作为一个专有名词，主要指公民享有受教育的权利，它是随着人权的发展而逐步形成的。但是关于受教育权的本质、内涵等，学界尚存诸多争议。比如在受教育权的本质上就有四种观点：公民权说、生存权说或社会权说、学习权说、发展权说。③ 公民权说认为，受教育权实质上是一种公民政治权利和自由，是享有主权的国民为有效行使政治权利并扩大其参政能力而要求国家帮助创造文化教育条件的权利。生存权说则认为，"受教育权是一种经济收益权利，其实质是为了争取更好的生存能力而要求国家从经济角度提供必要的文化教育条件和均等的教育计划的权利"④。学习权说则认为，受教育权不只是受教育者被动接受教育的权利，还是个人与生俱来的、选择教育进而完善和发展其人格的主动权利。发展权说则认为，受教育权实质上受教育者身心全面和谐发展的权利。

从公民权说到发展权说，我们可以看到学界对受教育权的本质认识也随着人权代际理论的发展而发生变化。这一方面说明受教育权内涵的丰富性，另一方面也反映了其内涵的模糊性。高家伟教授主编的《教育行政法》提出应把受教育权定位为教育法的核心概念，作为建立教育行政法学科理论体系的立足点，并把受教育权的内容分为学习权、请求权和平等权。⑤ 对于把受教育权作为教育法的核心概念和教育行政法学科理论体

---

① 龚向和：《受教育权论》，中国人民公安大学出版社 2004 年版，第 56 页。
② 劳凯声主编：《变革社会中的教育权与受教育权：教育法学基本问题研究》，教育科学出版社 2000 年版，第 186—187 页。
③ 龚向和：《受教育权论》，中国人民公安大学出版社 2004 年版，第 19—26 页。
④ 劳凯声：《教育法论》，江苏教育出版社 1993 年版，第 93 页。
⑤ 高家伟主编：《教育行政法》，北京大学出版社 2007 年版，第 3—22 页。

系的基点的观点，笔者并不反对。受教育权的内涵的确充满争议，不过把它作为一个学科理论体系的基点并非不可取，也许正因为有这样一个还在不断丰富的核心概念，才足以显示这门学科的生命力。但是，从内容上把受教育权分为学习权、请求权与平等权的做法却值得商榷。因为，首先把学习权划入受教育权的范畴，并不符合理论发展趋势，从受教育权（right to education）到学习权（right to learn）是一个发展的过程，学界一般把两者视为并列关系，而非包含关系，一种趋势是建议用学习权理论代替受教育权理论。其次，请求权并不是受教育权的内容，而是受教育权的属性。如果把请求权视为受教育权的内容，那么就无法区分受教育权与其他权利，因为很多权利从属性上都具有请求权的性质。最后，平等权则是受教育权行使中应遵循的一般原则，而非它的内容。

因此，把一项法条明确规定的权利纳入这样一个充满争议的概念里并非明智。鉴于此，笔者更倾向于把获得公正评价权作为受教育者所享有的一项独立权利而区别于受教育权。这项受教育者所享有的独立权利是源于《教育法》的规定，① 它是一项基于公法关系而产生的权利。具体而言，就是在教育管理关系中，受教育者有权获得公正评价，而教育机构有义务保障这种权利的实现，若该项权利受到侵害，受教育者有权通过行政诉讼途径进行救济。

综上所述，从公法的视角来看，学位的背后隐含着受教育者的获得公正评价权。所以，是否授予学位关联着的是：学位申请者是否受到了公正评价、学位授予者是否做出了公正评价。上文提到的张向阳案为何最终被二审法院裁定驳回，就是因为在是否授予学位纠纷上，涉及的不是民法上的荣誉权，而是教育法上的获得公正评价权。由于受教育者的获得公正评价权必须借助于教育者的积极行使才能实现，那么从教育者的视角而言，其必须拥有与获得公正评价权相对应的权能或资格。因此，学位的背后同时隐含着教育机构的相应权能，即学术评价权。

---

① 关于《教育法》的法律地位，学界主要有三种观点，即教育行政法规说、教育法独立说、文教科技法说。参见高家伟主编《教育行政法》，北京大学出版社2007年版，第32—34页。笔者认为从我国当下法律体系及其教育法的立法目的与内容来看，把其定位为行政法的范畴比较合理。

第二节　学位授予权法律关系

黑格尔认为："凡一切实存的事物都存在于关系中，而这种关系乃是每一实存的真实性"，"而关系就是自身联系与他物联系的统一"。① 学位授予权作为一项实存的权能也必然存在于关系之中，并通过关系而达致具体化与统一化。"在一定意义上可以说，任何法律现象的存在都是为了处理某种法律关系：每一法律规则（规范）的目的是要为法律关系的存在创造形式条件；没有对法律关系的操作就不可能对法律问题作任何技术性分析；没有法律事实与法律关系的相互作用就不可能科学地理解任何法律决定。"② 因此，研究其法律关系对理解与把握学位授予权将具有重要意义。③

对于法律关系的定义我国学界基本上形成了共识，即指根据法律规范产生、以主体之间的权利与义务关系的形式表现出来的特殊的社会关系。④ 虽然对于法律关系以权利义务为内容的观点引来部分学者的质疑，比如认为权利义务难以涵盖私法之外的法律关系。⑤ 但法律关系是基于法律规范而形成的观点，则自萨维尼把其界定为"通过法律规则确定人和人之间的关系"始，⑥ 就得到普遍接受与传承。因此，对学位授予权法律关系的探讨，必须依据相应法律规范展开。

根据法理学理论可知，法律关系包含三要素，即主体、客体与内容。

---

① ［德］黑格尔：《小逻辑》，贺麟译，商务印书馆 1997 年版，第 281 页。

② See Albert Kocourek, Jural Relations, 1928, Indianapolis, Preface, V. 转引自张文显主编《法理学》，高等教育出版社 2003 年版，第 130 页。

③ 法律关系的观念最早来源于罗马法中的"债"的概念。按照罗马法的解释，债的意义是指：债权人得请求他人为一定的给付；债务人应请求而为一定的给付。"债"本质上是根据国家的法律约束人们而为一定的给付的法锁。参见［意］彼得罗·彭梵得：《罗马法教科书》，黄风译，中国政法大学出版社 1996 年版，第 283—286 页。

④ 孙国华、朱景文主编：《法理学》，中国人民出版社 1999 年版，第 357 页；朱景文主编：《法理学》，中国人民大学出版社 2008 年版，第 428 页。此外在张文显主编《法理学》（高等教育出版社 2003 年版，第 131 页）中，也有类似界定："法律关系是在法律规范调整社会关系的过程中形成的人们之间的权利和义务关系。"

⑤ 冉昊：《法律关系的内容及其模型建立——传统法律关系理论的缺陷及其补救初探》，《南京大学法律评论》1999 年春季号，第 130—135 页。

⑥ 朱虎：《萨维尼法律关系理论研究——以私法体系方法作为观察重点》，中国政法大学博士论文，2008 年，第 30 页。

本节是以学位授予权作为法律关系的内容而展开探讨，虽然对于学位授予权本身到底具有何种特性将是文章关注的重点，但在探讨该问题之前，有必要先分析学位授予权的法律关系主体及其相关行为。

一　三大主体：国家（政府）、公民、学位授予单位①

学位授予权法律关系主体不同于学位授予权主体。学位授予权主体指享有并行使学位授予权的承担者，而学位授予权的法律关系主体则指围绕学位授予权而展开的法律关系参加人。

1995年《教育法》第22条规定："国家实行学位制度。学位授予单位依法对达到一定学术水平或者专业技术水平的人员授予相应的学位，颁发学位证书。"1998年《高等教育法》第22条规定："国家实行学位制度。学位分为学士、硕士和博士。公民通过接受高等教育或者自学，其学业水平达到国家规定的学位标准，可以向学位授予单位申请授予相应的学位。"1980年的《学位条例》第8条规定："学士学位，由国务院授权的高等学校授予；硕士学位、博士学位，由国务院授权的高等学校和科学研究机构授予。"根据上述法律规范可知，我国学位授予权的法律关系主体主要包括：国家、学位授予单位与公民，其中学位授予单位主要有高校与科学研究机构。

由这三大主体构成的法律关系中，国家处于何种法律地位？根据《学位条例》规定，国家实施学位制度的目的是"为了促进我国科学专门人才的成长，促进各门学科学术水平的提高和教育、科学事业的发展"②。在具体的实施与管理过程中，国家设立学位委员会，负责领导全国学位授予工作，③审核批准学位授予单位及学科，④停止或撤销学位授予单位的授予学位的资格。同时，根据《教育法》第80条规定国家教育行政部门对学位授予行为负有监督职责："违反本法规定，颁发学位证书、学历证书或者其他学业证书的，由教育行政部门宣布证书无效，责令收回或者予以没收；有违法所得的，没收违法所得；情节严重的，取消其颁发证书的

---

① 虽然有学者认为：国家是主权归属意义上的政治组织，而政府是主权行使意义上的政治组织。但此处，笔者用国家一词来指代两者，并不做细分。

② 《学位条例》第1条。

③ 《学位条例》第7条。

④ 《学位条例》第8条。

资格。"由此可见，国家（政府）是学位制度的实施主体、学位授予权的管理主体、学位授予行为的认可主体与监督主体。

公民又具有何种法律地位呢？《学位条例》第2条规定："凡是拥护中国共产党的领导、拥护社会主义制度，具有一定学术水平的公民，都可以按照本条例的规定申请相应的学位。"可见，学位申请的主要主体是具有一定学术水平的我国公民。同时，根据《学位条例》第4条、第5条、第6条可知，申请学位的我国公民又主要是指高校或科学研究机构的学生。当然，随着高等教育全球化进程，我国学位的申请主体并不限于我国公民，"在我国学习的外国留学生和从事研究工作的外国学者"① 也可以向学位授予单位申请学位。可见，公民是学位申请的主体，是学位所包含的学术和教育活动的主体，也是学位权利和义务的承担者。

高校和科学研究机构是学位授予主体。根据《学位条例》第8条可知，高校一般拥有学士、硕士和博士学位的授予资格，科学研究机构拥有硕士与博士学位的授予资格，而两者的学位授予资格都是通过国务院授权而获得。未获得授权的高校和科研机构则不能进行学位授予活动。《学位条例》第9条规定："学位授予单位，应当设立学位评定委员会，并组织有关学科的学位论文答辩委员会。"可见，学位授予单位内设学位评定委员会和组织学位论文答辩委员会来具体负责学位授予工作。

学位论文答辩委员会属于临时性机构，完成预定任务后就解散。学位论文答辩委员会组成人员一般根据学科要求由学位授予单位遴选决定。2004年《学位条例》进行了修订，其主要修订内容就是增加了一项规定，即学位论文答辩委员会必须有外单位的有关专家参加。根据《学位条例》第10条规定，学位论文答辩委员会主要负责审查硕士和博士学位论文、组织答辩，就是否授予硕士学位或博士学位作出决议。其决议同样以不记名投票方式进行，经全体成员2/3以上通过者，报学位评定委员会。

学位评定委员会属于固定机构，其成员经任命后具有一定任期。根据《学位条例暂行实施办法》（下文简称实施办法）第19条规定，学位评定委员会一般由9—25人组成，任期2—3年。其成员应当包括学位授予单位主要负责人和教学、研究人员，具体而言，授予学士学位的高等学校，参加学位评定委员会的教学人员应当从本校讲师以上教师中遴选。授予学

---

① 《学位条例》第15条。

士学位、硕士学位和博士学位的单位，参加学位评定委员会的教学、研究人员，主要应当从本单位副教授、教授或相当职称的专家中遴选。授予博士学位的单位，学位评定委员会中至少应当有半数以上的教授或相当职称的专家。学位评定委员会主席由学位授予单位具有教授、副教授或相当职称的主要负责人（高等学校校长，主管教学、科学研究和研究生工作的副校长，或科学研究机构相当职称的人员）担任。同时，学位评定委员会可以按学位的学科门类，设置若干分委员会来协助其工作。各分委员会一般由7—15人组成，任期2—3年，其主席必须由学位评定委员会委员担任。

　　根据《学位条例》第10条及实施办法第18条的规定，学位评定委员会主要负责审查通过学士学位获得者的名单及对学位论文答辩委员会报请授予硕士学位或博士学位的决议，作出是否批准的决定，具体包括：（一）审查通过接受申请硕士学位和博士学位的人员名单；（二）确定硕士学位的考试科目、门数和博士学位基础理论课和专业课的考试范围，审批主考人和论文答辩委员会成员名单；（三）通过学士学位获得者的名单；（四）作出授予硕士学位的决定；（五）审批申请博士学位人员免除部分或全部课程考试的名单；（六）作出授予博士学位的决定；（七）通过授予名誉博士学位的人员名单；（八）作出撤销违反规定而授予学位的决定；（九）研究和处理授予学位的争议和其他事项。学位评定委员会的议事规则主要是以不记名投票方式，过全体成员半数者视为通过。根据《学位条例》第11条规定，学位授予单位将在学位评定委员会作出授予学位的决议后，颁发给学位获得者相应的学位证书。

二　两大层面：外部关系与内部关系

　　我国申请学位的公民主要是高等教育机构的学生，而学位授予单位中的科学研究机构又是享有招收研究生资格的单位，此时科研机构与高校具有类似的法律地位，鉴于此，下文将聚焦于高校学位授予权，相信对其的研究方法与结论同样启示于科研机构相关问题的探讨。另外，根据举办者不同，我国高校又区分为公立的与民办的。2004年《民办教育促进法实施条例》第30条规定："实施高等学历教育的民办学校符合学位授予条件的，依照有关法律、行政法规的规定经审批同意后，可以获得相应的学位授予资格。"可见民办高校的学位授予权类似于公立高校的。但是，相比民办高校，公立高校所需要处理的关系更为复杂，而且很多学位授予的法律问题与纠纷也主要集中在公立高校。基于此，本书再度缩小视域，将研究范围聚焦在公立高校上。所以，书中所提到的高校，若没有特别说明，则指公立高校。

在学位授予权法律关系中，国家、高校与学生这三大主体之间主要构成了两大层面：国家与高校及学生的外部层面和高校与学生的内部层面。这种内外部的区分是以高校作为一个自我独立运行的组织体为参照系。由于在这两大层面上，各主体之间所形成的法律关系将会影响到学位授予权的实践运行及法律后果，所以有必要进行梳理与界定。

从外部层面来看，首先遇到的是国家与高校的关系问题。那么，国家与高校之间具有何种关系？这首先取决于高校的法律地位。上文提到内外部层面的区分是基于将高校视为自我独立运行的组织体，但是高校作为能够自我独立运行的组织体，并不必然意味着其法律地位的独立性。比如在台湾地区，公立大学也是一个自我独立运行着的组织体，并且享有"宪法"位阶上的自治权，但是从法律地位上讲，它仍然属于政府的附属机构。[①] 1998 年《中华人民共和国高等教育法》第 30 条明确规定："高等学校自批准设立之日起取得法人资格。"因此，根据法律规定，中国大陆的高校具有独立的法人地位。[②]

不过，学界关于高校的法人地位仍然充满争议，其中具有代表性的是如下两种观点：第一种观点认为，高校的法人地位仅仅是从民法的角度而言，意味着高校享有民事权利的主体资格，但从行政法的角度来看，高校作为事业单位，与国家仍旧是隶属关系；[③] 第二种观点则认为，高校的法人地位不仅是从民法的角度而言，也意味着其在行政法上的独立地位，即公法人地位。[④] 这两种观点的争议主要源于法律的不明确与法律理论上的缺陷。《高等教育法》虽然规定高校自批准设立之日起取得法人资格，但并没有明确界定此处法人的性质是公法人还是私法人；同时，因为在我国现有的法律规范中，只有《民法通则》对法人概念和类型作出了界定与

---

① 周慧蕾《试析台湾地区公立大学组织改造的趋势及启示》，《台湾研究》2013 年第 2 期。

② 有学者把高校法人界定为公法人，也有学者将其界定为公务法人，当然也学者认为这种法人仅仅是民法意义上的法人地位，并不意味着其在行政法律关系中的独立地位。

③ 石正义、蔡琼：《论学校的两种主体资格》，《咸宁师专学报》2002 年第 10 期。

④ 申诉平：《试论高等学校法人地位问题》，《高等师范教育研究》1997 年第 4 期。

区分，而且在法律理论上也往往仅从民法的视角解读法人的内涵。当然，从实然角度来看，目前高校的法人地位的确无法涵盖其在行政法律关系中的特殊性，一方面，它享有法律所规定的办学自主权；另一方面，它在人事、财务管理等事务上又隶属于政府相关部门。正是基于这种特殊性，有学者提出观点认为："高校既不是政府的隶属机构，也不是纯粹的公法人，而是国家设施与公法人的混合。"① 看来在现有的法律制度环境下，在民事法律关系中高校具有法人资格，享有独立的法律地位是确定的。但是，在行政法律关系中，高校到底具有何种法律地位则难以从一般层面上作出明确的界定。

由此可知，高校与国家的关系难点在于其具有何种行政法律关系，即两者到底是属于内部行政法律关系，还是外部行政法律关系。所谓内部行政法律关系，是指上下级行政机关之间、行政机关内部组成机构之间，或行政机关及其工作人员之间发生的受行政法调整的行政关系。所谓外部行政关系，是指行政机关或法律授权组织与公民、法人或其他组织之间发生地受行政法调整的行政关系。区分的意义在于，内部行政法律关系属于命令与服从的关系，遵照专业监督原则，一般不可诉，而外部行政法律关系具有平等的法律地位，遵照法律监督原则，具有可诉性。

在学位授予权中，国家行政机关对高校具有管理与监督的关系，负有审核批准高校学位授予资格、停止或撤销违反法律规定的高校的学位授予资格等。若国家行政机关与高校是属于内部行政法律关系，则国家行政机关对高校相关行为或决定往往采取专业监督，而高校即使对国家行政机关基于管理行为而产生的后果不服，也只能服从，不能提起诉讼。此处所谓专业监督，主要指"以专业的观点来观察监督，不但对自治团体之行为作合法性而且对合目的性作审查"②。与国家行政机关若是外部行政法律关系，则两者具有平等的法律地位，国家行政机关对高校行为采取法律监督，高校可以通过诉讼途径维护自身权益。所谓法律监督，则主要指"国家仅审查大学在完成自治事项时所制颁之规章，或所为之决定或行为是否抵触现行法律。至于大学所为之行为，除了合法性，是否具有妥当

---

① 周光礼：《教育与法律——中国教育关系的变革》，社会科学文献出版社 2005 年版，第 27 页。

② 董保城：《教育法与学术自由》（初版），月旦出版社股份有限公司 1997 年版，第 155 页。

性、合目的性，国家则不能审查"①。

可见，国家行政机关与高校行政法律关系的不同定位，将会影响到对学位授予权的不同监督方式与救济途径。而与此紧密相连的问题则是学位授予权到底属于何种性质。若学位授予权属于国家教育行政权，则国家行政机关与高校在学位授予权中形成的就是内部行政法律关系；若学位授予权属于高校办学自主权，则国家行政机关与高校在学位授予权中形成的就是外部行政法律关系。对于学位授予权性质的探讨，存在两种路径，一种是从实然角度出发，另一种是从应然角度出发。关于该问题，将在本书第三章具体展开探讨。

在外部层面上，还存在国家与学生之间形成的关系。因学生是公民的一种特殊角色，故国家与学生的关系应纳入国家与公民关系的范畴中。有关国家与公民的关系理论是哲学、政治学、法学等众多学科所关注的焦点。"20世纪以前，国家与公民之间的关系被解释为冲突与斗争的关系，政府相应地强化了其行政管理职能；20世纪以后，国家与公民之间的关系被认为是服务与合作、信任与沟通的关系。"② 的确，不管是柏拉图《理想国》中把公民视为国家的一个政治单位，还是洛克《政府论》或霍布斯《利维坦》中把国家视为人民在自然状态下所结成的契约，再从"守夜人"到"管的最少的政府就是最好的政府"，这些理论无不凸显着国家与公民之间的紧张关系。但是，随着人权理论的发展与福利国家的到来，国家与公民的紧张关系逐渐缓和，服务与合作、信任与沟通成为主旋律。而这些关系理论的转变也影响到国家与公民在法律上的关系。在紧张关系理论下，人们往往认为国家的职能就是消极地保护公民的自由权；而服务与合作关系则改变了这一观念，认为"国家不仅要消极地保护公民的自由权，而且要以积极的行为创造使公民权利得以实现的条件，增进人们的福祉。"③

在国家与公民关系的分析框架下，可以看到国家与学生的关系同样从紧张走向合作，从消极地保护到积极地创造条件。具体到学位授予权问题上，国家与公民的关系主要表现在公法关系中。上文对学位法律性质的探

① 董保城：《教育法与学术自由》（初版），月旦出版社股份有限公司1997年版，第150页。
② 叶必丰：《行政法的人文精神》，湖北人民出版社1999年版，第170页。
③ 温辉：《受教育权入宪研究》，北京大学出版社2003年版，第19页。

讨中，提过在学位授予问题上，就学生而言主要涉及的是其获得公正评价权。因此，国家不仅应当为学生的获得公正评价权提供司法救济的途径，而且应当为学生获得公正评价权创造积极的条件，即"国家通过教育立法对于各阶段受教育者的教育的目标、要求、学位或水平均有一定的认定条件和标准，凡是符合该标准的受教育者，在没有可以取消其学位资格的情况下，均有权利取得学位"①。

从内部层面来看，主要涉及的是高校与学生之间的关系。关于高校与学生之间的关系主要有以下几种理论。

一是特别权力关系理论。该理论认为公立学校作为公营造物，它与学生之间的关系是营造物利用关系，属于公法上的特别权力关系。特别权力关系理论源于德国君主立宪国家的官吏关系理论，由学者拉班德（paul laband）建立理论雏形，并由学者奥托·迈耶（otto Maye）予以体系化。所谓特别权力关系，系指基于法律上的特别原因，为达成公法上特定目的，于必要的范围内，一方取得概括之支配他方的权能，他方对之负有服务的义务，而以此为内容的关系。② 其基本特征有三个，即排斥基本权的保护、排斥法律保留和排斥司法审查。③

二是部分社会说。1977 年，日本最高法院第三小法庭在富山大学学分不认定案的判决中，认为不论公立大学还是私立大学，它与学生的关系都应属于部分社会的关系。法院认为，大学不管是公立或私立，都是以教育学生与研究学术为目的的教育研究机构，为实现其设置之目的，对于必要之事项纵使法令无特别之规定，学校可以以规则等为理由进行规定，并付诸实施。因此，学校应拥有自律性、概括性之权限，在此情形下当然与一般市民社会不同，而是形成了特殊之部分社会，这种特殊之部分社会的大学，其有关法律上的纷争，当不得列为司法审判的对象，这种与一般市民法律无直接关系之内部问题，当然排除于司法审查对象之外。④

三是契约关系说。该理论认为高校与学生的关系属于私法上平等的契

---

① 高家伟主编《教育行政法》，北京大学出版社 2007 年版，第 55 页。

② 许育典：《在学关系下教育行政的法律监督——以中小学生为核心》，《教育研究集刊》2007 年第 2 期。

③ 赖恒盈：《告别特别权力关系（上）（下）——兼评大法官释字第六八四号解释》，《月旦法学杂志》2011 年第 10、11 期。

④ 谢瑞智：《教育法学》（增订版），文笙书局 1996 年版，第 65—66 页。

约关系，学校与学生都被视为契约当事人，二者的关系是基于双方合意而订立的契约关系。在该契约关系中，学生同意支付学费，学校同意如果学生保持良好的学术表现并且遵守学校的命令和规则，则将提供教学并授予其学位。[1] 如美国联邦法院 1961 年在裁决"狄克逊"时认为：学校行政当局与学生的关系犹如商业之间的契约关系，也是一种所谓消费者至上主义。学校行政当局与学生之间的关系被视为彼此负有救济交换的相互义务。[2] 面对高等教育大众化，我国也有学者认为高校与学生关系正在走向契约化，如季卫东教授就提出："中国的高等教育（包括法科在内）正在从培养精英的知识共同体和国家职能机关的定位退出来，迈向'学生消费者的时代'。也就是说，校方按照自负盈亏的逻辑行事并对学生全面收费，从而形成一个由学生及其家长或赞助者向院系购买教育内容、研究成果以及学位证书的特殊市场。"[3]

可以看到，这些理论分歧的关键在于对高校法律性质的不同认识。比如在特别权力关系说中把高校视为国家的公营造物，在契约关系说中则把高校视为类似公司的社团组织。正如上文所言，在我国高校法律地位因法律规定上的不明确性与实践中角色的多样性造成了理论上难以从一般层面进行定位。但在学生与高校的关系上，目前不管是理论上还是实务上，都较多地受特别权力关系理论的影响。

当然，"二战"后随着人权意识的不断高涨，特别权力关系理论受到了严厉批评。为了应对时代需求，学者们提出了各种修正理论。其中德国学者乌勒（Carl Hermman Ule）提出的"基础关系与经营关系"二分论最具影响力。根据乌勒的理论，[4] 将特别权力关系主体所为的内部行为分为基础关系和经营关系。其中基础关系主要指涉及到内部成员身份或地位的得失等行为；经营关系主要指在不改变内部成员身份或地位的情况下，对其所为的各种管理手段。乌勒主张，针对基础关系可以适用公法上的一般

① 申素平：《教育法学：原理、规范与应用》，教育科学出版社 2009 年版，第 258 页。
② Dixon v. Alabama state Board of Education, 294F. 2d 150（5ᵗʰ Cir.）, cert. denied, 368 U. S 930（1961）.
③ 季卫东：《法律专业教育质量的评价机制——学生消费者时代的功利与公正》，《法律与生活》2004 年第 9 期。
④ 翁岳生：《论特别权力关系之新趋势》，载《行政法与现代法治国家》（十版）1990 年，第 143 页。

原则，即内部成员享有基本权利的保护、主体行为适用法律保留且法院对此进行司法审查。而经营关系则依旧适用传统的特别权力关系理论，排除司法审查。

从我国司法实践来看，在1997年以前，学生对高校退学、开除等行为都是不能获得司法救济的。自田永诉北京科技大学一案始，才打破这种诉讼壁垒。而刘燕文诉北京大学学位委员会不授予博士学位一案则开启了学位授予纠纷的司法诉讼大门。

三　学位授予权法律关系图

在分析了三个主体及彼此所形成的复杂关系后，再来勾勒我国学位授予权法律关系的简图（图1）。根据现有法律法规规定，学位授予权法律关系主要的三个主体是国家、学生与高校。国家一方面通过制定或认可学位标准来确定学位授予的基准，另一方面通过审批授权高校学位授予资格来保证学位授予品质。学生在符合了相关学位申请条件后向高校提出学位申请，高校则针对学生学位申请依据相关程序与标准进行评判，对符合要求者授予学位，并颁发学位证书。

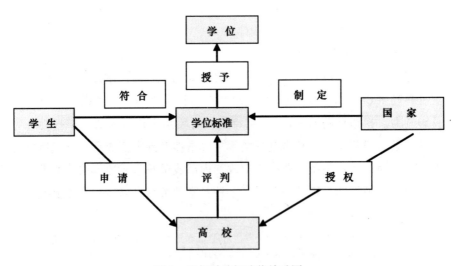

图1　学位授予权法律关系图

第三节　学位授予权的运行逻辑

如果说，对学位授予权法律关系的分析是从一种静态的视角出发，那么，对其运行逻辑的探讨则更多地是以一种动态的视角进行着。前文已把学位授予权，简单地界定为一种权能或资格。① 不过，当我们对其运行逻辑进行探讨时，则是把它视为一个有着严密运行程序与结构的体系。在这个体系中每一部分都是学位授予权运行所不可或缺的。在笔者看来，学位授权是学位授予权运行的前提，学位申请则是它的启动要件，学位授予标准的设定是其关键要素，学位评定则是其核心部分，最能反映其本质属性，学位证书的颁发和学位授予仪式是其运行的形式载体，而学位撤销则是其运行的逻辑后果。之所以要做上述的区分，是因为现实中很多人很多时候往往把它运行逻辑中某个部分等同于学位授予权，而这种等同往往导致对学位授予权本质认识上的误解。因此，通过对学位授予权运行逻辑的分析，用这种微观的视角来对学位授予权进行剖析，从而有助于更准确地认识与把握该概念的本质。

一　运行前提：学位授权

虽然授予学位总是由具有一定的学位授予权的高等教育机构（大学或科学研究机构）来完成的，但是这些高等教育机构在行使学位授予权之前必须获得国家或有权机构的许可。我国学界把这种赋予（承认）高等教育机构具有授予学位的行为能力的环节，称为学位授权。有学者把学位授权比喻成学位教育工作中的"触发装置"，认为学位教育领域的各项工作，一定程度上都可以归结于学位授权制度。② 的确，不管是从历史的角度还是从现实的角度看，都可以发现学位授权制度是学位制度中的主要组成部分，是学位授予权得以运行的前提。

从学位的产生历史可知，最初作为从教资格的学位是教师行会建立职业准入的门槛，虽然这种职业准入具有一定的行会自治的性质，但是由于当时教会力量的强大使得这种从教资格的授予必须要得到教会的许可。教

---

① 见本章开头。
② 罗建国：《我国学位授权政策研究》，华中科技大学博士论文，2008 年，第 1 页。

会一般是通过颁发特许状赋予大学自治权，其中包括了享有授予学位的资格。后来，随着世俗政治的强大，国家逐渐取代教会，成为颁发特许状的主要主体。

从现实的角度来看，目前各国都建有相关的学位授权制度，并形成各具特色的学位授权模式。从学位授权主体来看，主要有二种模式：一是由中央政府授权。比如在日本就是由文部省负责学位授权工作，在法国则由国民教育部负责。二是由地方政府授权。比如在美国对学位授权则是由州政府来负责。此外，在一些国家社会团体对大学的学位授予权有着重要的影响。比如在美国，虽然州政府负责学位授权，但是由大学同行组成的民间认证机构却是实质性地影响着大学学位授予权的实践效用，若是没有得到大学同行成立的民间性6大地区院校认证机构或其他权威专业认证机构的认证，任何大学颁发的学位证书无异于一张废纸。①

从学位授权方式来看，主要存在二种形式：第一种是统一授权，即在颁发办学许可证的同时就赋予其学位授予权。第二种是专门授权，即有权机构就学位授权作出专门的授权要求与程序。当然，有些国家也并非只是单一地采用其中一种方式，往往是针对不同情况结合使用统一授权与专门授权。比如在英国，获得教皇训令或者皇家特许状的大学自然获得学位授予权，而没有获得大学地位的学院，就需要通过枢密院审批才能授予学位。

在我国，根据《学位条例》第7、8条可知，学位授权工作由国务院学位委员会统一负责，而高校须通过专门申请才能获得学位授予权。1981年2月颁布的《关于审定学位授予单位的原则和办法》及历次国务院学位委员会关于学位授权审核的决议是学位授权工作的主要依据，这些规章制度对学位授权的原则、办法及条件作出具体规定。

学位授权的原则是按学科、专业，从学术力量、教学工作质量、科学研究基础等方面加以综合考察，坚持条件，严格审核，保证质量。一般的工作流程是：首先，符合规定条件的高校，经校学术委员会讨论通过后，由本单位向主管部门提出申请，并报送有关材料，供审核。接着，再按照学位等级进行分级归口负责：是否授予学士学位，由学校的主管部门为主进行审核；是否授予硕士学位，按系统为主进行审核；是否授予博士学

---

① 杨少琳：《法国学位制度研究》，西南大学博士论文，2009 年，第 119 页。

位，则由国务院学位委员会学科评议组为主进行审核。最后，均经国务院学位委员会报国务院批准公布。

学士学位的授权条件是，凡经国务院批准建立的高等学校，其本科所设专业按教育部关于大学本科教学计划的原则规定，达到以下几项要求者，可列入授予学士学位单位。（1）能开出全部课程，其中多数课程由具有讲师以上职称的教师讲授，教学质量较好。（2）实验课程能基本开齐，具有一定的质量。（3）有一定数量的讲师以上职称的教师指导学生做毕业论文（毕业设计或其他毕业实践环节）。（4）各项考核制度健全。

硕士学位的授权条件是，凡经教育部批准招收研究生的高等学校和国务院有关部门批准招收研究生的科学研究机构，其招生学科、专业已具备下列条件，能持续地培养攻读硕士学位研究生，可列入授予硕士学位单位。（1）有学术水平较高，在教学或研究工作中有成绩，目前正在从事科学研究的教授、副教授（研究员、副研究员或相当职称的人员）担任指导教师。（2）高等学校应能为攻读硕士学位研究生开出必修和选修基础理论、专业理论和较高水平的实验技术课程；科学研究机构应有研究生院，或与高等学校合作，能为硕士研究生开出上述各项课程；或配备足够的教学力量，指导硕士研究生学习上述各项课程。（3）在培养研究生的有关学科方面，有确定的科学研究方向和项目，能解决研究生作硕士论文所需要的科学实验设备和有关的图书、资料。（4）研究生考核管理制度健全。

博士学位授权条件是，主要限于全国重点高等学校和国务院有关部门主管的科学研究机构中，具有下列条件，确能培养攻读博士学位研究生的重点学科；少数其他单位的个别重点学科，具备下列条件者，也可列入。（1）有学术造诣较高、在教学或研究工作中成绩显著、目前正在从事较高水平的科学研究工作并获得一定成果的教授（研究员或相当职称的人员）担任指导教师。少数新兴学科、边缘学科和国家亟须发展的学科，有学术造诣较高、在研究工作中成绩显著的副教授（副研究员或相当职称的人员）担任指导教师。（2）能为攻读博士学位研究生提供充分的学习条件，保证研究生完成课程学习。（3）在培养研究生的有关学科方面，属于全国同类学科中学术水平较高的，有较好的科学研究基础，并承担国家重点科学研究项目或国务院各部委和省、市、自治区重点科学研究项目或其他有重要价值、学术水平较高的科学研究项目，能解决研究生作博士论文所需要的科学实验设备及有关图书、资料。（4）研究生考核管理制度健全。

通过上述对我国学位授权制度的介绍可知，从学位授权主体来看，我国学位授权模式主要属于中央政府授权模式；从学位授权方式来看，主要是专门授权模式。当然，在学位授权制度的发展中，这种中央集权模式逐渐显现出分权的趋势，比如将部分学位的授权审核下放到省学位委员会，甚至是高校。比如2008年，第25次国务院学位委员会审议通过的《博士、硕士学位授权审核办法改革方案》中，就提出进一步调整结构和优化布局，发挥地区学位委员会的作用，扩大学位授予单位的自主权，强调获得学位授权单位的自我监督，建设权责分工更加合理、调整和适应能力进一步增强、调控和监督机制更加完善的学位授权审核制度。

当然，我国现有学位授权制度还是存在许多问题与不足。罗建国博士在其博士论文《我国学位授权政策研究》中对我国学位授权制度存在的不足作出了概括与分析，[①]其中对我国学位授权分权改革的反思特别值得注意。罗文认为虽然自1985年下放硕士学位授权学科、专业审批权的试点开始，硕士点的放权范围在不断扩大，而1993年又将博士生导师的评审权下放给了培养单位，1995年则施行按一级学科审核博士学位授予权。但是这种放权是在国家统一指导与控制下进行的，国家不仅对基层审批硕士点的学科、专业作了严格规定，而且其审批的结果也必须上报国务院学位办备案，国家有最终的否决权。针对这种放权改革，罗分析道："尽管学位授权领域实现了国家权力的下移，但权力的公有性质并没有改变，只是通过委托代理的形式让基层单位代行主权，国务院学位委员会一方面通过文件、政策、法规等形式对权力的行使做出要求并提出规范，同时，在必要的时候可以随时收回下放的权力。也就是说，尽管实行了改革，但实质上听命于上层办学的性质并没有多大改变，改变了的只是权力运作的模式。"[②]也许正是这种权力运作的模式才最终导致西北政法大学申博案的爆发。关于学位授权中存在的诸多法律问题，本书将在第五章具体展开。

显然，学位授权制度背后交织着各种权力（权利）的博弈。但从其

①　罗建国：《我国学位授权政策研究》，华中科技大学博士论文，2008年，第87—91页。
②　同上书，第88页。

与学位制度的如影相随中，不难解读学位授权的意义与功能。也许正是有着学位授权的存在，才使得大学自治始终走在"象牙塔"与"服务站"的平衡点上，才使得学术自由与学术责任相辅相成，也才保证了学位的质量与人才评价的公正性。

二 启动要件：学位申请

如果说学位授权是学位授予权有效运行的前提，那么学位申请则是获得学位授权的高校行使学位授予权的启动要件。《学位条例》第 2 条规定："凡是拥护中国共产党的领导、拥护社会主义制度，具有一定学术水平的公民，都可以按照本条例的规定申请相应的学位。"《高等教育法》第 22 条第 2 款规定："公民通过接受高等教育或者自学，其学业水平达到国家规定的学位标准，可以向学位授予单位申请授予相应的学位。"可见，在我国实行的是学位申请制度。换言之，没有申请，则没有授予。

目前在学位申请上较有争议的是学士学位。《高等教育法》第 22 条、《学位条例》第 2 条都明确公民申请学位制度，但在实施办法中则对申请学士学位作出区别于硕士、博士学位的要求。根据实施办法第 6、10 条规定，申请硕士、博士学位人员应当在学位授予单位规定的期限内，向学位授予单位提交申请书和申请学位的学术论文等材料。而实施办法第 3 条第 2 款规定："高等学校本科学生完成教学计划的各项要求，经审核准予毕业，其课程学习和毕业论文（毕业设计或其他毕业实践环节）的成绩，表明确已较好地掌握本门学科的基础理论、专门知识和基本技能，并具有从事科学研究工作或担负专门技术工作的初步能力的，授予学士学位。"第 4 条规定："授予学士学位的高等学校，应当由系逐个审核本科毕业生的成绩和毕业鉴定等材料，对符合本实施办法第三条及有关规定的，可向学校学位评定委员会提名，列入学士学位获得者的名单。"根据上述条款规定，并比较第 6、10 条的规定，可以发现对于学士学位的申请似乎并不要求申请人进行主动的书面申请，只要完成教学计划的各项要求并被核准毕业后，似乎也就自动启动了学士学位授予的审查程序。

正如因此，学士学位授予是学校依职权主动授予，还是依申请授予成为了一个争论点。在 2009 年黄攀诉中原工学院颁发学士学位证书一案就是出现这样的争议。黄攀是中原工学院 2002 级学生，原就读计算机四年制本科，一年后转入会计系学习。其后又经过四年的学习，黄攀修完了学校教学计划规定的全部课程，并于 2007 年 7 月 1 日获得了会计系专业本科毕业证书。但因在学习期间必修课重修取得的学分超过 20 学分，学习期限超过普通本科学校四年的期限，学校拒绝授予其学士学位。黄攀不服，曾于 2009 年 7 月 11 日向校长发送快件和电子邮件，要求学校授予其学士学位，但学校的答复是因其当初没有申请学位，时间已过，不能授予。对此，黄攀认为学士学位的授予是由学校依照职权作出的，不需要学生本人申请，学校不授予其学士学位违反了《中华人民共和国教育法》第 22 条，《中华人民共和国学位条例》第 4、8 条，《中华人民共和国学位条例暂行实施办法》第 3、4、5 条等相关规定，是明显的行政不作为，严重侵犯了其合法权益。最后黄攀就此提起行政诉讼，请求法院依法判令学校召集学位评定委员会对其学士学位资格进行复核，并授予其学士学位。

该案最终还是从实体上肯定了学校不授予黄攀学位的相关规定的合法性，并驳回了其诉讼请求。不过对学士学位的申请程序与形式，法院则同样认为学校应依职权主动授予："被告对其校学生凡经审核符合国家规定的授予学士学位条件的，应主动授予学士学位。"① 这种司法实务观点的得出与对实施办法有关条款的解读是紧密相关的。的确，从上文对暂行条例相关条款的分析可以理解法院得出这种观点的逻辑与理由。但是，学士学位授予由学校主动授予的观点却与《高等教育法》《学位条例》中所规定的学位申请制度存在一定矛盾，申请制度意味着没有公民的申请行为就没有高校的授予行为。对此，可能有人会质疑暂行条例的规定，认为其违反了上位法《学位条例》和《高等教育法》的规定。但笔者认为需要首先检讨的是对于学位申请形式的理解。根据暂行条例规定可知，硕士、博士学位与学士学位申请的最主要区别在于，前者必须要递交书面的学位申请书，而后者不需要。那么，学位申请制度中的"申请"是否就一定是书面的学位申请书呢？显然，如果把申请仅仅限定为申请书是一种过于狭隘的理解。申请不仅有书面方式，也可以用口头方式；不仅可以是形式意义上的，也可以是实质意义上的。因此，虽然学士学位申请者不必递交学位申请书，但是他们用"完成教学计划的各项要求"这一行动来进行实质意义上的学位申请。若从这一角度去理解的话，我们就不能认为学士学

---

① 河南省新郑市人民法院（2009）新行初字第 33 号行政判决书。

位应由学校主动授予，它依旧是一个申请授予的过程。

三 关键要素：学位授予标准设定

学位授予标准是授予学位的依据，是"最能体现学位的实际价值和学位质量的一个重要因素和评价向度"，而"严格按照学位授予标准进行授予学位，是保证学位授予质量的关键。"[①] 因此，学位授予标准的设定成为学位授予权运行中的关键要素。而谁来设定、如何设定则成为该关键要素的焦点。

从现代学位的功能来看，学位不仅是对个人学术水平的评价，更凸显着高等教育机构的教育功能和国家行政机构的管理功能。所以，在谁设定的问题上往往牵连着的主要是国家与高校间的利益博弈。高校希望通过设定学位授予标准来彰显其对学术品质的要求与学术自由的追求，而国家则希望通过设定学位授予标准来保障学位质量与人才评价的公正性。不过，国家与高校在学位标准设定上的利益博弈，并非使双方成为完全对立的关系，往往出于共赢的目的而形成合作的关系。比如很多国家主要还是从学位授权的事前环节与学位质量评估的事后环节来保障授予学位的质量，而把学位授予标准交由各大学自主设定，但是它们也并非完全退场，而是制定基础性标准来保证一个国家对学位的最低要求。

在我国，《学位条例》第4、5、6条分别针对学士、硕士、博士学位规定了授予的条件。但在实务中，大多数高校往往会在上述法律规定的要求下增加条件。也正是高校的这一行为引发众多的学位授予纠纷案件。本书在引言中就曾提到这些学位授予纠纷案件的主要争论点就是：高校能否在法律规定的要求之上增加要求。而这个争论点的背后其实是对国家与高校在学位授予标准的设定上应具有何种关系存有分歧。

第一种观点认为，国家是学位标准设定的唯一主体，因此，高校不能在法律所规定的标准之上再增加要求。这种观点的持有者主要是学位授予纠纷案件中的学生原告。

第二种观点认为，高校应是学位标准设定的主体。该观点的持有者往往是大学自治理念的宣扬者以及纠纷案件中的高校被告。当然在司法实务中也有类似观点，比如杨蕾、刘毅、冯伟波、张维、白紫山诉武汉理工大

[①] 康翠萍：《学位论》，华中科技大学博士学位论文，2002年，第51页。

学不授予学位一案中，湖北省武汉市中级人民法院在判决书中写道："学位的授予是对学位获得者学习成绩和学术水平的客观证明，学校以培养人才为目的，有权对自己所培养的学生质量作出规定和要求。"①

第三种观点认为，国家所制定的学位授予标准是原则，高校可以结合自身实际制定具体要求。这种观点目前较普遍地存在于司法实务中。比如："《中华人民共和国学士条例》《中华人民共和国学位条例暂行实施办法》是原则性法律规范，被告根据上位法的授权制定具体实施细则，保证了学位授予工作的进行，也体现了自主办学的权利和义务。"②

可以看到，第一、二种观点是把高校与国家在学位授予标准设定上完全对立起来。这种非此即彼的态度其实是各方对自身利益诉求的表现。而第三种观点尝试性地调和这种对立关系，但是从其论证逻辑上可以发现，这种观点并不具有很强的说服力，因为很难说《学位条例》第4、5、6条所规定就是原则性规范。所以，即使我们认为在学位授予标准上国家与高校应以合作关系存在，但是合作的方式以及各自的限度还是一个必须认真对待的问题。

因此，在探讨高校与国家在设定学位授予标准问题的关系上，需要先对学位授予权的性质进行定位。如果学位授予权属于国家行政权，依照法治国家的要求，那么学位授予标准也只能依据法定程序由国家立法机构设定。但如果学位授予权属于高校自治权，那么，高校基于对学术自由的追求与学术品质的要求，有正当理由设定其学位授予标准；同时，国家也基于对学位质量与学位授予行为的规范，在一定范围内可以设定学位授予标准；那么此时，国家所设定的学位授予标准属于最低标准，高校有权在该标准之上增加或提高要求。可见，学位授予权的性质定位对学位授予标准设定主体的确定非常重要。

目前我国学位授予标准一般包括：学术性标准与非学术性标准。根据《学位条例》第2条规定可知，在我国目前对学位授予标准的非学术性标准主要是从政治角度作出的要求，即拥护中国共产党的领导、拥护社会主义制度。③ 而学术性标准根据学位等级不同作出了不同规定。学士学位

---

① 湖北省武汉市中级人民法院行政判决书，（2006）武行终字第60号。
② 安徽省马鞍山市花山区人民法院行政判决书，（2007）花行初字第19号。
③ 《学位条例》第2条。

授予的学术性标准是，高等学校本科毕业生，成绩优良，达到下述学术水平者：（一）较好地掌握本门学科的基础理论、专门知识和基本技能；（二）具有从事科学研究工作或担负专门技术工作的初步能力。① 硕士学位授予的学术性标准是，高等学校和科学研究机构的研究生，或具有研究生毕业同等学力的人员，通过硕士学位的课程考试和论文答辩，成绩合格，达到下述学术水平者：（一）在本门学科上掌握坚实的基础理论和系统的专门知识；（二）具有从事科学研究工作或独立担负专门技术工作的能力。② 博士学位授予的学术性标准是，高等学校和科学研究机构的研究生，或具有研究生毕业同等学力的人员，通过博士学位的课程考试和论文答辩，成绩合格，达到下述学术水平者：（一）在本门学科上掌握坚实宽广的基础理论和系统深入的专门知识；（二）具有独立从事科学研究工作的能力；（三）在科学或专门技术上做出创造性的成果。③

除此之外，各个高校都对学位授予标准的学术性标准与非学术性标准上进行各自具体规定，而这些具体规定也正是引发我国学位授予纠纷的主因。与学位授予标准的两类分类相对应，在我国学位授予纠纷案件中也主要存在两类纠纷：一类纠纷是因学术性标准的增加，主要有：英语四六级通过、课程（必修课程）未重修或补考、一定数量学术论文发表；另一类纠纷是因非学术性标准的增加，主要就是因考试作弊、打架斗殴而被学校处分。

针对这两类纠纷，司法实务的观点是不同的。针对第一类纠纷，基本上都肯定高校所增设的学位授予标准的合法性。而针对第二类纠纷，则存在合法与非法的争议。

持合法观点的，论证理由有以下几种：一是，以不抵触法律法规为由。如"南昌大学根据《中华人民共和国学位条例暂行实施办法》第二十五条的授权规定，制定《南昌大学授予学士学位实施细则》，将学士学位的授予条件、评审程序具体细化，将包括考试舞弊、违反校规、校纪等品德方面的内容列入审核范围，规定不授予考试舞弊者学士学位，并未与上述规定相抵触。"④ 二是，以不违反法律为由。如"既然《学位条例》

---

① 《学位条例》第 4 条。
② 《学位条例》第 5 条。
③ 《学位条例》第 6 条。
④ 江西省高级人民法院行政判决书，（2004）赣行终字第 10 号。

规定了授予学士学位的条件，客观上必然存在不授予学士学位的情形。《学位条例》第2条规定，申请学位的公民要拥护中国共产党领导、拥护社会主义制度，其本身涵盖了对授予学位人员的遵纪守法、道德品行的要求。被告在其制定的《实施细则》第4条中规定在本校学习期间受过记过处分，至毕业时尚未撤销的不授予学士学位，并不违反《学位条例》关于授予学士学位的原则性规定"。[①] 三是，以未超越（超出）法律为由。如"《华中农业大学学位授予工作实施细则》第二十四条第一款第4项规定'第三学年（含第三学年）后，因考试作弊受到警告（含警告）以上处分，不得授予学士学位'的内容，符合《中华人民共和国学位条例》第二条、第四条以及《国务院学位委员会关于对〈中华人民共和国学位条例〉等有关法规、规定解释的复函》第一条'《中华人民共和国学位条例》第二条规定，申请学位的公民要拥护中国共产党的领导、拥护社会主义制度，其基本内容是相当丰富的，涵盖了对授予学位的人员的遵纪守法、道德品行的要求'的规定，华中农业大学将道德品行因素纳入其制定的《华中农业大学学位授予工作实施细则》作为授予学士学位的评定标准，没有超出法律的授权范围"。[②]

持无效观点的，其论证理由就是学校的规定与法律规定相抵触，因而无效。如"被告所制定的《学生手册》中关于在校期间因违反纪律，受到行政记过（含记过）以上处分，及考试舞弊者不授予学士学位的规定，与《中华人民共和国学位条例》中高等学校本科毕业生，成绩优良，达到下述水平者，授予学士学位：（一）较好掌握本门学科的基础理论、专门知识和基本技能；（二）具有从事科学研究工作或担负专门技术工作的初步能力。及《中华人民共和国学位条例暂行实施办法》中：高等学校本科学生完成教学计划的各项要求，经审核准予毕业，其课程学习和毕业论文的成绩，表明确已较好掌握本门学科的基础理论、专科知识和基本技能，并具有从事科学研究工作或担负专门技术工作的初步能力的，授予学士学位的规定相抵触，故应认定无效。"[③] 再如"国家实行学位制度，被告作为学士学位授权单位，应根据《中华人民共和国学位条例》规定的

---

① 上海市长宁区人民法院行政判决书，（2009）长行初字第24号。
② 湖北省武汉市中级人民法院行政判决书，（2010）武行终字第184号。
③ 河南省郑州市二七区人民法院行政判决书，（2003）二七行初字第67号。

条件，对达到一定学术水平或专业技术水平的人员，授予相应的学位，并颁发学位证书，被告所制定的《莆田学院学士学位授予工作细则（试行）》中第三条：'在校学习期间，违反学校有关管理规定，曾受过校行政记过（含记过）以上处分者或按结业处理者，不授予学士学位'的规定，与《中华人民共和国学位条例》第四条规定相抵触，应认定无效。"①

可以发现，上述司法实务中相异的观点其实有着相类似的论证逻辑，即法院都从合法性角度对高校自订的学位授予标准进行审查。吊诡的是，同样的审查依据却得出不同审查结论。对此，也许有人会从法律规则的不确定性进行解释，认为由于法律的不确定性使《学位条例》第2、4、5、6条所规定的条文，在内涵上存在着不同理解。的确，法律规则内涵上存在的不确定性是引发不同争议的重要原因，而这也是法律解释（司法解释）存在的主要因素。这种合不合法观点的争议背后同时还隐含着司法者的一个基础性分歧，即学位授予权的法律性质定位。持不合法观点者，显然把学位授予权定位为国家行政权，因此应遵循法无规定即禁止的原则；但持合法观点者中，有些把学位授予权定位国家行政权，因此从"没有违反法律"或"未（超越）超出法律"的角度进行论证；也有把学位授予权定位高校自主权，从"不与法律相抵触"的角度进行论证。看来，对学位授予权性质的不同定位将影响到学位授予标准如何设定、对学位授予标准如何进行司法审查等问题。

此外，学位授予标准中的非学术性标准是否应当存在值得反思。在笔者看来，非学术性标准不应当作为学位授予标准，因为这有违学位的学术性本质。一旦把众多学术之外的因素考量进来，学位容易发生异化，有的会把它作为牟利的工具，有的会把它作为管理的工具、甚至有的会把它作为奖惩的工具。

四 核心部分：学位评定

学位授予权的主要内容就是对学位申请者作出是否授予学位、授予何种学位，因此学位评定是学位授予权运行中的核心部分。无疑，学位评定要依据学位授予标准进行。但恰如学位的内核是学术性，学位评定的核心部分同样是有关学术水平的评定。而有关学术水平的评定则是一个事关专

---

① 福建省莆田市城厢区人民法院行政判决书，（2010）城行初字第22号。

业判断的学术性行为。有些学者把这种学术行为视为一种"学术权力"："专业的和学者的专门知识是一种至关重要和独特的权力形式，它授予某些人以某种方式支配他人的权力"，"这种权力的基础是学术，其行使基于行使人的学术水平和学术能力。它的合理性主要来源于专业和学术能力，而不是来源于职务和组织"。① 可见，这样的行为只能递交给专家来完成。

在国外，一般都是由所申请学科领域的专家作出最终的学位评定。比如，在德国，当博士生完成毕业论文提出申请后，由系主任委任两名评议人对论文作出评议。这两名评议人中的一名是该博士生的导师（第一评议人），另一名由系里的其他教授担任（第二评议人），当论文的内容属于边缘学科时，系主任必须委任一名相关学科的教授作为第二评议人。如果评议人给予肯定评价，论文则将交给由系主任或副系主任（任主席）、三名系里的教授、一名取得博士学位的科研人员组成的学位授予委员会进一步审核。经学位授予委员会审核通过博士生的论文后，系主任委任系里的三名教授或讲师担任考官组织口试和答辩，顺利通过这个环节且博士学位论文发表后，系主任向博士生颁发博士学位证书。② 在美国，论文经过导师和指导委员会成员及相关专家的审阅、修改，经指导教师一致同意后送交答辩。答辩委员会除了包括指导委员会成员外，还必须有至少一位指导委员会以外的相关学科教授参加。答辩委员会投票表决通过后，由系学位委员会授予学位。③ 在法国，经过评估和商议，答辩委员会成员认为论文符合要求，随即宣布授予博士学位，并在该文凭注明评语和等级。④

但在我国，学位评定中最有争议的就是谁应享有学位评定的最终决定权。根据《学位条例》等法律法规与高校学位评定的实践，我国学位评定实行的是三级评审制：第一级是答辩委员会，第二级是校学位评定委员会设在各系的分委员会，第三级是校学位评定委员会。从三级评审机构组成人员来看，答辩委员会组成人员一般是来自本校与外校的，是所申请学

---

　　① ［美］伯顿·R. 克拉克：《高等教育系统——学术组织的跨国研究》，王承绪等译，杭州大学出版社1994年版，第28页。

　　② 陈学飞等：《西方怎样培养博士》，教育科学出版社2002年版，第160—164页。

　　③ 同上书，第257—258页。

　　④ 同上书，第62页。

位学科领域的专家；院（系）学位评定分委员会则通常由本院系的各个学科的专家组成；校学位评定委员会则主要由该校各个学科的专家组成。《学位条例》第 10 条规定："学位论文答辩委员会负责审查硕士和博士学位论文、组织答辩，就是否授予硕士学位或博士学位作出决议。决议以不记名投票方式，经全体成员三分之二以上通过，报学位评定委员会。学位评定委员会负责审查通过学士学位获得者的名单；负责对学位论文答辩委员会报请授予硕士学位或博士学位的决议，作出是否批准的决定。决定以不记名投票方式，经全体成员过半数通过。决定授予硕士学位或博士学位的名单，报国务院学位委员会备案。"可见，目前学位评定的最终决定权往往是校学位评定委员会。

这种学位评定的运行体制已经受到质疑。最早对此提出质疑的是刘燕文案。在该案中原告代理人何兵认为这是一种外行决定内行的不合理体制，在其代理词中质疑道："专家永远只是行业的专家，学者也只能是专业的学者。跨越了所专的行业，专家就不是专家，学者就不是学者。让专家判断专业以外的问题实在是勉为其难。……问题就在于，一旦超越专业的领域，专家就失去了判断的能力，专家也要发晕。经济学家或者法学家对这一问题的判断能力与北大五食堂的师傅是没有实质区别的。专家为此不得不依赖于其他人的判断或报告来判断。靠听汇报作结论的根本问题在于，听取的报告只是个人的报告，报告人的观点、态度、能力都会影响判断的真实性，其结果是学位评定委员会成了实现某个人或某一些人意志的工具。表面上是集体在进行判断，实际上只是集体中的某些人在判断。当外行的专家们对他们一无所知的领域的博士学位论文进行否决的时候，他们是否听到了被否决者无力地呻吟？是否意识到在他们的否决票下有可能产生多少冤魂怨鬼？"[1]

由此可见，如何厘定学位评定委员会与答辩委员会的关系及各自的职责将成为我国学位评定制度中至关重要的问题。对此笔者较认同陈越锋博士的观点：应形成答辩委员会实施实质性审查、学校学位评定委员会进行形式性审查的二级评审体系。[2] 这种二级评审制度比较符合我国学位授予

---

① 何兵：刘燕文诉北京大学博士学位行政诉讼案代理词，http：//www. tianya. cn/publicforum/content/no01/1/95478. shtml，最后登录时间：2012 年 9 月 17 日。

② 陈越峰：《学位评定立法：原则、主体、程序和救济》，《行政与法》2010 年第 1 期。

制度。上文提到过学位授予标准有学术性标准与非学术性标准，而非学术性标准是需要质疑的，但是即使不把非学术性标准纳入在内，学术性标准本身也是多样化的。因为申请学位除了递交学位论文外，还需要符合其他条件，比如课程成绩等要求。

在这种二级评审体系中能够较好地对学位论文与其他学术性标准进行审查上的分工。学位论文是反映学术水平最重要的依据，应当由该学科领域专家组成的答辩委员会对其进行实质性评定，而他们的决定一般都是终局性的。正如布鲁贝克所言："基于学者是高深学问的看护人这一事实，人们可以逻辑地推出他们也是自己的伦理道德准则的监护人"，"那么谁是这些监护人的监护人呢？没有。只有他们的正直和诚实才能对他们的意识负责"。① 而学位评定委员会则主要对其他学术性要件进行形式性审查，因为不管是课程成绩是否优异，还是四六级英语是否通过，学位评定委员会只能进行形式性审查，同时对答辩委员会就学位论文所作出的实质性评定也可以进行形式性审查，比如答辩委员会组成成员是否符合条件、答辩程序是否存有瑕疵等，若认为存在形式上的问题，则可以否决该答辩委员会的决定，但不能做出替代性决定，而只能按照程序重新组织答辩委员会进行答辩。虽然在这种二级评审制度中，最后仍由学位评定委员会作出是否授予学位的决定，但是它能够有效地避免外行审内行的弊端。

五　形式载体：学位授予仪式与学位证书颁发

学位证书是一个人具有相应学位的凭证。当决定授予某人某种学位，一般都会颁发相应的学位证书。比如我国《学位条例》第 11 条规定："学位授予单位，在学位评定委员会作出授予学位的决议后，发给学位获得者相应的学位证书。"可见，学位证书的颁发是学位授予最主要的形式载体。现实中，人们也习惯性地把两者等同起来。但其实，学位授予除了学位证书的颁发外，还必须举行学位授予仪式。

在西方，学位授予仪式有着悠久的历史，并受到极度的重视。在西欧中世纪大学，学位授予仪式在意大利波伦亚大学称为"公考"，在巴黎大学和牛津大学称为"授衔式"。通常是，在授予仪式举行前，学位候选人

---

① ［美］布鲁贝克：《高等教育哲学》，浙江教育出版社 1987 年版，第 112、71 页。

在仪仗官的带领下到城市各处去邀请市镇官员或私人朋友来参加典礼或随后的宴会。在仪式当天，学位候选人在教师陪同和同伴簇拥下，来到大教堂发表演讲，然后与从学生中选出的对手进行辩论。最后，主持人致颂词，即授予学位。在学位授予仪式上，学位获得者将佩戴学衔徽章，手持一本书，身穿学位服，头戴学位方帽，手戴金戒指。[1] 这种仪式传统在西方大学中一直延续至今。

在我国，学位授予也要举行一定的仪式。通常相同学位获得者要求穿着统一样式的学位服装。在学位授予典礼仪式上，身着校长服的校长，首先庄严地把学位获得者穿戴的位于右前侧的流苏随帽檐移至左侧中部，并呈自然下垂状，然后分别用左手递交给学生毕业证书、学位证书，再用右手与学生握手祝贺。[2] 同时，国务院学位委员会还要求在学位授予中同时播放贝多芬的《第九交响曲》的最终乐章《欢乐颂》，表现的是经过艰苦探索之后，终于寻找到真谛，感到无限欢乐的感受。[3]

学位授予仪式的庄严、隆重会激发学位获得者的荣誉感、责任感、自豪感和使命感。但作为一种舶来品，学位授予仪式在中国大学里还未受到学位授予单位与学位获得者的重视，大家往往更关注的是学位证书的颁发。

虽然根据《学位条例》第 11 条规定，学位证书由学位授予单位颁发，但是学位的证书格式则由国家统一进行规范。根据实施办法第 22 条规定："学士学位的证书格式，由教育部制定。硕士学位和博士学位的证书格式，由国务院学位委员会制定。"所以，自 1981 年学位制度确立以来，国务院学位委员会和教育部就负责学位证书的统一印制发行工作。根据 2007 年发布的《国务院学位委员会、教育部关于调整学位证书版式及格式内容的通知》（学位〔2007〕25 号）的规定，将学位证书从原来"开本式"的调整为"单页式"，其内容不再包含学位获得者的"籍贯"和"学习年限"等信息。

目前，学界对学位证书的格式内容上最主要的争议在于：是否需要在学位证书上盖上学位评定委员会的印章及其主席的签名。因为根据国务院

---

① 参考了宋文红《欧洲中世纪大学的演讲》（商务印书馆 2010 年版，第 290 页）及康翠萍《学位论》（华中科技大学博士学位论文，2002 年，第 53 页）中的相关内容。

② 宋文红：《欧洲中世纪大学的演讲》，商务印书馆 2010 年版，第 289 页。

③ 同上书，第 304 页。

学位委员会及教育部的规定，学位证书的格式内容上包含了学位授予单位
名称和该校学位评定委员会主席签名及印章。一些学者认为学位证书的颁
发是以学位授予单位的名义作出的，但学位评定委员会并不属于独立性机
构，只是高校的内设机构，不应出现在学位证书的颁发主体行列。① 看
来，这个争议的背后主要是对学位评定委员会法律地位的不同认识。的
确，在刘燕文案中是否应以校学位评定委员会为被告的争议，就已凸显了
对其法律地位的关注。因此，学位评定委员会的法律地位是一个值得深入
探讨的问题，本书将在本书的第五部分进行探讨。

　　此外，实务中还曾出现高校或省级教育行政管理部门是否有权制定学
位证书具体内容的案件，即陈舜文、陈丽云诉南华大学颁发毕业证、学位
证案。在该案中陈舜文、陈丽云系湖南师范大学医学院（原湖南医学高
等专科学校）招收的 2000 级医学检验专业的学生，两原告在该校修完二
年专科课程后，于 2002 年上学期末参加了湖南省教育委员会关于普通高
等专科学校与普通高等本科学校合作举办"专本沟通"专业的考核，经
学校考核、选拔、省教育厅审核，同意二原告升入被告南华大学 2000 级
本科医学检验专业学习。2005 年 7 月，原告陈舜文、陈丽云在南华大学
修完全日制普通高等本科学校的全部课程，且学习成绩合格。为此，被告
南华大学根据《教育部关于当前加强高等学校学历证书规范管理的通知》
（教学〔2002〕15 号）第（二）项、湖南省教育厅《关于进一步完善
"专本沟通"试点工作的通知》（湘教通〔2004〕127 号）第三条及湖南
省教育厅《关于进一步完善"专本沟通"试点工作的补充通知》（湘教通
〔2004〕217 号）第五条之规定，于 2005 年 7 月 1 日给原告陈舜文、陈丽
云颁发了普通高等学校的毕业证书及学位证书。该学位证书的内容和格式
是："陈舜文，自 2000 年 9 月至 2002 年 7 月在湖南师范大学学习，2002
年 9 月至 2005 年 7 月在本校医学检验专业专科起点本科学习专业完成五
年制本科学习计划，业已毕业。经审核，符合《中华人民共和国学位条
例》的规定，授予医学学士学位。"给原告陈丽云颁发学位证书的格式和
内容与原告陈舜文相同。陈舜文、陈丽云认为该学位证书上写有"专科
起点"的字样，是对自己学业的一种不公平待遇，最后诉至法院，请求

---

　　① 比如，张德瑞：《高校学位评定委员会的性质、地位与立法完善》，《学位与研究生教
育》2009 年第 1 期。

确认被告南华大学颁发的毕业证及学位证书违法，并请求撤销该颁发毕业证书和学位证书的具体行政行为。①

最终，该案原告的诉讼请求先后被一二审法院驳回。关于谁有权就学位证书具体内容进行制定的问题，湖南省衡阳市中级人民法院认为："《教育法》以及《高等教育法》并未就毕业证书与学位证书的内容作出明确规定，高校在颁证时如何具体操作属于教育行政部门的职权范畴。教育部及湖南省教育厅根据《教育法》第十五条的规定，有权制定高等学历证书管理规范性文件。"但是针对法院的这一观点，也有人提出不同意见并指出：只有教育部才有权对学历证书和学位证书的具体内容、格式作出规定，省教育厅无权规定，学校更无权规定；法律法规只授权高等学校颁发学历证书和学位证书，并未授权高等学校自主确定学历证书和学位证书的格式和内容；学历证书和学位证书是对持有者学历和学术水平的证明，具有公示作用和社会公信力，如果其不能实现其法律上的目的，那么它就不是法律意义上的学历证书和学位证书，只是废纸一张。标有专科起点字样的所谓"学历证书"和"学位证书"，因得不到社会的认可，不具有证明持有者学历和学术水平的公示作用和公信力，不能实现其法律上的目的，所以不是法律意义上的学历证书和学位证书。②

从审理法院的观点及不同意见中可以发现，大家存有一个基本共识：学位证书的颁发属于高校履行教育行政管理职能。从这一基本共识出发，又演绎出学位证书的内容制定到底是国家教育行政主管部门集权，还是与省级教育行政主管部门的分权问题。但在笔者看来，其实最需要关注与探讨的还是这一共识本身。学位证书的颁发真的是高校履行教育行政管理职能吗？其实这一共识是建立在学位授予权作为国家教育行政职权的观点之上。但假如学位授予权并非国家教育行政权而是高校自主权，那么，学位证书格式与内容的制定主体又该是谁？而国家行政机关在该问题上又应扮演何种角色？也许只有在了解高校自主权的属性之后我们才能找到答案。

---

① 一审：湖南省衡阳市蒸湘区人民法院（2005）衡蒸行初字第 11 号（2005 年 10 月 28 日）；二审：湖南省衡阳市中级人民法院（2005）衡中法行终字第 77 号（2005 年 12 月 26 日）。

② 北大法宝网：陈舜文、陈丽云诉南华大学颁发毕业证、学位证案后所附的评析。

六　逻辑后果：学位撤销

学位一旦被授予一般终身有效。因此，并不是每一项学位授予权的运行后果都会导致学位撤销。但从逻辑上讲，有学位授予，则也可能存在学位撤销。所以从学位授予权的运行角度来看，学位撤销只是它的逻辑后果，而不是必然的事实后果。

一般而言，学位撤销的主体也就是学位授予的主体。我国《学位条例》第17条规定："学位授予单位对于已经授予的学位，如发现有舞弊作伪等严重违反本条例规定的情况，经学位评定委员会复议，可以撤销。"所以，学位撤销是学位授予单位对学位授予行为的一种自我更正。发现舞弊作伪的方式既可以是通过学位授予单位的自我检查，也可以是其他人员或单位的揭发或检举。学位撤销的复议程序可以是学校主动开启，也可以经举报者揭发查证属实后启动。我国目前对学位撤销实行的是一级复议制，即由校学位评定委员会对复议决定。但是，对于这样的规定，有可能存在类似于在学位授予中那样的质疑：学位评定委员会对此是实质性审查还是形式性审查？因为对于一篇专业论文是否存在抄袭、如何认定是否抄袭，可能都需要有专业的判断。换言之，"认定抄袭"的本身就具有专业性。所以，不管是从学生权利保护的角度，还是从专业化的角度，似乎都应该在学位评定委员会作出复议之前，由一个专业评审委员会对此作出实质性判断。而学位评定委员会在这一专业的实质性判断基础上再进行形式审查并最后作出决定。

学位撤销将引发一定法律后果，其中最主要的就是导致学位证书的无效，被责令收回、没收或注销。那么，若学位证书被宣布无效，是否也就意味着学位被撤销？从法律效果来看，答案显然是肯定的。1995年《教育法》第80条规定："违反本法规定，颁发学位证书、学历证书或者其他学业证书的，由教育行政部门宣布证书无效，责令收回或者予以没收；有违法所得的，没收违法所得；情节严重的，取消其颁发证书的资格。"可见，根据我国法律规定，除了学位授予单位主动撤销学位外，还可以通过教育行政部门宣告证书无效的方式撤销学位。这种情况主要是出现在学位授予单位有违法的学位授予行为，而被宣告无效的学位证书是通过这种违法行为而获得的。

不管学位撤销是由学位授予单位作出，还是教育行政主管部门依法宣告，显然学位的撤销都侵损到了学位拥有者的权益。所以，因学位撤销而引发的司法纠纷案件在各国都层出不穷。目前而知最早的学位撤销纠纷案发生在英国。1723 年剑桥大学剥夺了一位违抗纪律的学者的学位而事先没有通知他作出辩护，王座法院用强制令恢复了他的学位，因为这种剥夺违背了自然公正原则，法官认为，无论如何"根据上帝法与人法的要求"，在接受处分之前，他应当得到通知以便作出辩护。① 美国学位撤销案最早发生于 1986 年的瓦里格诉肯特州立大学案。肯特州立大学的两名学生依靠伪造的分数和课程成绩获得了学位，并分别于 1966 年和 1967 年毕业。俄亥俄州最高法院认为在满足宪法要求的正当程序以后，基于正当的理由可以撤销学位。但是，"在撤销学位之前必须召开听证会，听证会必须公正进行，让毕业生有机会出示证据，维护自己的权益。比较停学和不授予学位而言，撤销学位后果更加严重，因此，程序要求更加严格"②。

可见，西方国家对学位撤销的正当程序非常重视。这一方面是说明学位撤销属于大学自治的领域，大学完全依据自己的标准作出是否撤销学位的决定；另一方面也说明，司法机关在尊重大学自治的前提下希望通过对其学位撤销的程序性规制，来保护学生的权益。但可以发现，现实中越来越多的争议不在于程序上的，而是实体上的。比如 1999 年，美国麻省理工学院撤销了 1988 年毕业的学生查理斯·郁的学位，理由是他在 1987 年作为一家名叫菲·伽马三角洲社团的宣誓带头人，当时一位新加入的宣誓人斯科特·克鲁格在该社团的一次晚会上酒精中毒死亡。③ 而这个案件也引发了学界对大学撤销学位事由的关注，特别是这种非学术性事由。学者们认为以非学术原因撤销学位，是大学的一种权力（权利）滥用，这很容易为腐败、人为操控和非正当影响敞开大门。鉴于此，学者们呼吁应将学位撤销限定在学术性事由上。④

正如学位授予是基于学术性标准而进行，学位撤销同样应依学术性事由而进行。这里的学术性事由，主要指学术欺诈或学术不当行为，比如学

---

① ［英］威廉·韦德：《行政法》，中国大百科全书出版社 1997 年版，第 135 页。

② Jayme L. Butcher. MIT v. YOO：Revocation of academic degree for nonacademic reasons. Case western reserve law review. 758.

③ Andres Billups. Ex-Student Sues MIT Over Revoked Diploma. Wash. Times. Aug. 15，1999，at C5.

④ Jayme L. Butcher. MIT v. YOO：Revocation of academic degree for nonacademic reasons. Case western reserve law review. 770.

生通过作弊、抄袭等手段获得学位。美国学者斯通纳和劳瑞对作弊与抄袭的行为进行列举，认为作弊包括但不限于下列行为：（1）考试或测验中使用禁止使用的辅助手段。（2）在撰写论文、准备学术报告、解决问题或者执行其他作业中使用禁止使用的资源。（3）获取不被允许的由大学教师或其他职工所有的考试或学术资料。（4）在教学计划或课堂讨论中从事被特别禁止的行为。而抄袭包括但不仅限于未经作者明确许可，通过引述或直接引用的方式使用他人出版或未出版的著作，还包括未经许可使用他人或机构用于销售的论文或学术资料。①

　　在我国因作弊或抄袭而被撤销学位的事例也不少。如2006年南开大学以论文抄袭为由撤销毕业两年的该校学生的博士学位；② 再如2007年中科院一名女博士因学位论文中的数据造假被撤销了学位。③ 而2006年陈颖诉中山大学撤销学位案最引人关注。

　　陈颖于1986年考入武汉水运工程学院学习，因数门功课不及格而退学，后参加工作。1994年11月，陈颖通过伪造大专毕业证书，以同等学力人员身份取得中山大学1995年硕士研究生入学考试的报考资格，并通过考试进入中山大学学习，获得学校颁发的研究生毕业证和硕士学位证。1998年毕业后，陈颖进入广东省高等教育出版社工作。2005年7月20日，该出版社的上级单位——广东省教育厅经调查致函中山大学，说明他在报考研究生时存在弄虚作假欺骗学校的情况。11月18日，中山大学有关同志和陈颖谈话询问情况时，他承认自己在报考研究生时确有造假行为。12月31日，中山大学在该校学位评定委员会对此进行复审后，作出《关于撤销陈颖硕士学位的决定》（中大研院〔2005〕25号）。6月27日，法院作出一审判决，驳回陈颖的诉讼请求［（2006）海法行初字第00015号］。陈颖不服，上诉。2006年12月14日，广州市中院作出终审判决，

---

　　① Edward N. Stone II and John Wesley Lowery. Navigation Past the "Spirit Of Insubordination": A Twenty-first Century-Model Student Conduct Code With a Model Hearing Script. Journal of College And University Law. 2004（Vol. 31、No1）. 22 - 23.

　　② 科技日报：《南开大学撤销一博士学位》，2007年1月12日，http://bbs. nankai. edu. cn/cgi-bin/bbs/bbsanc? path =/PersonalCorpus/M/moodstation/D778A35A3/A56962A06，最后登录时间：2012年9月20日。

　　③ 京华时报：《中科院一博士论文造假，已被撤销博士学位》，2007年7月13日，新华网，http://www. bj. xinhuanet. com/bjpd_ sdzx/2007 - 07/13/content_ 10563993. htm，最后登录时间：2012年9月20日。

判决撤销一审法院作出的判决；撤销中山大学《关于撤销陈颖硕士学位的决定》。中山大学不服，向广东省高院提出再审申请，高院审理后，裁定广州市中院另组合议庭进行再审。2008 年 9 月 12 日，广州市中院作出判决，维持一审的判决。①

显然，在该案中陈颖存在作弊行为，但是这种舞弊行为是否应撤销其硕士学位则有争议。二审法院在判决书中写道："学位证书是对被授予人专业资格或技能的认可，除非有法律规定的可撤销情节，不得任意撤销。根据《中华人民共和国学位条例暂行实施办法》第十八条第八项规定，被上诉人学位评定委员会有权作出撤销学位的决定，但撤销学位应当符合《中华人民共和国学位条例》第十七条'学位授予单位对于已经授予的学位，如发现有舞弊作伪等严重违反本条例规定的情况，经学位评定委员会复议，可以撤销'的规定，撤销学位的条件是发现有舞弊作伪等严重违反《中华人民共和国学位条例》规定的情况，该规定不论是等内还是等外规定，均以严重违反《中华人民共和国学位条例》规定为条件。上诉人违反招生管理规定不属于违反《学位条例》规定的情形，不应承担严重违反《中华人民共和国学位条例》规定情况的法律责任。"可见二审法院认为学位撤销的事由只能由法律作出规定，而我国《学位条例》规定撤销学位的事由是"舞弊作伪"。二审法院认为"舞弊作伪"并不包括伪造证书取得考试资格的行为，因为这种行为并不与学位取得存在必然联系。因此其在判决书中指出："上诉人确实有伪造学历证明取得考试资格的事实，但上诉人通过入学考试并取得学籍、完成学业、获得毕业证和学位证都不是上诉人的造假行为能够单独实现的。"但是再审法院则认为应撤销陈颖硕士学位，其论证的理由与逻辑是："公民有受教育的权利和义务，尤其高等教育，对于个人乃至社会的发展影响重大，但基于我国高等学校资源有限的情况，客观上限制了一部分申请接受高等教育者的入学机会。由此，在高等教育中，除了对报考者的知识水平及能力进行测试外，

_____

① 没能从官方网站找到陈颖案一二审及再审的判决书，仅有网络的上相关报道（包括陈颖的新浪博客）以及学者们对该案的描述。其中，中山大学曾璐所写硕士论文《撤销学位诉讼研究——由陈颖诉中山大学撤销学位案引起的思考》（2010）中对陈颖案有着较为完整的介绍。想来曾璐同学对该案的资料收集上应具有一定优势，故将其引言中对这一案件的介绍原封不动地转引至此，在此一并表示感谢。针对再审终审判决，在陈颖的新浪博客（悟扬居士）上，他表示已提交了抗诉申请书。当然该案是否会有新的进展，我们只能拭目以待了。

还需要设定一定的报考条件，对任何申请接受高等教育者运用同样的能力判断标准是使公民依法享有平等的受教育权原则的具体化。故根据我国的社会现实情况，符合招生条件并通过入学考试是取得学籍、获得研究生学历教育的必要前提条件。""陈颖不符合招生条件且伪造大专毕业学历，按照当时的规定应被取消录取资格，不能因中山大学未在新生入学三个月内及时发现陈颖的作假行为而视为陈颖已取得了合法、有效的学籍。""《中华人民共和国学位条例》第五条规定'高等学校和科学研究机构的研究生，或具有研究生毕业同等学力的人员，通过硕士学位的课程考试和论文答辩，成绩合格，达到下述学术水平者，授予硕士学位……'陈颖以高等学校研究生的身份申请硕士学位，其前提条件是取得高等学校学籍的研究生。""中山大学参照《中华人民共和国学位条例》第十七条的规定，经向陈颖本人调查核实，根据陈颖以假学历报考且不符合招生的条件，属于被取消录取资格、其学籍的取得无效的情形，其所属学位评定委员会经讨论，作出撤销陈颖硕士学位的决议，不违反《中华人民共和国学位条例》关于授予硕士学位的原则性规定。"① 显然再审法院并未直接把陈颖的作弊行为与其学位撤销相挂钩，而是做了一个间接的联系，即因证书造假取得考试资格导致其后所获得的录取及学籍无效，而学籍无效才导致其所获学位被撤销。

比较二审与再审法院的观点可以发现，二审法院在学位获得条件上强调的是其学术性标准是否达到，对《学位条例》中"舞弊作伪"的界定主要是针对学位申请过程；而再审法院在学位获得上则先强调了学位获得者的身份是否符合规定。针对这种实务上的争议，学界观点却较为一致，基本上都认为不应该撤销陈颖的硕士学位。在论证理由上，有的与二审法院的观点相近，比如"在中山大学撤销陈颖硕士学位案件中，根据查明的事实，陈颖在硕士学位申请过程中无任何违法行为，而是完全符合学位授予单位的要求，仅仅根据其在硕士生入学考试报名时存在学历造假而撤销其硕士学位，显然不符合《学位条例》第 17 条规定的撤销学位条件"②。也有的从各种学理上进行论证，比如"依治愈制度，如果说在录

---

① 这里所摘录的二审、再审判决书内容都来自陈颖新浪博客（悟扬居士上），发在其博客上的这两份判决书都主要是判决书的后半部分。

② 肖鹏：《论撤销学位的法律规制——对中山大学撤销陈颖硕士学位案件的法律思考》，《中国高教研究》2008 年第 2 期。

取行为发生时，陈某的学问没有达到同等学力程度的话，那么，当陈某经过研究生阶段的努力学习，最终获得毕业证之时，陈某的学问已经超过大专、本科而达到硕士研究生教育所要求的学业标准，中山大学的录取行为、陈某的入学资格和学籍存在的瑕疵已经陈某的主观努力而治愈。中山大学不应再对陈某作出处理。"[1]

除了是否应该撤销学位的争议外，该案还存在一个理论争论，即学位撤销的法律性质。有的认为学位撤销属于行政处罚行为，而行政处罚的时效为 2 年，因此，中山大学没有理由时隔十多年再撤销陈颖的学位。也有的认为撤销学位行为不是行政处罚，而是行政撤回行为，因此不受两年时效的约束。不过这两种观点存在一个相同的前见，即学位撤销权属于行政权力。学者中对此较为常见的一种论证逻辑是："学位撤销权是一项行政权力，撤销学位的行为是具体行政行为。我国实行国家学位制度，由国务院学位委员会负责领导全国学位授予工作，高等学校和科学研究机构根据法律授权具体开展学位授予工作。根据行政法理论，我国学位授予单位属法律授权的组织，学位授予行为是具体行政行为，应当遵守行政法的基本原理、理论和具体规定，并承担具体行政行为的法律后果。撤销学位权是学位授予权的一个组成部分，由学位授予单位行使，撤销学位行为属具体行政行为。"[2]

当然也有的认为学位撤销属于高校自主行为。比如该案中的被告中山大学就认为："宣布原告的毕业证书无效并撤销其硕士学位是在高校'办学自主权'范围内作出的，目的是为了严肃学风，维持正常的办学秩序，维护社会诚信公德，捍卫社会公平与正义。"可见，学位撤销的法律性质定位同样也取决于学位授予权的法律性质。

第四节　学位授予权：一个立体的概念

虽然本章开篇就给学位授予权下了个定义，但是这一界定的目的主要是为了对所要探讨的对象作一个基本的限定。通过对学位及学位制度的考

---

[1]　张峰振：《建立我国行政法治愈制度的必要性及初步构想》，《河南省政法管理干部学院学报》2009 年第 2 期。

[2]　田鹏慧、赵建亮：《对学位撤销纠纷的思考》，《人民司法》2008 年第 1 期。

察、对学位授予权的法律关系及其运行逻辑的分析，已经把原先那个枯槁而平面的概念变成一幅丰腴而立体的画面。

在这幅画面中，学位授予权就像一个娇嫩鲜艳的果实，学位评定权是其内核，学位授予标准设定权是其果肉，学位证书颁发权是其果皮。而学位授权则是孕育了这一花果的果树。因此，一个完整的学位授予权的概念涵盖了学位评定权、学位标准设定权和学位证书颁发权。

图 2　学位授予权

学位评定权是指对学位申请者是否达到应有的学术水平和所规定的条件作出评定的权能。在对学位的法律性质的分析中已知，学位的本质是学术水平的称号，它既隐含着学位申请者的获得公正评价权，又包含着学位授予者的学术评价权。这一学术评价权就涵括在学位评定权之中。故而学位授予权的本质自然也就彰显在学位评定权中。

学位授予标准设定权是指对授予各级学位所需达到的学术水平和条件进行设定的权能。学位授予权的本质是学位评定权，学位评定权又以学术评价权为核心。虽说学术评价是一项专业判断，尊重其主观性是必然的需要，但为了防止其随意性，对其设定具体的评判基准同样符合公正的需求。因此，学位授予标准设定权是对学位评定权的一种规范与制约，它同样是学位授予权中所必不可少的内容。

学位证书颁发权是指对学位获得者颁发相应的学位证书的权能。任何内容都需要形式来承载。学位证书是学位获得者学术水平的凭证。学位授予主体对学位获得者所作出的学术评价必需依凭这一纸证书来表达与存照。因此，学位证书颁发权最终成就了学位授予权的完整性，它是学位授予权所必不可少的部分。

此外，学位撤销权与学位授予权属于同一层级的概念，恰如一物的两面，相互对应。学位撤销权中包含着：学位撤销评定权、学位撤销标准设定权和学位证书注销权。从时空维度上看，学位授予权是学位撤销权存在前提，无授予则无撤销。

前文提过学位授予权法律关系主体有国家、学位授予单位（高校与科研机构）和公民。那么学位授予权主体又应是谁？一项权能的主体主要指拥有和行使该项权能的承担者，它既可以指涉拥有主体，也可以指涉行使主体。一般情况下，这两个主体是统一的，它的拥有主体也是它的行使主体。但在一些特殊情形下，两者可以是分离的，比如通过委托代理或法定授权等方式，把一项权能的行使权从它的拥有主体转移给另一个主体。在这种行使权转移过程中，该项权能既可以是全部转移，也可以是部分转移。因此，关于学位授予权主体存在三个问题：一是，它的拥有主体和行使主体是统一的，还是分离的；二是，那么它的拥有主体是谁，行使主体又是谁；三是，若是分离，那么行使主体到底享有行使学位授予权中的哪些权能。

根据《学位条例》第8条规定："学士学位，由国务院授权的高等学校授予；硕士学位、博士学位，由国务院授权的高等学校和科学研究机构授予。"由此可以确定，高校和科研机构是该项权能的行使主体，由它们作出学位授予行为。但是它们是否也是该项权能的拥有者呢？对此学界和实务界存有不同观点。有的认为该项权能本来属于国家，是通过法律授权或国务院授权委托给高校和科研机构行使，但有的认为该项权能就是属于高校。而对这一问题的争议，实际上往往隐含在对该项权能的法律性质上的争议中。因此，到底学位授予权的主体是统一的，还是分离的，到底国家还是高校和科研机构是它的拥有主体，对于这些问题只能留待对其法律性质的定位之后才能揭晓。

行文至此，文章已经对学位授予权的内涵、法律关系及其运行逻辑作了全面考察。但是目前的这一考察仅仅是理论研究上的一个向度。对学位授予权的理论研究可以有两个向度：一方面剔除它所有杂质，恰似真空状态去还原一个概念的原貌，如在显微镜下具体而细微地去观察它的质地与源码；另一方面，又要把它纳入一个已经建构好的理论框架里，用已有的概念和范畴将它进行对号入座，从类型化和整体性的视野去抽象地把握和认识它的性质与特征。因此，在对学位授予权的认识与把握上，还需要把它纳入已有的法律理论框架下，用那些已被提炼和抽离出来的概念和范畴，去分析它的法律性质和特征以及运行原则。

第 三 章

三种维度上的高校学位授予权：
法律性质的定位

高校是学位授予权主要的行使主体，而在我国的学位授予纠纷案中最主要的争议是高校学位授予权的法律性质及运行原则。因此，聚焦于高校学位授予权，是回应实践的一种积极选择。而对高校学位授予权的法律性质定位与所选择的研究方法密切相关。对于高校学位授予权的性质定位可以有三种维度，即事实的维度、规范的维度和价值的维度。事实的维度关注的是高校学位授予权性质的实然性，规范的维度关注的是高校学位授予权性质的应然性，而价值的维度关注的则是高校学位授予权性质的正当性。

第一节　事实与争议

一　司法纠纷：一个观察事实的平台

"受理论束缚的人……无法弄清整个事实真相，就试图抓住其尾巴；理论如同真相的尾巴，而真相如同蜥蜴，它丢下自己的尾巴跑掉了，因为它非常清楚，转瞬之间它又长出一条新的。"[1] 所以在对学位授予权的法律性质进行理论探讨之前，有必要先从事实上来还原其真相，以免所得出的观点成为蜥蜴的尾巴。关于高校学位授予权性质在事实上如何定位或存在哪些分歧及观点，我国现有的学位授予纠纷案件及司法实务为此提供一个较为合适的观察平台。通过北大法宝、万律等网络资料库，笔者共收集

---

[1]　伊凡·屠格涅夫：《致利奥·托尔斯泰，1856》，转引自莱斯维·郝维兹《科学家箴言录》，海南出版社 2002 年版，第 4 页。

到 35 份高校学位授予纠纷的司法判决书。下文对这 35 份判决书中所认定的案件事实及判决理由进行一个简要的介绍与梳理。

在学位授予纠纷中，主要以 Aa 和 Ab 两类为主（详见附件 1）。Aa 类纠纷是因未能达到大学规定的学位授予标准，从所掌握的案件来看，引发争议的标准主要有：英语四六级通过、课程（必修课程）未重修或补考、一定数量学术论文发表。其中还有两个较为特殊的案件，一个是曾源星案（Aa5），原告录取时为专科，因学校工作失误编入本科，并完成本科课程与相关要求，但毕业时，学校以专科学历层次不能授予本科毕业证与学士学位为由拒绝颁发学位证书。另一个是黄攀案（Aa12），因原告超过四年学制被拒颁学士学位。Ab 类纠纷是因学生违反校规而被取消学位授予资格，从案情来看主要就是因考试作弊、打架斗殴而被学校处分。（详见附件 2）

这两类纠纷的主要争论点在于大学自订的学位授予条件是否合法或合理。原告方一般都认为大学所规定的学位授予标准超出了《学位条例》的相关规定，从而增加了学生的义务负担；而把学生的不当行为作为不授予学位的理由，则是混淆了道德评价与学术评价的界限，因此这些规定都不具有合法性与合理性。面对原告方的质疑，被告方一般都抗辩称，大学享有自主管理权，有权规定学位授予的具体条件。概而言之，在诉讼中主要存在两个层面的争议：一是大学是否有权制定学位细则，或曰大学规章创制权的合法性来源是什么；二是，大学学位细则中的规定是否合法。

第一个层面：大学是否有权制定学位细则？法院对该问题的回答是肯定的，在论证逻辑上主要有如下四种方式。

第一种，从法规规定来论证合法性。即《中华人民共和国学位条例暂行实施办法》第二十五条规定："学位授予单位可根据本暂行实施办法，制定本单位授予学位的工作细则。"据此规定，法院肯定"大学有权制定本单位授予学位的工作细则"或"将授予学位的条件予以细化"。如"被告经国务院批准具有授予学士学位的主体资格，其根据《中华人民共和国学位条例暂行实施办法》第二十五条规定，有权制定本单位授予学位的工作细则（Aa1）。"

第二种，从大学办学自主权论证合法性。如"被告的这一规定，是被告基于执行国家教育教学标准，保证教育教学质量的具体要求，在其办学自主权范围内自行制定的；被告可以对执行这一规定产生的实际效果进行评判并根据办学实际情况自主予以修订、变更,原告作为被告的在籍学生,应当遵守其修业年限内学校作出的有效规定（Aa3）"。再如,"《教育法》及《高等教育法》等法律法规已赋予了被告一定的自主权利,教育者在对受教育者实施管理中有相对的教育自主权。高等学校依照国家的授权,有权依法制定校规、校纪,有权依法对在校学生进行教学管理和纪律处理,有权依法制定本单位授予学士学位的工作细则（Aa9）。"

第三种,从法律法规规定和大学自主办学权两个角度合力进行论证。如"《实施办法》第二十五条规定,学位授予单位可根据本暂行实施办法,制订本单位授予学位的工作细则。故被告按照自主办学的原则,将授予学士学位应具备的条件予以细化,符合现行法律法规的规定。（Ab18）";再如,"《中华人民共和国学士条例》《中华人民共和国学位条例暂行实施办法》是原则性法律规范,被告根据上位法的授权制定具体实施细则,保证了学位授予工作的进行,也体现了自主办学的权利和义务（Ab8）"。

第四种,从学位的性质来论证合法性。如"学位的授予是对学位获得者学习成绩和学术水平的客观证明,学校以培养人才为目的,有权对自己所培养的学生质量作出规定和要求（Aa7）"。

第二个层面:大学学位细则中的规则是否合法?虽然法院都肯定大学享有制定学位细则的权力（抑或权利）,但是对学位细则中所规定的争议事项是否合法存有不同观点,具体情况如下。

关于 Aa 类纠纷中学位授予标准是否合法,法院基本上都认可其合法性。但在论证理由上存有差异。

第一种以"不抵触"为理由。如"被告这一文件的具体规定,与《教育法》《中华人民共和国学位条例》的相关规定并不抵触,据此可以确定被告的这一文件规定合法有效（Aa10）。"再如,"对于未通过国家专业英语四级的英语专业学生不授予学位的规定与《中华人民共和国学位条例》第四条和《学位条例暂行实施办法》第三条中要求学士学位水平须达到较好地掌握本门学科的基础理论,专业知识和基本技能的规定不相抵触,故该规定的内容未违反法律规定,也未超出法律规定的范围,应当予以认定其合法性（Aa2）"。

第二种以国家并无统一的学位授予标准为由。如"《中华人民共和国学位条例》及《中华人民共和国学位条例暂行实施办法》仅规定了学位授予的基本原则或精神，国家并无统一的学位授予标准，各个高校对学位的授予仍有一定的自主权（Aa9）。"

第三种以学术自治为由。如"各高等院校根据自身的教学水平和实际情况在法定的基本原则范围内确定各自学士学位授予的学术标准，是学术自治原则在高等院校办学过程中的具体体现，坚持确定较高的学士学位授予学术标准抑或适当放宽学士学位授予学术标准均应由各高等院校根据各自的办学理念、教学实际情况和对学术水平的理想追求自行决定（Aa11）。"

关于 Ab 类纠纷中受学校处分而取消学位授予资格的规定是否合法，法院存在两种观点，即合法与无效。

持合法观点的，论证理由有以下几种。

一是，以不抵触法律法规为由。如"南昌大学根据《中华人民共和国学位条例暂行实施办法》第二十五条的授权规定，制定《南昌大学授予学士学位实施细则》，将学士学位的授予条件、评审程序具体细化，将包括考试舞弊、违反校规、校纪等品德方面的内容列入审核范围，规定不授予考试舞弊者学士学位，并未与上述规定相抵触（Ab4）。"再如，"在校期间被学校认定有考试作弊行为"的不授予学士学位并不违反《中华人民共和国学位条例》的原则性规定。被告因原告在校期间考试作弊被处分，而不授予原告学士学位符合被告学位授予办法的规定，且不与法律相抵触（Ab11）。

二是，以不违反法律为由。如受记过（含记过）以上处分者和凡考试作弊者不授予学士学位并不违反《中华人民共和国学位条例》关于授予学士学位的原则性规定（Ab4）。再如"上海大学制定的将道德、纪律方面的要求与授予学位的条件相关联的细则规定，符合现行法律的原则和精神，其内容并不违反上位法关于授予学位的原则性规定，且与建立社会诚信体制的要求相一致，故应认定为有效，可以作为认定被诉决定合法的参考依据（Ab17）。""既然《学位条例》规定了授予学士学位的条件，客观上必然存在不授予学士学位的情形。《学位条例》第 2 条规定，申请学位的公民要拥护中国共产党领导、拥护社会主义制度，其本身涵盖了对授予学位人员的遵纪守法、道德品行的要求。被告在其制定的《实施细则》第 4 条中规定在本校学习期间受过记过处分，至毕业时尚未撤销的不授予学士学位，并不违反《学位条例》关于授予学士学位的原则性规定（Ab10）。"

　　三是，以未超越（超出）法律为由。如"《实施细则》中将'因考试作弊受到留校察看处分或毕业论文抄袭者'作为不授予学士学位的情况之一，该内容并未超越法律、法规关于授予学士学位的原则性规定，应认定为有效（Ab18）。再如《华中农业大学学位授予工作实施细则》第二十四条第一款第4项规定'第三学年（含第三学年）后，因考试作弊受到警告（含警告）以上处分，不得授予学士学位'的内容，符合《中华人民共和国学位条例》第二条、第四条以及《国务院学位委员会关于对〈中华人民共和国学位条例〉等有关法规、规定解释的复函》第一条'《中华人民共和国学位条例》第二条规定，申请学位的公民要拥护中国共产党的领导、拥护社会主义制度，其基本内容是相当丰富的，涵盖了对授予学位的人员的遵纪守法、道德品行的要求'的规定，华中农业大学将道德品行因素纳入其制定的《华中农业大学学位授予工作实施细则》作为授予学士学位的评定标准，没有超出法律的授权范围（Ab14）。"

　　持无效观点的，其论证理由就是学校的规定与法律规定相抵触，因而无效。如"被告所制定的《学生手册》中关于在校期间因违反纪律，受到行政记过（含记过）以上处分，及考试舞弊者不授予学士学位的规定，与《中华人民共和国学位条例》中：高等学校本科毕业生，成绩优良，达到下述水平者，授予学士学位：（一）较好掌握本门学科的基础理论、专门知识和基本技能；（二）具有从事科学研究工作或担负专门技术工作的初步能力。及《中华人民共和国学位条例暂行实施办法》中：高等学校本科学生完成教学计划的各项要求，经审核准予毕业，其课程学习和毕业论文的成绩，表明确已较好掌握本门学科的基础理论、专科知识和基本技能，并具有从事科学研究工作或担负专门技术工作的初步能力的，授予学士学位的规定相抵触，故应认定无效（Ab2）。"再如，"国家实行学位制度，被告作为学士学位授予单位，应根据《中华人民共和国学位条例》规定的条件，对达到一定学术水平或专业技术水平的人员，授予相应的学位，并颁发学位证书，被告所制订的《莆田学院学士学位授予工作细则（试行）》中第三条：'在校学习期间，违反学校有关管理规定，曾受过校行政记过（含记过）以上处分者或按结业处理者，不授予学士学位'的规定，与《中华人民共和国学位条例》第四条规定相抵触，应认定无效（Ab13）"。

二　争议焦点：国家行政权，抑或高校自主权？

通过上文的梳理可知，我国当前高校学位授予纠纷案件主要的争议就是：高校学位授予工作细则中将通过国家英语四六级考试、发表一定数量与级别的论文、没有受到处分等作为学位授予标准的规定是否合法。针对这一争议，法院往往将其转化为下列两点来回答：一是高校是否有权制定工作细则；二是这些学位授予条件是否合法。第一点涉及高校制定学位授予工作细则的合法性来源，第二点涉及高校所制定的学位授予条件本身的合法性问题。对于这两点，实务中往往把第一点的肯定作为第二点成立的必要而非充分的条件。显然，这种论证逻辑的背后是把高校是否有权制定学位授予工作细则直接等同于高校是否有权制定学位授予条件（或标准）。但是高校有权制定学位授予工作细则，真的就意味着高校有权制定学位授予条件吗？

根据暂行条例第25条的规定，即"学位授予单位可根据本暂行实施办法，制定本单位授予学位的工作细则"，显然高校制定学位授予工作细则有着确切的合法性依据。但不可忽视该条规定前半句的限制，即"根据本暂行实施办法"。那么，如何理解"根据本暂行实施办法"呢？《学位条例》第19条规定："本条例的实施办法，由国务院学位委员会制定，报国务院批准"。针对该条规定，国务院颁发的实施办法对《学位条例》实施进行了具体规定，其中包括了对学位授予的具体要求、学位授予程序以及学位授予各机构的职责等。作为学位授予主体的高校在学位授予中应遵照这些具体规定而进行。而所谓的学位授予工作细则应该是就这些实施办法再进一步的明确化，比如关于校学位评定委员会成立具体规则、工作细则等。从性质上来说，高校制定学位授予工作细则是基于国务院的一种行政授权，它必须要严格依据实施办法的规定进行制定。对于《学位条例》和实施办法中所规定的学位授予标准，高校学位授予工作细则只能细化（具体化）而不能提高或降低。所以，依据实施办法第25条进行分析得出的结论只能是：高校享有制定学位授予工作细则的权力意味着其不享有制定学位授予标准的权力。

也正因为认识到这两者间存有差异，有些法院除了引用实施办法第25条之外，还会从高校自主权去论证高校享有学位授予标准设定权，比如在陶某某诉上海杉达学院案中，上海市浦东新区人民法院在判决书中就论证道:"《实施办法》第二十五条规定,学位授予单位可根据本暂行实施办法,制订本单位授予学位的工作细则。故被告按照自主办学的原则,将授予学士学位应具备的条件予以细化,符合现行法律法规的规定。"①但是这样的组合论证存在悖论,因为根据实施办法第25条的论证只能得出高校不享有学位授予标准的设定权。

那么,高校是否享有学位授予标准设定权呢? 从实然的层面来看,高校无疑在行使着这一权能。司法实务中的众多纠纷就是缘起于高校对学位授予标准的自我设定。我们只要去翻翻各大院校的学位授予工作细则,就可以发现各个院校对学位授予标准都有着各自的要求。比如《复旦大学学位授予工作细则》(2008) 中对硕士学位的授予标准主要有:"1. 在本门学科上掌握坚实的基础理论和系统的专门知识; 2. 具有从事科学研究工作或独立担负专门技术工作的基本能力; 3. 比较熟练地运用一种外国语阅读本专业外文资料,并能写作论文摘要; 4. 发表(含录用)一定数量和水平要求的、与学位论文内容相关且作者(学位申请人)的第一署名单位为复旦大学的学术论文(本款依据学校颁布的相关具体文件执行)。"比照《学位条例》可知,复旦大学硕士学位授予标准的前两条是《学位条例》第5条所规定的标准,而后两条则是其自订的内容。把《学位条例》中所规定的两项标准与学校自订的两项标准并行罗列在同一条款下,显然不能说这后两条是对前两条的具体化或细化,而是高校自行提高了学位授予标准(或增加了学位授予条件)。虽然这种做法在实然层面比比皆是,但是随着学生权利意识的提升,高校的学位授予标准设定权受到了更多的质疑与挑战。

面对这些质疑,法院之间也存在着分歧,而这些分歧往往是源于对高校学位授予权性质的不同认识。如在张福华诉莆田学院一案中法院认为:"国家实行学位制度,被告作为学士学位授权单位,应根据《中华人民共和国学位条例》规定的条件,对达到一定学术水平或专业技术水平的人员,授予相应的学位,并颁发学位证书",在认定高校学位授予权属于国家教育行政权力时,法院则进一步指出:"被告所制定的《莆田学院学士学位授予工作细则(试行)》中第三条:'在校学习期间,违反学校有关管理规定,曾受过校行政记过(含记过)以上处分者或按结业处理者,

---

① 上海市浦东新区人民法院,(2011) 浦行初字第237号。

不授予学士学位'的规定，与《中华人民共和国学位条例》第四条规定相抵触，应认定无效。"① 而在吕广观诉西南政法大学颁发毕业证书、学位证书的法定职责纠纷案中，法院则认为高校学位授予权属于高校自主权，指出高校自订学位授予标准是"被告基于执行国家教育教学标准，保证教育教学质量的具体要求，在其办学自主权范围内自行制定的"，并强调："被告可以对执行这一规定产生的实际效果进行评判并根据办学实际情况自主予以修订、变更，原告作为被告的在籍学生，应当遵守其修业年限内学校作出的有效规定。"②

可见，高校是否享有学位授予标准的设定权及其所设定的标准是否合法，关键在于高校学位授予权法律性质的定位。因为，如果学位授予权属于国家行政权，依照法治国家的要求，学位授予标准也只能依据法定程序由国家立法机构设定。那么，此时被授权行使学位授予权的高校，仅仅是行使其中的学位评定权和学位证书颁发权，而不能行使学位授予标准设定权。但如果学位授予权属于高校自主权，那么，高校作为学位授予权的享有和行使主体，它可以基于对学术自由的追求与学术品质的要求，有正当理由设定其学位授予标准；同时，国家也基于对学位质量与学位授予行为的规范，在一定范围内可以设定学位授予标准；那么此时，国家所设定的学位授予标准属于最低标准，高校有权在该标准之上增加或提高要求。

依据上述分析可知，司法实务中对于高校学位授予权性质的争议焦点，就是它到底属于国家行政权还是高校自主权。所以，在实然层面上看，高校学位授予权的法律性质充满着争议。

三　争议根源：现实博弈与规范抉择

不管是在作为被告的高校与原告的学生之间，还是在诸多受理学位授予纠纷的法院中，对高校学位授予权性质所存在的争议与分歧，凸显了其背后的现实性与制度性根源。

对高校学位授予权性质的争议主要是两股力量的现实博弈。一股是以争取学生权利为目标，另一股是以维护高校权益为方向。从保障学生权利的角度出发，往往把高校学位授予权定位为国家行政权，因为这样就可以

---

① 福建省莆田市城厢区人民法院，（2010）城行初字第 22 号。
② 重庆市沙坪坝区人民法院判决书，（2004）沙行初字第 32 号。

从国家行政权作为一项公权力，在法治国家原理下应严格遵守依法行政的原则，从而否定高校所自订的学位授予标准的合法性；同时在这种国家——公民的框架下，把依法获得学位视为学生的一项合法权利，而增加学位授予条件则增加了学生的法律负担，从而被视为是对学生法律权利的侵损。从维护高校权益的角度出发，则往往把高校学位授予权视为高校自主权，在学术自治和自主管理的理由下肯定高校所自订的学位授予标准的合法性。这两股力量的主体主要是涉讼的学生与高校。在这两股力量之间，显然高校权益处于强势而学生权利处于弱势。虽然从个案来看，每场博弈的结果都由法院的最终判决来决定；但从整体发展趋势来看，这场博弈的最终结果尚未明朗。因为，法院在这两股力量中在不同情境下作出不同的选择。

阅读这些学位授予纠纷案的司法判决书可以发现，法院把高校学位授予权定位为高校自主权则主要是为了论证高校所制定的学位授予标准的合法性。而把其定性为国家行政权，主要是基于下述因素的考量。

一是，制度性需要，为了使所受理的学位授予纠纷案件能在现有的制度框架下名正言顺地纳入行政诉讼程序中去。众所周知，在田永案之前，我国法院一般不受理高校与学生间因退学、学位授予等发生的纠纷。因此，以行政诉讼程序提起的田永案的受理被视为中国行政法制发展中的一个重要的里程碑。在田永案中有一个焦点性的争议就是高校是否是适格的被告，因为根据《行政诉讼法》规定行政诉讼的被告应当是行政主体。海淀区人民法院为了论证高校作为被告的适格性指出："本案被告北京科技大学是从事高等教育事业的法人，原告田永诉请其颁发毕业证、学位证，正是由于其代表国家行使对受教育者颁发学业证书、学位证书的行政权力时引起的行政争议，可以适用行政诉讼法予以解决。"① 可见，法院希望通过界定高校所行使的学位授予权属于国家行政权来论证其作为行政诉讼被告的适格。后来，这种论证逻辑在刘燕文案中就表述的更为明确："根据我国法律规定，高等学校有权对受教育者进行学籍管理，享有代表国家对受教育者颁发相应的学业证书、学位证书的权力。高等学校作为公共教育机构，虽然不是法律意义上的行政机关，但是，其对受教育者颁发

---

① 北京市海淀区人民法院，（1998）海行初字第 142 号行政判决书。

学业证书与学位证书等的权力是国家法律所授予的。"① 自此以后，大学作为行政被告的资格在实务上基本达成共识。众多判决文书中的观点与论证逻辑基本都是这样的：首先，指出高校作为事业单位而区别于行政机关；接着，转而强调大学具有法律法规赋予其行使一定的行政管理职权；最后，确认大学因行使行政管理职权而成为行政诉讼被告的适格性。从而名正言顺地将高校学位授予纠纷纳入行政诉讼程序中来。

二是，策略性选择，为了避开高校强势的锋芒，成为法院避重就轻的一个基点。到底大学英语四级考试没通过能不能作为学位不授予的条件，或者因受处分是否应取消其学位授予资格，这些涉及实体问题的判断往往会让法院感到过于沉重的论证压力。若是把高校学位授予权视为国家行政权，则可以先从程序入手进行审查。因为作为国家行政权，程序瑕疵也是一种违法行为。有不少法院就是以程序瑕疵为由快速了结案件，追究高校责任，维护学生权利。比如在韦安吉诉广西工学院一案中，二审法院就是如此操作。韦安吉因考试作弊被学校取消了学士学位资格，在一审中法院把案件的争议焦点概括为两点：（1）原告是否知道被告制定有《广西工学院普通高等教育本科毕业生学士学位授予办法》；（2）被告制定的学位授予办法是否与法律相抵触。第一点是涉及事实争议的问题，第二点则是涉及实体正义的问题。对于这两点争议，一审法院都予以论证，认为原告应当知道被告所制定学士学位授予办法，并肯定了该办法的合法性。对此，韦安吉不服提起了上诉。二审法院针对此案最后并未纠缠在上述两点争议中，而是另辟蹊径从程序问题来解决该案，指出："根据《广西工学院普通高等教育本科毕业生学士学位授予办法》第六条学士学位授予由'系（二级学院）学位评定委员会根据以上条件，逐个审核本系（二级学院）毕业生的学习成绩和毕业鉴定等材料，将初审名单提交教务处复审后，报校学位评定委员会审查通过，由学校授予学士学位并颁发学位证书'的程序性规定，该事项依法应当经过学校相关职能部门的一系列审核后报校学位评定委员会审查并作出决定。但在本案诉讼过程中，被上诉人并未能向法庭提供充分证据证实其已按照自己制定的规则对上诉人的学士学位授予资格依法履行了相应的审查职责，故其作出不授予上诉人学位的具体行政行为的主要证据是不足的，程序上存在明显不当，已构成不履

① 北京市海淀区人民法院，（1999）海行初字第 103 号行政判决书。

行法定职责。"① 从而判决了高校败诉,要求其在判决生效之日起三个月内对韦安吉的学士学位资格进行审核。此外,即使涉及实体争议时,法院也可以以国家行政权的法定性来否定高校自订规则的合法性。

虽然从不受理到受理该类案件,已凸显了保障学生权利这股力量的气势,但从程序保障到实体保障,显然还需要一段更为漫长的斗争之路。所收集到的 35 个学位授予纠纷案件中,学生最终胜诉的仅有 6 件。② 从法社会学的角度来看,这些学生胜诉的案件仍具有较多运气的成分。像一二审都胜诉的田永案,除了海淀区人民法院勇于维护学生权利进行司法能动之外,不能忽视该案的诉讼代理人马怀德教授所起到的功用。像樊兴华案中法院认定学校所自定的学位授予标准与法律相抵触并未作更为细致的法律推理,而其中被告郑州航空工业管理学院经两次合法传唤,无正当理由拒不到庭,显然为其败诉埋下伏笔。而像上面提到的韦安吉案法院则仅从程序瑕疵的角度来判定被告败诉。可见,在这些纠纷案件中,法院与高校间也在进行着博弈。更多的时候,法院更愿意跟强势的高校联手,判决高校胜诉而达致共赢。但一旦高校过于无视司法权威时,法院也会来个逆转,像樊兴华案。

法院之所以能够在两股力量之间游刃有余,主要就是借着对高校学位授予权性质的不同定位。而法院之所以能够对高校学位授予权的性质作出不同的定位或解释,则是因为现有的制度中存在可供选择的不同规范。《学位条例》第 8 条("学士学位,由国务院授权的高等学校授予;硕士学位、博士学位,由国务院授权的高等学校和科学研究机构授予")和《教育法》第 22 条("国家实行学位制度。学位授予单位依法对达到一定学术水平或者专业技术水平的人员授予相应的学位,颁发学位证书")是法院用来论证高校学位授予权作为国家行政权的主要规范依据。《教育法》第 28 条第 1、5 项("学校及其他教育机构行使下列权利:(一)按照章程自主管理;(五)对受教育者颁发相应的学业证书")和《高等教育法》第 11 条("高等学校应当面向社会,依法自主办学,实行民主管理")则是法院用来论证高校学位授予权作为高校自主权的主要规范依据。那么,这种对同一个法律问题选择从不同的规范条文解读出不同含义

---

① 广西壮族自治区柳州市中级人民法院,(2010)柳市行终字第 3 号。
② 即田永案、樊兴华案、张福田案、李晓雨案、韦安吉案、武雅学案。

的情状，到底是因缘于这些规范间的冲突，还是沦陷在司法解释的随意或误解中呢？

第二节　规范与解读

一　高校学位授予权的规范体系

高校学位授予权的规范体系主要包含在学位法律制度中。而我国的学位法律制度主要以《学位条例》为核心。《学位条例》是我国教育立法中的第一部法律，于 1980 年 2 月 12 日经中华人民共和国第五届全国人民代表大会常务委员会第十三次会议审议通过，并于 1981 年 1 月 1 日起施行。1980 年通过的《学位条例》共计 20 条，主要对学位等级、学位授予、学位管理等学位基本制度进行了规定。该部法律又于 2004 年 8 月 28 日由第十届全国人民代表大会常务委员会第十一次会议做了一次小幅度的修正，即对第 9 条增加了一项规定，要求学位论文答辩委员会的组成成员中必须要有校外专家。为使学位条例更好地贯彻与实施，1981 年 5 月 20 日，国务院批准了《中华人民共和国学位条例暂行实施办法》。该实施办法主要是对学位授予标准作出了更为细致的规定，以及对学位评定委员会的职责作出了规定。

此外，国务院学位委员会和教育部还颁发了一系列与此相关的规范性文件。从内容上看，这些文件主要集中在学位授权的有关问题上，具体详见表 1。

表 1　　　　　　　　　　我国学位授予权规范性文件汇总

时间	名称
1981	国务院学位委员会关于审定学位授予单位的原则和办法（失效）
1986	国务院学位委员会授权部分学位授予单位审批硕士学位授权学科、专业的试行办法
1988	国务院学位委员会议事规则
1989	国务院学位委员会关于授予国外有关人士名誉博士学位暂行规定（失效）
1991	国务院学位委员会关于授予具有研究生毕业同等学力的在职人员硕士、博士学位暂行规定（失效）
1991	国务院学位委员会关于在部分普通高等学校试行《关于普通高等学校授予来华留学生我国学位试行办法》的通知

续表

时间	名称
2002	国务院学位委员会、教育部关于做好博士学位授权一级学科范围内自主设置学科、专业工作的几点意见
2009	学位授予和人才培养学科目录设置与管理办法
2010	国务院学位委员会关于委托省（自治区、直辖市）学位委员会中国人民解放军学位委员会进行博士学位授权一级学科点初审和硕士学位授权一级学科点审核工作的通知
2010	国务院学位委员会关于开展新增硕士专业学位授权点审核工作的通知
2010	授予博士、硕士学位和培养研究生的二级学科自主设置实施细则
2011	学位授予和人才培养学科目录（2011年）

除了以学位规范为核心内容的法律法规之外，其他一些法律法规也对学位制度作出了相关规定。比如，作为教育基本法的1995年《教育法》的第22、42、70、80条就是专门对学位制度所做的规定；而1998年《高等教育法》第22条则再次强调了我国实行学位制度。同时，根据实施办法第25条规定，我国高校有权就学位授予制定专门的工作细则。

通过上述对我国学位制度规范体系的形式考察可知，目前这一规范体系主要是以国家权力为中心建构的，由学位制度法律、国务院学位管理行政法规、部门学位行政规章和各高校学位工作细则所组建的一个较为完整的层级性的封闭式体系。

二　解读之果：高校学位授予权法律性质定位的规范缺失

前文对司法判决的梳理归纳中得知，与高校学位授予权法律性质的论证有关的规范条文主要是：《学位条例》第8条，《教育法》第22条和第28条，以及《高等教育法》第11条。从内容上看，《学位条例》第8条和《教育法》第22条是直接涉及与学位授予权相关的规定，但是《教育法》第28条和《高等教育法》第11条中没有直接涉及有关学位授予的问题。那么，为何除了与学位授予权相关的规范条文得到引证之外，还会从其他与其并未直接交集的规范条文中去论证它的法律性质呢？难道是《学位条例》第8条和《教育法》第22条在内涵上存有模糊性或争议性？还是法院在选择规范适用中的一种随意性？萨维尼曾说过："法学要理解既存的法规范，及隐含其中的意义关联。作为理解之学问的法学是透过解释来理解语言的表述方式及其规范性意义。解释某一文字系指在诸多的说明可能性中，基于各种考量，认为其中之一种于此恰恰是适当的，因此决定选择此种。"① 看来，要从规范的视角去探讨高校学位授予权的法律性质，首先需要重新审视法院对这些规范所进行的解读与选择。

"按照现行制度法规定，在我国，具体裁判案件的法官是不能解释法条的意义的。但在实际的案件审理中，法官不对具体要适用的法条进行解释即予以适用的情形几乎在客观上是不可能的。事实上，法官们不仅在进行着法律的解释，而且有时还会以适当的方式把其关于某个法条的意涵说明表达于外，以便于相关人士对此有所理解。"② 这种解释同样存在于法院对《学位条例》第 8 条和《教育法》第 22 条的具体适用中。比如在田永案中一审法院在判决书中写道："《中华人民共和国学位条例》第八条规定：'学士学位，由国务院授权的高等学校授予'。本案被告北京科技大学是从事高等教育事业的法人，原告田永诉请其颁发毕业证、学位证，正是由于其代表国家行使对受教育者颁发学业证书、学位证书的行政权力时引起的行政争议，可以适用行政诉讼法予以解决。""被告北京科技大学作为国家授权的学士学位授予机构"。③ 可见，法院就是从该条解读出如下意涵：学位授予权是一种国家行政权，高校是经国家授权代表国家行使该项权力。再如在张福华诉莆田学院颁发学位证书纠纷案中，法院判决书中写道："本院认为，国家实行学位制度，被告作为学士学位授权单位，应根据《中华人民共和国学位条例》规定的条件，对达到一定学术水平或专业技术水平的人员，授予相应的学位，并颁发学位证书。"④ 虽然，该法院没有引用相关条文进行论证，但显然"国家实行学位制度"是从《教育法》第 22 条中解读出来的，而通过上下文的逻辑可知，法院无疑是把"国家实行学位制度"等同于"实行国家学位制度"。

这样的司法解读得到一部分学者专家的支持。比如胡锦光就曾在一篇论文中以相似的观点对该条进行了学理解读："学位条例第 8 条规定：'学士学位，由国务院授权的高等学校授予；硕士学位、博士学位，由国

---

① 陈爱娥：《法律方法论导读——代译序》，载拉伦兹《法学方法论》，陈爱娥译，商务印书馆 2003 年版，第 6 页。
② 刘治斌：《法律方法论》，山东人民出版社 2007 年版，第 181 页。
③ 北京市海淀区人民法院，（1998）海行初字第 142 号。
④ 福建省莆田市城厢区人民法院，（2010）城行初字第 22 号。

务院授权的高等学校和科学研究机构授予。授予学位的高等学校和科学研究机构（以下简称学位授予单位）及其可以授予学位的学科名单，由国务院学位委员会提出，经国务院批准公布。'因此，高等学校根据学位条例规定的条件，对学位申请人进行审查并对合格者颁发学位证书，包括学士学位证书、硕士学位证书和博士学位证书。这并不是高等学校根据其自身性质所具有的权力，而是学位条例授权国务院，由国务院再根据对各高等学校和科学研究机构进行审查而授予的权力。因此，高等学校对学位申请人授予学士学位、硕士学位和博士学位，是作为法律、法规授权的组织行使的行政职权。"[1] 湛中乐教授显然也认同对"实行国家学位制度"的司法解读:"我国实行国家学位制度，高等学校颁发学位证书的权力来源于法律、法规的明确授权，从这一点上来讲，高等学校的学位授予行为属于法律、法规授权的组织行使行政职权的行为，应纳入具体行政行为的范畴。"[2]

当然，也有一部分学者对此提出质疑和不同观点。比如有学者就对《学位条例》第8条中"授权"提出了质疑:"首先，国务院授权与法律、法规授权并不一致。最关键的是，此处的授权的本质是——许可，是颁发学位证书的资格的许可，是相对于没有受到许可的其他高等学校而言的。并不能因此证明颁发学位证书的权力性质是国家行政权。"[3] 沈岿教授同样不赞同把"国家实行学位制度"，解读为"实行国家学位制度"，并由此推定该学位授予权属于国家行政权，他在文中写道:"如果仅就文字的意义而言，国家实行某种制度和国家在这方面享有独占的管理权力之间并不能画等号（试比较国家实行社会主义市场经济制度）；经国家批准设立或认可的一个组织按照国家规定作出某个行为，并不意味着这个组织是在代表国家行使公共权力（试比较经国家批准设立的企业之间依法签订合同的行为）。因此，单单根据《教育法》第21、22条之规定，断言学校颁发毕业证、学位证是一种代表国家的行政权力，论理上并不十分

---

① 胡锦光:《北大博士学位案评析》,《人大法律评论》2000年第2期。

② 湛中乐、李凤英:《刘燕文诉北京大学案的法律分析——论我国高等教育学位制度之完善》,《中外法学》2000年第4期。

③ 左明:《读〈刘燕文诉北京大学案〉后有感》,北大法宝网；袁明圣:《解读高等学校的"法律法规授权的组织"资格——以田永诉北京科技大学案为范本展开的分析》,《行政法学研究》2006年第2期。

周延。"①

由上观之，《学位条例》第 8 条的解读焦点在于如何理解条文中"授权"一词，而《教育法》第 22 条的焦点主要在于如何理解"国家实行学位制度"。那么，到底该如何准确把握并理解这些"承载意义的法律文字"呢？这就需要借助解释，"解释乃是一种媒介行为，借此，解释者将他认为有疑义文字的意义，变得可以理解"②。而解释就是指"将已包含于文字之中，但被遮掩住的意义'分解'、拆开并且予以说明。"③ 拉伦茨曾指出 19 世纪后半叶，法哲学及其方法论就法律解释的目标已经形成两种见解：以探究历史上立法者的心理意愿为解释目标的主观论或意志论，和以解析法律内存的意义为目标的客观论。④ 以这两种解释目标为导向，在司法实践和理论研究的互动中，逐渐总结出法律解释两种主要方法：文义解释体系解释和目的解释。"在一般情况下，与其他法律解释方法相比较文义解释优先"⑤。因此，只有当文义解释无法圆满（如出现复数解释）时，才会根据具体情境选择其他解释方法。

依照文义解释方法，⑥《学位条例》第 8 条所要表达的主要意思是明确的，即各级学位由哪些主体授予。但由于对条文中"授权"一词的不同理解，产生了对学位授予权合法性来源的不同认识。那么何谓"授权"？从字面上理解，授即"给予、交给"，授权即"把权力（权利）委托给人或机构代为执行"⑦。依照这一字面含义，"由国务院授权"应理解为"由国务院把学位授予权委托给高校行使"。换言之，国务院是学位授予权的享有主体，它通过授权方式把自身的权力委托给高校来行使。但若是学位授予权属于国务院享有，那么国务院获得这一权力的法源依据又在哪里呢？《宪法》第 89 条对国务院所规定 18 项职权中显然

---

① 沈岿：《公法变迁与合法性》，法律出版社 2010 年版，第 119 页。

② 拉伦兹：《法学方法论》，陈爱娥译，商务印书馆 2003 年版，第 217 页。

③ 同上书，第 219 页。

④ 同上书，第 221 页。

⑤ 陈金钊、焦宝乾、桑本谦等：《法律解释学》，中国政法大学出版社 2006 年版，第 11 页。

⑥ 文义解释，主要就是指对法律文本的字面含义所进行的解释，或者说，是根据指定法字面含义所进行的一种具体化的解释。参见王利明《法律解释学》，中国人民大学出版社 2011 年版，第 72 页。

⑦ 参照汉语大辞典网络版解释，网址：http://www.hydcd.com/cidian/30087.htm。

没有能够解释出国务院享有这一权能的合宪性依据。而其他法律法规中，也只有《学位条例》第7条对此作出了相关规定:"国务院设立学位委员会，负责领导全国学位授予工作。"从该条中也只能确定国务院通过设立学位委员会，来领导全国学位授予工作，但领导学位授予权行使工作，并不意味着其享有这一权能。可见，从现有法律中并不能找到国务院享有这一权力的法源依据。在法治国家原则下，既然没有合法性来源，作为最高行政机关的国务院也就不可能拥有该项权能。因为"一切权力的取得必须由法律予以规定和确认"①，那么，既然并不享有该项权能，又何来的资格委托高校行使。所以，仅仅从文义中解释出来的"授权"内涵，并不能经得住推敲。看来，对该词的理解还需要借助其他解释方法。

《学位条例》第18条规定:"国务院对于已经批准授予学位的单位，在确认其不能保证所授学位的学术水平时，可以停止或撤销其授予学位的资格。"该条是对已获国务院"授权"的高校或科研机构的相关法律后果的规定。条文中的"批准"其实是对"授权"的一个注解。换言之，从该条可以反推出第8条中的"授权"主要是指"批准"。而"批准"主要是指"上级对下级的意见、建议或请求表示同意"。换言之，"由国务院授权"主要是指由国务院批准同意对那些申请学位授予资格的高校或科研机构从事学位授予活动。而这样的解释同样符合当时的立法背景和目的。1980年《学位条例》制定时，高校附属于国家教育行政机关，与其是上下级的行政关系。而学位制度实施时，整个中国高等教育也是刚刚起步，在教育质量和学术研究上高校间参差不齐。因此，为了保障学位授予的应有水平，规定由各高校进行申请，再由国务院进行批准，赋予一部分高校享有学位授予资格。可见，学位授予权虽须国务院批准，但一经批准后，高校也就享有这一权能。照此推理，高校学位授予权显然不属于国家行政权的范畴。

《教育法》第22条里的"国家实行学位制度"，从字句上难以解读出该学位制度一定是国家学位制度。根据主体不同，学位制度可以分为大学学位制度和国家学位制度。简而言之，大学学位就是由大学自主颁发的学

---

① 刘作翔:《迈向民主与法治的国度》，山东人民出版社1999年版，第170页。

位；国家学位则是指由国家或国家委托其他机构颁发的学位。① 若是结合
《学位条例》第 8 条所推演出的结论，既然学位授予权并不属于国家行政
权范畴，那么该项权能的对象更难以认定为是国家学位。从现实角度来
看，目前中国学位也难以被认定为是国家学位，学位证书上的颁发主体都
是大学自己。②

　　通过对《学位条例》第 8 条和《教育法》第 22 条的规范解读，得出
的结论只能是高校学位授予权并不属于国家行政权。由此可见，司法实践
中法院把这两条作为推断其为国家行政权的规范依据，显然是一种误解。
虽然对这两条的规范解读推演出学位授予权不属于国家行政权，但是同样
从这两条也没法直接推演出它就是属于高校自主权。而司法实务中法院则
把《教育法》第 28 条第 1、5 项和《高等教育法》第 11 条用来作为论证
其属于高校自主权的依据，那么这种解读又是否准确合理呢？

　　《教育法》第 28 条第 1、5 项规定："学校及其他教育机构行使下列
权利：（一）按照章程自主管理；（五）对受教育者颁发相应的学业证
书。"《高等教育法》第 11 条规定："高等学校应当面向社会，依法自主
办学，实行民主管理。"对于这两条内容，有些法院往往做如下理解。比
如在赖文浩与华南师范大学不履行授予学士学位法定职责纠纷上诉案中一
二审法院就进行了如下解读："《中华人民共和国教育法》第二十八条规

---

　　① 像法国所实行的国家学位，其所颁发的国家文凭，代表国家对其质量的一种认可，享有
法律规定的相应权利。也许在国家学位这一概念上存在重大误读。何谓国家学位？是否说只要国
家对学位进行一定管理和干涉的，就称为国家学位。显然不是。只有以国家为颁发主体的，才能
称为是国家学位。在法国，大学里颁发两种学位，一种是由国家委托颁发的国家学位，获得该种
学位后将享有一定的法律权利，比如从事某种职业，可以说，这种学位其实类似于我国所颁发的
职业资格证书，比如法律职业资格证书、医生职业资格证书等。所以，从严格意义上说，法国的
国家学位并不是单纯地对其学术水平和专业技能等的认定，而是带有职业准入性质的一种资格证
明。另外，若从学位的本质上来说，国家学位的组合本身就很一种荒谬。国家，作为一个政治体
和社会管理组织，享有评定个人的学术水平的权力，虽然从理论上说，国家可以将这一权力委托
给学术性组织行使，但是就其所享有这一权力的本身的正当性来说，无疑把国家视为了一个全能
的上帝。这显然与人类所要追求的自由与文明是相悖的。

　　② 也有学者用归谬法来论证："如授予学位学历是一种国家权力，则不同高校的同一级学
位和同样年限的学习经历应有相同的标准和要求——否则将违反公权力行使之平等对待原则，而
实际上不同高校学术水平有高低之分，所颁发的学位和学历证书不仅在事实上基于不同的评价标
准，而且这种不同也被民众所广泛认同并十分明显地体现在就业市场中不同学校毕业证书和学位
证书的不同'含金量'之中。所以学历学位颁发权应属高校自治权范围而不应属国家权力。"金
自宁：《大学自主权：国家行政还是社团自治》，《清华法学》2007 年第 2 期。

定：学校及其他教育机构有按照章程自主管理、组织实施教育教学活动、对受教育者颁发相应的学业证书、对受教育者进行学籍管理，实施奖励或者处分等权利。……由此可见《教育法》及《高等教育法》等法律法规已赋予了被告一定的自主权利，教育者在对受教育者实施管理中有相对的教育自主权。……不授予原告学士学位，是学校在行使教学管理方面的自主权，是学校在落实教学计划及提高学术水平方面的具体表现。"① 再如在褚明诉天津师范大学不授予学士学位案中法院写道："《中华人民共和国高等教育法》第十一条规定：'高等学校应当面向社会，依法自主办学，实行民主管理。'因此，高等学校享有办学自主权。对在校学生学习成绩的评价标准，高等学校有权自主决定。"②

的确，根据这两条内容的规定，高校享有一定的自主权。但是这两条规范中并没有明确指出学位授予属于高校自主权的内容。虽然有些人可能认为《教育法》第28条中第5项不是明确指出享有对受教育者颁发学业证书的权利，这不可以说明高校享有颁发学位证书的权利吗？这种观点其实凸显了对相关概念的混淆。学业证书也不包含学位证书，仅指学历证书或其他学业证书（比如肄业证书）等。对于这种区分，我国《教育法》上有明确规定，只要比较一下《教育法》第21、22条的规定便可知晓。其中第21条规定："国家实行学业证书制度。经国家批准设立或者认可的学校及其他教育机构按照国家有关规定，颁发学历证书或者其他学业证书。"而第22条则规定："国家实行学位制度。学位授予单位依法对达到一定学术水平或者专业技术水平的人员授予相应的学位，颁发学位证书。"若是学业证书包含了学位证书，那么也就无须如此繁琐规定了。因此，依照文义解释方法，显然从《教育法》第28条和《高等教育法》第11条，同样是无法解释出高校学位授予权属于高校自主权的范畴。

经过艰辛的解读之路，最终失落地发现从规范之中仍然难以找到所要的答案。但不管我们把法院将高校学位授予解读为国家行政权还是高校自主权的行为，视为是一种司法能动主义的暗流涌动，还是为了追求实质正义的必要努力。我们都必须坦诚面对，现有规范就学位授予权法律性质定位的缺失这一事实。这可能就是哈特眼中的"开放的空缺结构"，或是拉

---

① 广东省广州市中级人民法院，(2006) 穗中法行终字第323号。
② 天津市高级人民法院，(2004) 高行终字第44号。

伦茨所说"规范漏洞"。但也许正如考夫曼所言:"法律的未完成性不是说明缺陷,相反,它是先天的和必然的。"① 也正因为规范的不完整性,才喻示着价值选择与理念追求的必要性。

第三节　价值与选择

一　两种价值:学术自由与学术秩序

综上可知,在规范缺失的前提下,实务中法院依旧对高校学位授予权的法律性质作出了定位。恰如缪勒所言:"一个没有绝对和价值评判的法学(法律)……既不是时间的,也不是现实的"②,无疑这些定位正是在价值评判下所进行的。而定位为国家行政权还是高校自主权的分歧背后,则是源于不同的价值需求与选择。那么,把高校学位授予权定位为国家行政权或是高校自主权,其背后到底都各自蕴含着怎样的价值呢?

在前文中曾分析过,法院把高校学位授予权定位为国家行政权,主要基于两点考量:一是制度性的需要,为了使所受理的学位授予纠纷案件能在现有的制度框架下名正言顺地纳入行政诉讼程序中去;二是策略性的选择,即法院为了避开高校强势的锋芒。如果说这两点考量是法院选择国家行政权的主观目的的话,那么这种定位还有它的客观效果。将其定位在国家行政权的范畴,要求严格按照法律所设定的标准和程序进行,一方面有效地贯彻了国家在学位授予制度上的意志,保证了学位授予应有的质量,达致高校学位授予权行使的规范化;另一方面,对学生利益更具倾向性的保护,保证对其学术评价的平等性,因为与法律规定相比,各高校所自订学位授予标准更为苛刻,同时各个高校的学位授予标准之间又存有差距。从这两点客观效果里可以发现,高校学位授予权作为国家行政权蕴含着对学术秩序的价值追求。

按照《辞海》的解释:"秩,常也;秩序,常度也,指人或事物所在的位置,含有整齐守规则之意。"从法理学角度来看,秩序主要"指的是

---

① 考夫曼:《法哲学的问题史》,载考夫曼、哈斯默尔主编《当代法哲学和法律理论导论》,郑永流译,法律出版社 2002 年版,第 186 页。

② [德] Fr. 缪勒:《法学方法》,转引自 [德] 罗伯特·阿列克西《法律论证理论》,舒国滢译,中国法制出版社 2002 年版,第 8 页。

自然进程和社会进程中都存在着某种程序的一致性、连续性和确定性。"①
因此,学术秩序主要就是强调学术活动的一致性和稳定性。在高校学位授
予权定位为国家行政权中,对其进行规范化要求,确保学位授予的质量和
学术评价的平等,最终就是为了保障学位授予中所内含的学术活动更具一
致性和稳定性。

　　而把高校学位授予权定位在高校自主权的范畴,则主要是对学术自由
这一价值的追求。学位授予权具体包括的三项权能,即学位评定权、学位
授予标准设定权和学位证书颁发权。《学位条例》第 10 条规定:"学位论
文答辩委员会负责审查硕士和博士学位论文、组织答辩,就是否授予硕士
学位或博士学位作出决议。决议以不记名投票方式,经全体成员三分之二
以上通过,报学位评定委员会。学位评定委员会负责审查通过学士学位获
得者的名单;负责对学位论文答辩委员会报请授予硕士学位或博士学位的
决议,作出是否批准的决定。决定以不记名投票方式,经全体成员过半数
通过。决定授予硕士学位或博士学位的名单,报国务院学位委员会备
案。"第 11 条规定:"学位授予单位,在学位评定委员会作出授予学位的
决议后,发给学位获得者相应的学位证书。"依据这两条内容可知,法律
是明确赋予了高校行使学位评定权和学位证书颁发权,但对于高校是否可
以行使学位授予标准设定权则语焉不详。从这个角度来说,对高校学位授
予权法律性质的定位,最关键的在于决定高校是否享有学位授予标准设定
权。若是属于国家行政权的范畴,那么学位授予标准的设定往往被限定在
立法者的权限之内,高校只能严格依照法律规定的标准去进行。这样在一
定程度上,钳制了高校对学术品质的更高追求和学术多元化。

　　从前文的分析中同样可知,司法实务中法院把高校学位授予权的法律
性质认定为高校自主权,往往就是为了力证高校所自定的学位授予标准的
合理性。换言之,法院主要是希望通过确认高校学位授予权作为高校自主
权,来认定高校享有学位授予标准设定权。而高校一旦享有了学位授予标
准设定权,那么就可以依据自身对学术品质的追求而自由地设定学位授予
标准。

　　综上可知,把高校学位授予权的法律性质定位为国家行政权或高校自

① ［美］博登海默:《法理学——法律哲学与法律方法》,邓正来译,中国政法大学出版社
1999 年版,第 199 页。

主权，分别是源于对学术秩序或学术自由的不同追求。那么，面对这两种价值，该如何做出选择呢？依照法律解释学理论，显然接下来的工作应当是进行价值衡量。但哈贝马斯曾对此提出质疑："权利的平衡是通过将权利转化为价值而进行价值判断的，而价值排列可能是非理性的。这种偏好价值或追求价值的过程是无法从逻辑上的概念把握的，价值必须与其他价值一起在每个案例中排出一个传递性序列，因为这种排序缺少合理标准，所以，权衡工作或者是任意进行的，或者是根据熟悉的标准和序列而非反思地进行，法院如果采纳价值秩序学说并且把自己的判决建立在它的基础上，非理性判决的危险就会相应增加，因为功能主义的论据就会居于规范性论据的上风。"[①] 这样的质疑不无道理，的确现实中很难对各种价值进行理性地排序和选择，比如对学术事业而言，学术自由与学术秩序两种价值都是不可或缺的，但并不能依据理性而逻辑地推演出两者谁就更具优先性。可见，对学术自由和学术秩序进行价值衡量，往往会因其所依据的衡量基准和方法的非理性而导致最终的随意性。由此可知，接下来更为理性的做法不是进一步去进行价值衡量，而是退一步对上述内容作深入反思，在反思中作出更为合理与正当的选择。

二　反思下的选择：作为高校自主权的理由

通过将高校学位授予权定位为国家行政权，从而达致对学术秩序的维护，对此需要反思的并不是学术秩序该不该维护的问题，而是通过国家行政权来维护学术秩序这一"父爱主义"的方式是否恰当与可行。

密尔在《自由论》中有一段话深具启发性，他说："人们反对国家教育的理由，不是针对国家实施的强迫教育而言的，而是针对国家承担亲自管理教育的工作而言的……人做事总的看来未必像政府官员做得那样好，但仍应由个人来做而非政府去做……否则，一个自由组织既不能工作也不能维持；……政府行为趋于单一性，相反，个人和自愿联合组织的实验和经验都具有无限多样性，政府所能做的有用的事，只是使自己成为管理中心，积极分发和传播从多种实验中总结出的经验。它的工作是使每一个实

---

① ［德］哈贝马斯：《在事实与规范之间——关于民主法治国的商谈理论》，童世骏译，生活·读书·新知三联书店 2003 年版，第 320 页。

验者能容忍别人的实验并从中获取教益。"① 的确，国家通过行政权对学术秩序的维护可能更为有效，但是政府的行为容易趋于单一化和固态化，这最终可能导致是有秩序，但无学术。就像 F. 荷尔德林所说："总是使一个国家变成人间地狱的东西，恰恰是人们试图将其变成天堂。"② 希望直接借助国家力量来达致一种学术秩序，也许对学术事业而言，这不是走向天堂般的辉煌，而将是沉沦在地狱般的死寂中。或许，学术秩序由学术共同体来维护更为恰当与合理。

当然，学术秩序的维护中，国家行政权也是不能缺位的。但它不应通过直接干预的方式，而应成为学术活动中的"管理中心"，通过监督管理的方式。其实，目前法律所设置的学位授权制度和学位授予资格的撤销制度，已足以达致对高校学位授予活动的秩序维护了。通过这种事前审查程序和事后监督程序，已能够有效地保证学位授予所应有的学术质量。至于是否能保证对学生学术评价的平等性，则涉及另一个问题的澄清，即我们实行的并不是国家学位制度，若是国家学位制度，那是可以要求不管哪个大学都应该按照相同的标准来进行学位授予的；但其实我们所获得学位是大学学位，那么只要同一个大学对所属学生依照同样的标准进行学位授予，就不存在不平等的问题。

因此，实在没有必要再通过把高校学位授予定位为国家行政权，去达致对这一学位授予活动的秩序维护。此外，若重回规范视角，还可以发现将其作为国家行政权的不够合法性。虽然，从规范的视角解读不出高校学位授予权作为国家行政权的性质，但从中却可以找到，法律不想把它定位在国家行政权的痕迹。《学位条例》第 4、5、6 条分别规定学士学位、硕士学位和博士学位的授予标准。从内容上看，这些规定都具有相当的原则性，若是作为国家行政权的行使标准，显然不符合具体明确的要求。但换个角度来说，这也许正说明了立法者并不希望过多限制高校学术自主能力的发挥。另外，一旦把高校学位授予权定位在国家行政权的范畴里，还会造成学位授予权这一概念的破碎。上文曾提过，若是属于国家行政权的范畴，那么学位授予标准设定权往往被限定在立法者的权限之内。换言之，

---

① ［英］约翰·密尔：《论自由》，张友谊译，外文出版社1998年版，第115—119页。

② 转引自［英］哈耶克《通往奴役之路》，王明毅等译，中国社会科学出版社1997年版，第29页。

学位授予标准设定权就成了立法权的范畴。那么，作为三项权能的统一体，高校学位授予权此时到底该是国家行政权还是立法权呢？这就成了一种悖论。但若是把学位授予标准设定权从中独立出来，这无疑造成学位授予权概念内在的逻辑性和结构性的破坏。

既然不应把高校学位授予权定位为国家行政权的范畴，那是否就充分说明了应将其定位在高校自主权的范畴呢？文章认为，除此之外，将高校学位授予权定位为高校自主权，还有其他的理由。①

首先，从学位授予权的本质来看，学位授予权的核心在于学位评定权，而学位评定权的本质就是学术评价权，依此逻辑推理，学位授予权的本质就是学术评价权。学术评价是一项专业活动，必须由专家及所组成的团体来行使。"由于他们最清楚高深学问的内容，因此他们最有资格决定应该开设哪些科目以及如何讲授。此外，教师还应该决定谁最有资格学习高深学问（招生），谁已经掌握了知识（考试）并应该获得学位（毕业要求）。"② 所以，学术评价权只能由专业学术团体和组织拥有。高校，特别是其中的大学，本身就是一个学术共同体，因此，由它来拥有并承担这一学术评价权，更具正当性。

可能会有人争辩道，高校学位授予权的行使必须要获得国家行政机关的资格授权，这不正说明了这一权能就是来源于国家行政机关，所以，从法律性质上说它就应当属于国家行政权。对于这个观点，我们必须要谨慎于观念上的一种误区。显然该观点是从学位授予权运行逻辑中的运行前提，即学位授权推演而来的。虽然这一前提对高校学位授予权的合法行使非常重要，但并不能因此就成为高校学位授予权的权能来源。就像合法的婚姻需要民政部门的登记承认，但并不能由此证明，公民的婚姻权就来源于民政部门，更不就此推演出，婚姻权属于国家行政权的结论。

其次，从历史的维度来看，学位授予权一直是中世纪大学所保有的一项重要的自治权。教皇格雷戈里九世在 1231 年颁布了被称为"大学独立宪章"之称的教谕——《知识之父》，其中赋予了大学三大自治权，即结

---

① 有学者认为学校颁发学位证书、管理学生的权力并不是来自法律、法规的授权，而是学校自身享有的自治权，属于自治权力，被法院认定为国家权力（只有通过法律授予高校行使），这是不符合事实、惯例和改革的趋势的。参见石红心《社团治理与司法》，载罗豪才主编《行政法论丛》第 7 卷，法律出版社 2004 年版，第 88 页。

② ［美］布普贝克：《高等教育哲学》，王承绪等译，浙江教育出版社 2001 年版，第 31 页。

社权、罢课权和学位授予权。[①] 此后，学位授予权就一直是大学的自治权。而在其后的历史发展中，学位授予权的保有更是成为大学保持独立自治的一种重要因素。正如包尔生在谈及中世纪大学在受到国家干涉后为何能保持自治时所指出的："中世纪大学最初也是以私人社团的形式出现的，而且，虽然它们不久就取得了公共法律地位，但却仍然继续是通过授予学位来使自己永远存在下去的自由自治的法人团体。"[②]

最后，从比较法的视野来看，纵观高等教育发达国家，学位授予权都是属于大学自治权。比如，在英国各大学立法所包括的学术自治事项，主要有下列几种：（1）选择学生的自由；（2）任用教员的自由；（3）决定课程标准及学位水准的自由；（4）平衡大学教学、研究及社区服务等功能的自由；（5）决定大学发展范围及速度的自由；（6）支配大学经费的自由。[③] 可见，英国大学通过自由决定学位水准来拥有者学位授予权。而在德国，学位颁授同样属于大学自治的范围。[④]

综上可知，不管是从学位授予权的本质，还是从历史的维度，或是从比较法的视野，都佐证着学位授予权作为高校自主权的正当性与可行性。

---

① 王怡："法治与自治：大学理想及其内部裁判权"，载学术批评网：http://www. acriti-cism. com/article. asp? Newsid = 7197，2012 年 5 月 8 日。

② 弗里德里希·包尔生：《德国大学与大学学习》，张弛、郇海霞、耿益群译，人民教育出版社 2009 年版，第 71 页。

③ 詹火生、杨莹主持：《英国学术自由之研究》，"教育部"委托研究计划报告，1992 年 3 月，第 7 页。

④ 董保城主持：《德国学术自由之研究》，"教育部"委托研究计划，1992 年 7 月，第 25 页。

第 四 章

种属关系下①的高校学位授予权：
法律特征及其运行规则

既然高校学位授予权的法律性质应定位在高校自主权的范畴，那么在高校与学生间的学位授予纠纷中，面对这一高校自主权，司法权到底能否介入，为何介入，若介入，应以何种法律诉讼程序介入、其介入的程度、强度与界限又在哪里？我国司法实务中受理并将其纳入行政诉讼程序的做法又应作何反思？上述问题中其实隐寓着，对高校自主权与司法权及学生权利之间是何种关系的追问。而要厘定它们间的关系，首先应对高校自主权进行分析与探讨：到底何谓高校自主权？其范围与界限是什么？为何高校拥有自主权？高校所拥有的这一自主权，到底具有权力特征，还是具有权利特征？它在实践运行中应遵循何种原则？也只有厘清了高校自主权的这些基本问题，才能分析与确定与其有种属关系的高校学位授予权的法律特征及其运行原则。

第一节　高校自主权的基本内涵

一　术语的界分与选择：高校自主权与大学自治权

不管在司法实务中还是在理论研究中，都存在诸多与高校自主权所指涉相近的名称，其中在司法判决中主要出现的有 "教育管理自主权"②

---

① 逻辑学术语。种属关系，又称包含于关系、下属关系，是指一个概念的全部外延与另一个概念的部分外延重合的关系。这就是说，在概念 a 和概念 b 的关系上，如果所有的 a 都是 b，但有的 b 不是 a，那么 a 和 b 这两个概念之间就是种属关系。此处，高校自主权是学位授予权的上位概念，是属概念，而高校学位授予权是它的下位概念，是种概念。

② 比如：陈劲诉重庆师范大学不予颁发学士学位证书案。

"办学自主权"①"教育自主权"②"学术自治权"③,在理论研究中则较为频繁出现的概念主要是"高校自主权"和"大学自治权",而在官方政策性文件中则都是以"办学自主权"的称谓出现。④ 显然,像"教育管理自主权""办学自主权""教育自主权"以及"学术自治权"是从内容上所进行的具体指称,而"高校自主权"和"大学自治权"则是从主体上所进行的统称。可见,选择"高校自主权"或"大学自治权"来代表上述的各种不同称谓中的共同指向,更具涵括性与恰当性。

对于高校(大学)自主权和大学自治权这两个术语的关系,⑤ 学界基本上都承认两者存有一定差别,但在具体认识上则有些许分歧:一种观点认为两者之间不存在本质上的差异,只是用语环境的不同,强调高校自主权就是中国大陆语境下的大学自治权。⑥ "从功能意义上来说,我国大陆高等学校的办学自主权实际上是法律所赋予的一种大学自治权。"⑦ 另一种观点则认为两者之间不仅有用语环境上的差异,还有程度上的差异,强调两者的递进关系,指出高校自主权仅是迈向大学自治权的一个阶段;⑧第三种观点认为两者存在本质上的差异,认为中国大陆的高校自主权是"以坚持党的领导和政府集权管理为前提的有限的自主办学",在本质上

---

① 比如:褚明诉天津师范大学不授予学士学位案。

② 比如:阮向辉诉深圳大学行政不作为纠纷案。

③ 比如:何小强与华中科技大学案。

④ 从1985年5月27日发布的《中共中央关于教育体制改革的决定》(中发〔1985〕12号)中提出"改革管理体制,在加强宏观管理的同时,坚决实行简政放权,扩大学校的办学自主权"后,相关政策性文件就一直延续使用"办学自主权"这一称谓,比如1993年2月13日由中共中央、国务院印发的《中国教育改革和发展纲要》,以及2010年中共中央、国务院发布的《国家中长期教育改革和发展规划纲要(2010—2020年)》和2012年6月教育部发布的《国家教育事业发展第十二个五年规划》。

⑤ 从指涉范围上看来,高校包含大学。此处为了便于叙述,以及上下文术语使用上的连贯性,把高校自主权中的"高校"和大学自治权中的"大学"放在同一层面上作为相同概念使用着。

⑥ 比如在蒋后强在其博士论文《高等学校自主权研究》中就认为:"高等学校自主权相当于西方的大学自治制度或自治权"。见蒋后强《高等学校自主权研究》,西南大学博士论文,2006年,第4页。

⑦ 湛中乐、韩春晖:《论大陆公立大学自治权的内在结构——结合北京大学的历史变迁分析》,载劳凯声主编《中国教育法制评论》(第四辑),教育科学出版社2006年版,第49—72页。

⑧ 比如有学者就认为:在我国大学自主权是大学自治权下位概念。参见郑毅《在自治与自主之间——论我国大学章程的价值追求》,载《法学论坛》2012年第5期。

完全不同于西方的大学自治权。① 针对这种本质上的区别，有的学者主张
应该坚持中国特色；但也有学者完全以西方大学自治权为标准来否定高校
自主权的意义，比如有学者就论证道："从根本上看，自主不过是政府对
大学松绑的开始而非大学自治的形成，办学自主权并不是一个学术自由的
范畴，而是新中国成立以来对高等教育事业性质认识的一种延续。……另
一方面大学自治意在实现学术自由，来源于作为基本权利的学术自由权，
而自主并非自治，大学依然是政府机构中的一个环节，办学自主权只不过
是政府的放权而已，自主权的主体是大学和校长，而没有教师和学生参与
的机会，政府让渡的只是一部分教育行政管理权，依据主流观点，大学只
是法律法规授权组织，权力法定，其合法性来自高教法，而非大学自身应
有的权利，不具有宪法上受保障的权利主体地位。因此，办学自主和大学
自治有着根本不同，其根本出路是要把法律中的自主转变为宪法上的自
治。"② 在上述的三种观点中，最后一种较为极端，受到了不少的质疑和
批判，③ 而第二种观点则渐现优势。④

的确，不管是从字义上，还是从所产生的社会背景上，或是从规范程
度和学理研究上，都不能忽视高校自主权与大学自治权所存有的诸多
差异。

首先，从字义上看，"自治"与"自主"具有内涵上的区别。所谓
"自治"就是指"某个人或集体管理其自身事务，并且单独对其行为和命
运负责的一种状态。"⑤ 所谓"自主"则指"自己做主，不受别人支
配"。⑥ 可见，自治和自主都强调自我治理，不受干涉，但自治更侧重于
客观性，而自主则侧重于主观性。所以，大学自治权往往强调排除外部权
力的干涉，而高校自主权则侧重于强调其内部治理上的自主性。当然，自

---

① 别敦荣：《中美大学学术管理》，华中理工大学出版社 2000 年版，第 84—85 页。

② 安宗林、李学永：《大学治理的法制框架构建研究》，北京大学出版社 2011 年版，第 18
页。

③ 比如周光礼在其论著中针对此观点批判道："过于夸大了中国高校的自主办学与西方大
学自治的区别。虽然它们产生的历史背景不同，自主性的程度也有差别，但这不能说明它们本质
的不同。"参见周光礼《学术自由与社会干预——大学学术自由的制度分析》，华中科技大学出
版社 2003 年版，第 170 页。

④ 从中国知网里可以搜索到更多对两者作上述区分的文章，比如陈文干《"大学自治"内
涵新探》，《江苏高教》2006 年第 5 期。

⑤ 《布莱克维尔政治学百科全书》，中国政法大学出版社 1993 年版，第 693 页。

⑥ 《辞海》，上海辞书出版社 1999 年版，第 5362 页。

治并非于法治之外，而自主也并非完全受限于法律规定之内。

其次，从所产生的社会背景来看，大学自治权缘起于西方大学在追求学术自由的目的下，与教会权力和国家权力不断斗争而取得的。而高校自主权则是中国政府在放权简政的目标下主动赋予的，其中以高校办学自主权为主。

最后，从规范程度和学理研究上来看，大学自治权要远远强于高校自主权。虽然，大学自治权和高校自主权都还处于不断的动态发展中，但由于大学自治已经历漫长的历史沉淀，不管是在理论上，还是在实践中，其内容和范围都有着深厚积累。在排除外部干涉上其程度更深，不仅强调国家行政权、司法权的尊重，还强调立法权尊重，往往把大学自治权作为一种宪法上的基本权利来对待。而高校自主权，除了其中的办学自主权外，该概念还仅仅是个学术上的用语，不仅法律上没有明文规定，连国家相关政策文件中也没有明确提到过。而在我国的学术理论研究上，对大学自治权的探讨更甚于对高校自主权的研究。

当然，两者除了存在差异外，不能否认彼此间所共有的旨趣。"两者的演化过程呈现相向而行的态势，目的都是寻求一个合理的'度'，从而使得政府与高校及社会的关系协调与平衡。"① 的确，从本质内涵上讲，不管是高校自主权还是大学自治权，都是希望通过内外部各种权力和权利关系的平衡来达致对学术自由的维护。"虽然它们产生的历史背景不同，自主性的程度也有差别，但这不能说明它们本质的不同，也并不妨碍大学自治成为落实大学办学自主权可资利用的文化资源。实际上，作为办学理念，大学自治与大学的自主办学都植根于大学的内在逻辑之中，是大学探求真理、发展学术的本质赋予它们充分的合理性。而且，两者在实践中的充分展开都要借助于一定的大学制度，诉诸大学法人地位的落实，以制度来保障大学自主办学的权利。"②

虽然相较大学自治权，高校自主权这一术语显得有点青涩，但本书仍愿意采用该术语来指涉它们所共有的意涵。之所以做这样的选择，主要是基于如下两点考虑。

---

① 黄厚明:《大学自主权的历史、文化视角》，载《理工高教研究》2002 年第 6 期。

② 周光礼:《学术自由与社会干预——大学学术自由的制度分析》，华中科技大学出版社 2003 年版，第 170 页。

一是，"高校自主权"更具本土色彩。虽说作为一个专门术语，"高校自主权"尚未出现在我国正式的官方文本中。但在《高等教育法》第11条，及第33—38条中，都明确地规定了高校所享有的"自主"事项。所以，启用"自主权"而非"自治权"，显然更符合我国法律所创设的蓝本。

二是，使用"高校自主权"更契合本土环境。前面提过，自治和自主都强调自我治理，不受干涉，但自治更侧重于客观性，而自主则侧重于主观性。所以大学自治权往往更诉求于外部客观环境的改变，要求在国家——社会的二元主义的框架下去重建大学与政府间的关系，同时还要将其置于宪法的基本权力层面进行保障。显然，在我国现有的制度环境下，很难将如此的"大学自治权"纳入进来。而且"大学自治权"还容易与已有的地方自治权、村民自治权等相混淆。相对而言，高校自主权因"自主"一词，而侧重于其内部治理上的不受干涉，并不直接触及像重建政府与高校合理关系这类较为空泛而又敏感的宏大话题，也不会涉及入宪的要求。① 所以"高校自主权"所蕴含的理论目标更具可及性。

二　追溯：中世纪欧洲大学自治权内涵的演变

虽然，"高校自主权"与大学自治权具有一定的差异，但从实质内涵上看，高校自主权无疑是西方传统中的大学自治权在中国语境下的一种本土性选择。因此，要确定高校自主权的基本内涵，仍应从大学自治权中去追本溯源。因为"最科学、最必需、最重要的就是不要忘记基本的历史联系，考察每个问题都要看某种现象在历史上怎样产生，在发展中经过了哪些主要阶段，并根据它的这种发展去考察这一事物现在是怎样的"。②

最早的大学自治权可以追溯到中世纪欧洲的大学。按照学者对中世纪

①　当然，也有学者认为从我国宪法中可以解读出大学自治的意涵，比如林来梵教授就指出："我国现行宪法虽然没有明文规定保障大学的自治，然而，大学的自治与从事科学技术研究的自由以及从事教育的权利具有密不可分的关系，因此，从注释宪法学的角度来看，其第47条也当然地蕴含了保障大学自治的规范内涵。"参见林来梵《从规范宪法到宪法规范——规范宪法学的一种前言》，法律出版社2001年版，第160页。

②　《列宁选集》第4卷，人民出版社1972年版，第43页。

大学的考察研究结论可知，中世纪大学是具有行会性质的大学，行会自主、自律的特性是大学自治的制度性根源。对于这种行会组织所具有的意义，有学者论述道："近代以前受教会庇荫的中世纪大学，从产生之日起，就是独立于王权之外，不属于单一民族、国家的国际性大学，这使得大学能够按照自身的逻辑本性组织发展，也正是在这个时期，教授治校和民主管理的组织模式，以及蕴涵在这个管理模式中的自由与自治的精神理念在大学落地生根，成为近代国家化大学争取自身独立性的文化资本和精神支柱。"① 作为一种行会组织，利用其自身的优势，大学向当时市政、教会及国家争取到较大的自治权。这些自治权都是通过特许状的方式被赋予的，其内容主要包括司法自治权、免税权、校务管理权、审定教师资格权和学位授予权，以及罢教、罢课、迁校等自由权。可见，中世纪欧洲大学自治权其所包含的内涵是相当宽广和丰富的。从某种意义上说，当时的大学自治具有一定政治性意涵，其自治权也是一项具有政治性内涵的特权。

虽然大学"这些复杂的机构，归根结底是建立在行会概念基础上的，也是从这个概念导出它们的一致性的"②，但随着大学发展规模的扩大，其行会组织的特征在减弱，作为一个固定组织机构的特征显著加强，其与国家之间的利害关系越发紧密。随着国家势力的不断扩大，大学所享有的自治权在逐渐缩小，慢慢退回到以学术事务为主的领域，像司法自治权这类特权都被国家收回。比如从 15 世纪中期开始，法国国王查理七世在 1437 年撤销了大学的税务特权，1445 年撤销了其法律特权。1452 年巴黎大学被迫进行新的改组；1499 年，巴黎大学失去了其罢课权。③

有一点需要注意的是，现代大学自治权是与学术自由权紧密关联着，但是中世纪欧洲大学自治权对当时的学术自由来说，也许并不是一件多么美好的事情。因为中世纪大学的行会组织也存在很多弊端，一如涂尔干所发现的："中世纪法团一旦确立起来，就会很快呈现出一种明显的趋势，越来越保守传统、难以变通。一方面，组成一个机构的一群人实际上要比

---

① 茹宁：《国家与大学关系的哲学分析》，南开大学博士论文，2007 年，第 3 页。

② ［法］涂尔干：《教育思想的演进》，李康译，上海人民出版社 2003 年版，第 227 页。

③ ［法］弗朗索瓦·皮埃尔·纪尧姆·基佐：《欧洲文明史》，程洪逵、沅芷译，商务印书馆 1998 年版，第 190 页。

各自分离、相互独立的个人更难以变化；一个法团的规模之大，本身就加剧了运动和变化的困难。不仅如此，法团的目标还在于充分利用垄断，消除所有的竞争，也就是不再有任何理由要创新或变化。要对自己周围不断兴起的新的需求作出充分的关注和努力的适应，它并无利益可得。它自顾自存在，与自己的环境失去了接触。"① 而这些保守、垄断、狭隘的自利行为则不断侵害着学术自由，阻碍了学术的繁荣。

"因此，在 19 世纪，英国和美国都不得不通过国家立法来打开自治的高等学府的铁门，让新的学科进入课程，其中许多学科与人类利益休戚相关，而学阀们却顽固地将其拒之门外。"② 但是随着政治国家的不断强势，国家对大学的干涉愈加频繁与深入，大学所享有的自由空间则被过度压缩，这再度导致对学术自由的侵害。此时，以学术自由为理念的大学自治权的内涵开始变得明确。"尽管现代大学受到越来越多的外部因素的干扰，但是学术自由仍然是大学组织的核心价值观；虽然历经世事沧桑，但是大学依然是靠智慧生存的组织。"③ 所以当年新建的柏林大学就高举着学术自由的理念："教授并不是从事教学、组织考试的国家官员，而是独立的学者。教学工作并不需要遵循既定的程序，而是将教与学的自由作为行动的出发点。教育的宗旨不是向学生灌输百科全书式的知识，而是让他们了解真正的科学文化。不再认为学生仅仅是为将来成为国家公务员做准备，而是把他们看作是需要通过无所禁忌的科学学习，在思考独立、思想自由和道德自由的环境中得到培养的年轻人。"④

此后，大学自治权一方面强调以学术自由为核心，另一方面则强调其享有主体不仅包括大学这一团体，还包括团体中的成员。若从内容上来考察，则会发现大学自治权所涵括的事项也是随着时代环境不同而变化着。"西方大学自治权的发展历史表明，大学自治权的多少、性质都与时代、政体、民族文化传统的发展相适应。"⑤ 比如在德国，大学自治的范围主

---

① ［法］涂尔干：《教育思想的演进》，李康译，上海人民出版社 2003 年版，第 228—229 页。

② ［美］约翰·布鲁贝克：《高等教育哲学》，王承绪等译，浙江教育出版社 2001 年版，第 31 页。

③ 茹宁：《国家与大学关系的哲学分析》，南开大学博士论文，2007 年，第 57 页。

④ 弗里德里希·包尔生：《德国大学与大学学习》，张弛、郄海霞、耿益群译，人民教育出版社 2009 年版，第 53—54 页。

⑤ 蒋后强：《高等学校自主权研究》，西南大学博士论文，2006 年，第 8 页。

要包括：全体教师的构成、学术与非学术工作人员的聘任、学期学习计划的制定、考试的举行、教授资格的授予及剥夺、博士学位授予权、教师的补选权、学习形态以及对学生的惩戒权。[①] 而法国《高等教育法》则规定大学自治权包括教育、科研、管理和财政四个方面。[②] 在日本，关于大学自治的范围，日本最高法院在判决中，认为大学自治包括：一是，大学教授及其研究人员人事上之自治；二是大学之设施与学生管理上维持秩序之自主权能。[③] 而在美国，大学自治所涵括的范围则更广，像美国卡内基高等教育委员会认为，大学自治主要包括：（1）制定资金使用于特殊之目的；（2）支出费用仅受审计上的监督；（3）决定大学雇员的分配、工作负担、薪资升迁；（4）选择教师、行政人员及学生；（5）建立有关等级、学位授予、开设课程及发展计划上的学术政策；（6）研修有关学术自由、成长比率以及研究和服务活动的行政之政策等。[④]

概而言之，西方大学自治权一般包括了：学术的自治、人事的自治、管理学校设施与学生管理的自治。

三　借鉴：台湾地区大学自治权内涵的发展

如果说考察中世纪欧洲大学自治权内涵的演变是为了溯本追源，那么，对台湾地区大学自治权发展的考察，则是为了从中找到更具可比性的经验。因为台湾地区公立大学的法律地位跟中国大陆公立高校的实际地位很相近。台湾地区的大学在法律上仍旧属于政府附属机构，并未取得独立的公法人资格。[⑤] 虽然，中国大陆高校在法律上具有独立的法人地位，但在现实中政府与高校间管理与被管理的行政关系依旧色彩浓烈。因此，台湾地区公立大学在法律上仍属于政府附属机构的前提下，其大学自治权的取得及发展对中国大陆高校来说，就更有启发性和激励性。

在台湾地区，大学自治作为一种基本理念首先源于学者们的学术引介

---

① 周志宏：《学术自由与"大学法"》，台湾蔚理法律出版社1989年版，第58页。
② 王敬波：《高等学校与学生的行政法律关系研究》，中国政法大学博士学位论文，2005年，第20页。
③ 周志宏：《学术自由与"大学法"》，台湾蔚理法律出版社1989年版，第242—243页。
④ 同上书，第121页。
⑤ 周慧蕾：《试析台湾地区公立大学组织改造与趋势及启示》，《台湾研究》2013年第2期。

与理论探讨。① 1994 年 1 月 5 日，修订后的"大学法"第一条第二项规定："大学应受学术自由之保障，并在法律规定范围内，享有自治权"。这是第一次在实定法层面规定了大学享有自治权，从而标志着大学自治权开始步入制度构建阶段。但由于"大学法"的规定极具原则性，"法律规定范围"并不明朗。到底，大学自治权的正当性基础为何，其法律地位怎样，其基本内涵是什么，其涉及的范围有哪些等，这些从理念到制度、从框架到细节、从规范到实务的问题，立法上并没有给出明确答案，而是后来通过个案申请"大法官"解释来逐步完成的。②

无疑，"大法官会议"第 380 号（以下所涉"大法官会议"第 X 号均简称"释字第 X 号"）对台湾地区大学自治权的发展具有里程碑式的意义。1995 年 5 月 26 日，"大法官会议"针对"立法委员"所提交的关于"大学法细则就共同必修科目之研订等规定是否违宪"声请案，做出了释字第 380 号。"教育部"制定的"大学法实施细则"第 23 条第 3 项规定："各大学共同必修科目，由教育部邀集各大学相关人员共同研订之"。因"共同必修科目"一语未出现在"大学法"中，部分"立法委员"认为"教育部"没有得到"大学法"授权，擅自在其施行细则中增定"共同必修科目"的规定，不但在形式上逾越母法授权范围，在实质上更有违害"宪法"所保障的大学自治。

针对"立法委员"的声请，"大法官"发表解释文认为：③ "大学自治是宪法所保障的学术自由的制度性保障，其范围应包含直接涉及研究与教学的学术重要事项。国家对大学自治负有在法律范围内的监督职责，并应符合法律保留原则。"根据上述法理，"大法官"认定"教育部"实施细则中的相关规定因超越法律授权，并损害大学自治，故与"宪法"不

---

① 早期学者基本上是把大学自治涵括在学术自由的探讨中，1994 年之前与此相关的著作如：李鸿禧，《现代大学自治及其学术自由思潮——其民主宪政体系下之涵意》，收于氏著，宪法与人权，国立台湾大学法学业书，1985 年；周志宏，《学术自由之研究》，辅仁大学法律研究生硕士学位论文，1988 年；魏千峯，《论学术自由：中美法制之比较研究》，政治大学法律研究所硕士学位论文，1989 年；胡庆山，《日本宪法的大学自治理念及制度保障之探讨》，淡江大学日本研究所硕士学位论文，1990 年；杨素满，《我国与德国大学法之比较研究》，中兴大学法律学研究所硕士学位论文，1993 年。

② 台湾地区的大法官解释制度，初设于 1947 年，负责解释"宪法"及"法令"，共由 15 位大法官组成，任期为 8 年。大法官解释制度已成为台湾社会政治生活中的重要制度，每一个解释的出台都会引起社会的广泛关注，并对相关制度产生重大影响。

③ "大法官会议"解释主要由"解释文"与"理由书"两部分组成。

符而失效。同时在理由书中进一步指出:"举凡与探讨学问,发现真理有关者,诸如研究动机之形成,计划之提出,研究人员之组成,预算之筹措分配,研究成果之发表","课程设计、科目订定、讲授内容、学力评定、考试规则、学生选择科系与课程之自由,以及学生自治","大学内部组织、教师聘任及资格评量"等,都属于大学自治的范围。

虽然,释字第 380 号一方面肯认了大学自治作为制度性保障的宪法地位,[①] 另一方面又具体明晰了大学自治的范围与内容。但该号解释的重心,则在于强调教育行政主管部门应当尊重大学自治,在对其进行行政管理与监督时,必须遵循法律保留原则。

法律保留原则是基于民主原则与法治原则而确立的,主要强调行政行为作出必须要有法律明确授权。[②] 但是这种立法保留只是具有形式合法性,因为在政党政治下,如果单一政党掌握国会过半数的席次,法律的通过或不通过,并非难以控制。针对此有学者指出:"纵使国家公权力的各种措施,都有法律作为依据,也只是符合形式的法治国而已,实质的法治国还必须进一步要求,立法者必须受到宪法秩序拘束。"[③] 基于对实质正义的诉求与宪法基本权利的维护,法律保留原则除了立法保留,还应有宪法保留。所谓宪法保留,强调的是宪法所规定的基本权利,除为防止妨碍他人自由,避免紧急危难,维持社会秩序,或增进公共利益所必要者外,

---

① 卡尔．施密特在 1931 年的《宪法自由权与制度性保障》一书中,将制度性保障之理论区分为公法上制度之保障与私法上制度之保障两种,并强调制度性保障的补充人权功能。转引自蔡达智,《从学术自由与大学自治应有之取向评释司法院释字第三八〇号解释》,宪政时代,第二十一卷,第四期,注 40,第 63 页。其实,随着时代变迁,制度性保障的内涵也开始发生变化。第二次世界大战后,德国制定基本法,正式落实人民基本权利的效力,人民得直接援引宪法中的基本权利对国家主张。人民基本权利既然得到落实,制度性保障理论的存在必要随即受到学界检讨。最后多数说认为制度性保障理论仍然有其存在的必要,只是内容必须因应实定法做出调整。调整后的制度性保障理论即为通称的现代意义的制度性保障,指"国家必须建立某些制度或法律,确保其存在,以实现基本权利"。若欠缺一个可以实现基本权利之环境或制度,纵使人民空有基本权利也不具意义;现代意义的制度性保障理论即在敦促国家必须建构各种足以实现人民基本权利的制度或法律。例如:人民拥有财产权,国家即必须建立完善的私有财产制度来实现人民的财产权;人民拥有诉讼权,国家即必须建立完善的法院体系和诉讼制度来实现人民的诉讼权利。

② 如陈敏给法律保留原则的界定就是:"要求行政须有法律之授权始能作成行政行为。"见陈敏《行政法总论(第七版)》,台北新学林 2011 年版,第 156 页。

③ 李惠宗:《校园将永无宁日?——释字第六八四号解释评析》,《月旦法学杂志》2011 年第 4 期。

法律（立法）也不能进行限制。①

可以看到，在释字第 380 号中所提到的法律保留原则，主要指的是立法保留，针对行政机关所做出的行政行为。而面对立法机关的立法行为时，大学自治是否享有宪法保留，该号解释并未明示。不过，从其理由书中似乎可以看到，"大法官"并不认为大学自治可以直接对抗立法行为："大学之必修课程，除法律有明文规定外，其订定亦应符合上开大学自治之原则。"可见此时，大学自治还只是作为立法的补充原则而已。

1998 年 3 月 27 日公布了释字第 450 号。"大学法"第 11 条以例举的方式规定了大学应设立的机构，其中关于军训室设置的强制性规定，引起部分立法委员的质疑，认为该条法律规定有违宪法所保障的学术自由与大学自治。针对声请案，释字第 450 号在解释文中明确指出，大学享有其内部组织设置的自治权，"大学法"强制规定大学应设置军训室的规定，有违宪法保障大学自治的意旨。可见，该号解释已把大学自治权从立法保留提升到了宪法保留，将其视为宪法基本权利的地位，可以直接对抗法律（立法）本身的不当干涉。②

此后，释字第 462、563、684 号对大学自治权的内涵不断进行丰富与完善。特别在释字第 684 号中，历数大法官解释中对大学自治理念的发展，颇有集大成者之感。在理由书的第二段写道："大学教学、研究及学生之学习自由均受宪法之保障，在法律规定范围内享有自治之权（本院释字第五六三号解释参照）。为避免学术自由受国家不当干预，不仅行政监督应受相当之限制（本院释字第三八〇号解释参照），立法机关亦仅得在合理范围内对大学事务加以规范（本院释字第五六三号、第六二六号解释参照），受理行政争讼之机关审理大学学生提起行政争讼事件，亦应本于维护大学自治之原则，对大学之专业判断予以适度之尊重（本院释字第四六二号解释参照）。"

台湾地区大学自治权不仅包括了学术性事务，如课程内容与设计、考试规则、毕业条件、学力评定等，还涉及与学术相关的事务，比如大学内部组织设置、教师聘任、经费预算等。可以说台湾地区大学自治权的确

---

① 孙展望：《法律保留与立法保留关系探析》，《政法论坛》2011 年第 2 期。

② 有学者提出可以将大学自治与立法者之间的关系视为一种宪法层次的分权关系。详情参阅黄昭元《二一退学制度的宪法争议》，载《新世纪经济法制之建构与挑战》2002 年版，第 97—102 页。

立，一方面得益于学者们的不断努力与争取，另一方面则得益于台湾地区社会政治民主化和法治化的发展。以保障学术自由为核心，台湾地区大学自治权不仅在法律上得到确立，而且通过"大法官解释"制度最终确立了类似于宪法上的基本权利地位，不仅可以对抗行政机关的不法干涉，亦可以对抗立法者的不当规范，并要求司法机关予以适度尊重。

四　本土化：中国语境下高校自主权基本内涵的确定

通过对西方大学自治权的追溯以及对台湾地区大学自治权的考察表明，现代大学自治权的内涵是与学术自由紧密关联着，但是其所包括的内容并不限于学术事务，而是涉及学术相关的诸多大学管理上的事务。当然，大学自治权并不意味着不受任何干涉，关键是干涉的方式与程度及干涉的目的。所以，提到大学自治权或高校自主权时，首先要避免这样一种常见的偏见或误解，以为只要是大学自治权或高校自主权，就意味着高校想怎么做就怎么做。

那么，要对高校自主权的基本内涵作出一个本土化的界定，则需要先从办学自主权这一概念入手。前文提到过，高校自主权还仅仅是个学术性用语，法律法规等官方正式文件中尚未出现过，而办学自主权则出现在国家的正式文件中。①

最早提到办学自主权的官方文件是 1985 年 5 月 27 日发布的《中共中央关于教育体制改革的决定》（中发〔1985〕12 号），在文件中提到："改革管理体制，在加强宏观管理的同时，坚决实行简政放权，扩大学校的办学自主权"。其后在 1993 年 2 月 13 日由中共中央、国务院印发的《中国教育改革和发展纲要》中，再次出现："在政府与学校的关系上，要按照政事分开的原则，通过立法，明确高等学校的权利和义务，使高等学校真正成为面向社会自主办学的法人实体。要在招生、专业调整、机构设置、干部任免、经费使用、职称评定、工资分配和国际合作交流等方面，分别不同情况，进一步扩大高等学校的办学自主权。"2010 年中共中央、国务院发布的《国家中长期教育改革和发展规划纲要（2010—2020

①　1979 年 12 月，复旦大学校长苏步青、同济大学校长李国豪、华东师范大学校长刘佛年、上海交通大学党委书记邓旭初等，在《人民日报》发表文章，呼吁政府"给高校一点办学自主权"。

年)》更是详细提到:"落实和扩大学校办学自主权。政府及其部门要树立服务意识,改进管理方式,完善监管机制,减少和规范对学校的行政审批事项,依法保障学校充分行使办学自主权和承担相应责任。高等学校按照国家法律法规和宏观政策,自主开展教学活动、科学研究、技术开发和社会服务,自主设置和调整学科、专业,自主制定学校规划并组织实施,自主设置教学、科研、行政管理机构,自主确定内部收入分配,自主管理和使用人才,自主管理和使用学校财产和经费。扩大普通高中及中等职业学校在办学模式、育人方式、资源配置、人事管理、合作办学、社区服务等方面的自主权。"2012 年 6 月教育部发布的《国家教育事业发展第十二个五年规划》中提出:"探索高等学校分类指导、分类管理的办法,落实高等学校办学自主权。"

从这些文件内容中可以看到,办学自主权的提出是与国家决定改革学校管理体制紧密相关着。这也佐证着之前的一个论断:与西方大学自治权被国家权力逐渐侵蚀过程不同,我国高校自主权是从国家权力中不断获取自主空间的过程。或许这就是西方的大学自治权与中国的高校自主权之间所形成的一种"对极与逆差"。那么,高校自主权与高校办学自主权在内涵上是否存有差别呢?

蒋后强在其博士论文中就认为高校自主权与高校办学自主权没有本质上的区别,并论证道:"实际上,办学是一个极其模糊的概念,在《现代汉语词典》中,办学就是兴办学校。就高校而言,从职能来看,有人才培养、科学研究和社会服务。说明只要办高等学校,就应该有这三个方面的活动,也就是说,高等学校的自主权自然就包含了这三个方面的职能,只是因为由于学校自身办学的定位不同,三大职能在各校的表现并不相同。说明高等学校自主权与高等学校办学自主权具有同样的内涵。然而,为什么1985 年的《中国教育改革发展纲要》不直接用高等学校自主权呢?我想,一是当时对高等学校自主权研究不够,尤其是对大学研究不够。二是因'左'而受害的阴影还没有完全消除,自主权是个人主义的东西,加上'办学'二字有利于和资产阶级自由化相区别。"①

蒋后强博士这种历史语境的分析视角,对了解当时提出办学自主权这一概念的背景的确有帮助,但是将两者等同起来的说法却值得商榷。从上

---

① 蒋后强:《高等学校自主权研究》,西南大学博士论文,2006 年,第 22 页。

面对提出办学自主权的相关文件的考察可知,办学自主权仅仅是与国家对高校行政管理权有关。换言之,高校的办学自主权主要是指国家把原来对高校的管理权中的一部分放权(或还权)给了高校。因此,办学自主权涵括的仅仅是高校内部管理的部分,面对的仅仅是国家的部分。而高校自主权显然不仅诉求于内部自主管理、也一定程度上诉求于外部关系上的独立性,面向的不仅是国家,还有社会和其他团体。若将高校自主权等同于办学自主权,那么无疑把高校自主权中所蕴含着的积极性与理想性全部灭失掉。当然,高校自主权虽然要高于现实,但又不能过于理想化,必须要有可资实现的土壤。所以,可以把高校办学自主权作为高校自主权的逻辑起点与现实根基。

既然高校办学自主权是高校自主权的逻辑起点,那么,以办学自主权为方针而制定颁布的1998年《高等教育法》第32—38条所规定的七项自主权,则可以被视为是高校自主权的初始内容。这七项自主权具体内容如下。①高等学校根据社会需求、办学条件和国家核定的办学规模,制定招生方案,自主调节系科招生比例。②高等学校依法自主设置和调整学科、专业。③高等学校根据教学需要,自主制定教学计划、选编教材、组织实施教学活动。④高等学校根据自身条件,自主开展科学研究、技术开发和社会服务。⑤高等学校按照国家有关规定,自主开展与境外高等学校之间的科学技术文化交流与合作。⑥高等学校根据实际需要和精简、效能的原则,自主确定教学、科学研究、行政职能部门等内部组织机构的设置和人员配备;按照国家有关规定,评聘教师和其他专业技术人员的职务,调整津贴及工资分配。⑦高等学校对举办者提供的财产、国家财政性资助、受捐赠财产依法自主管理和使用。

从这七项自主权的内容来看,所涉及的范围相当广,与西方大学自治权相差无几,包括了教学、科研、组织设置、人事财政管理等。但是若从自主的程度来看,所受到的限制性框架则是较多的。当然对此不能做过多苛刻的要求,毕竟当年如此立法对当时的情境来说,已是一种超越。而立法中很多限制性框架也随着实践过程而被不断突破着。比如根据法律,高校只享有自主调节系科招生比例,但是随着高考制度改革,高校已不仅仅是自主调解系科招生比例,而是进行自主招生。

同时,高校自主权所涉及的范围和内容也在被不断拓宽着,其中特别是通过司法过程,恰如"司法推动行政法适用空间的扩张"(沈岿语),

司法也在推动着高校自主权空间的扩张。比如在褚明诉天津师范大学不授予学士学位案中，法院把高校自主权的内容扩张到自主决定"对在校学生学习成绩的评价标准"；① 在赖文浩诉华南师范大学案把高校自主权的内容扩张到自主决定是否授予学位："不授予原告学士学位，是学校在行使教学管理方面的自主权，是学校在落实教学计划及提高学术水平方面的具体表现。"② 甚至通过司法提出了学术自治原则："各高等院校根据自身的教学水平和实际情况在法定的基本原则范围内确定各自学士学位授予的学术标准，是学术自治原则在高等院校办学过程中的具体体现，坚持确定较高的学士学位授予学术标准抑或适当放宽学士学位授予学术标准均应由各高等院校根据各自的办学理念、教学实际情况和对学术水平的理想追求自行决定，对学士学位授予的司法审查不能干涉和影响高等院校的学术自治原则。"③

　　虽然在我国高等教育法制中，尚未确立学术自由的法律地位。而这种缺失也使部分学者抱怨："与其他国家的大学法相比较，我国的高等教育法没有把'科学研究'作为大学的首要的和核心的使命，立法者没有把科学研究自由作为制定高等教育法的立法宗旨，我国宪法中规定的科学研究自由，没有在高等教育法中得到具体化和制度化，缺失了'大学自治''教授治校'等学术自由的'制度保障'形式。"④ 但通过司法逐步认可学术自由在大学制度中的意义和地位却是显而易见的。

　　通过上述的分析可知，高校自主权是一个还在不断丰富和发展着的概念。但为了理论研究的需要，仍有必要确定其所涵括的基本内涵。就像当年梁漱溟先生在追问何谓"西方化"时所苛求的那样："使那许多东西成了一个很有意思的一个东西，跃然于我们的心目中，才算是将我们的问题答对了。"虽然梁老先生也承认"像这一种的答对固然很难，但是不如此答对即不能算数。"⑤ 那么，到底该用怎样一句话可以把高校自主权所串联的"许多东西"变成"一个东西"呢？

---

① 天津市高级人民法院，（2004）高行终字第 44 号。
② 广东省广州市中级人民法院，（2006）穗中法行终字第 323 号。
③ 湖北省武汉市中级人民法院，（2009）武行终字第 61 号（该案被选刊在《最高人民法院公报》2012 年第 2 期）。
④ 王德志：《论我国学术自由的宪法基础》，《中国法学》2012 年第 5 期。
⑤ 梁漱溟：《东西文化及其哲学》，商务印书馆 1999 年版，第 25 页。

　　笔者尝试着用这么一句话来回答:所谓高校自主权,指高校以办学自主权为逻辑起点,以法定自主权为初始内容,在以学术自由为核心、学术自治为原则的前提下,所享有的对自身事务不受外部干涉的进行自我决定、自我执行、自我负责的资格与能力。对于这一界定,有必要做如下三点说明。

　　一是,高校自主权与大学自治权一样,都以学术自由为核心、以学术自治为原则。换言之,高校自主权的范围以此为衡量基准。凡是与学术自由相关的事务都应遵循学术自治原则,都应属于高校自主权的范围。① 从内容上看,高校自主权的核心领域即为:教什么、如何教、谁来教、谁来学。② 关于高校自主权的具体界限问题,有学者从大学不同性质的事务划分入手,将其中的"核心学术事务"归为大学自治的核心地带,享有高度的自治权。该核心学术事务主要包括教育与研究方面的事务,比如教育目标、计划的制度、研究主题、方法的确定等。③

　　二是,高校自主权与法律的关系。因为高校自主权是以法律所规定的办学自主权为逻辑起点、以法定的七项自主权为初始内容,所以高校自主权具有现实的合法性基础。因此,高校自主权在法律之中。但作为一个包含价值理念诉求的概念,高校自主权又将在学术自由之光的检视下对现有的法律制度进行必要的突破或改进,比如把学位授予权纳入高校自主权的范畴就是一个例证。因此,高校自主权又不限于法律之内。借用权利的三种存在形态理论来分析,④ 高校自主权也包含着三种存在形态,像高校学位授予权目前还处于应有权利状态,而像《高等教育法》第32—38条所规定的七项权利,就是高校自主权中的法定权利状态。当然,这七种法定

---

　　① 德国是"学术自由的故乡",大学自治可谓是德国学术自由概念的一部分。有学者指出,在德国,"属于(大学)自治事项者包括:全体教师的构成、学术及非学术工作人员的聘任、学期学生计划的制定、考试的举行等,而教授资格的授予及剥夺、学位授予权、教师的补选权、学习形态以及对学生之惩戒权皆属于大学自治之范围亦无争论"。参见周志宏《学术自由与"大学法"》,蔚理法律出版社1989年版,第58页。

　　② 美国联邦最高法院法官兰克福特和哈蓝(Harlan),在Sweezy v. New Hampshire判决的协同意见书中提出了大学的"四项基本自由",即在学术的基础上自己决定谁来教?教什么?如何教?以及谁来学?(the four essential freedoms of a university——to determine for itself on academic grounds who may teach, what may be taught, how it shall be taught, and who may he admitted to study.)

　　③ 参见官瑜珍《论大学自治之界限》,浙江大学博士论文,2012年,第34页。

　　④ 李步云教授认为人权有三种存在形态,即应有权利、法定权利和实有权利。参见李步云:《论人权的三种存在形态》,《法学研究》1991年第4期。

权利是否已转化为实有权利状态，又值得关注。比如有学者就质疑"目前教育部对大学专业、课程设置进行的管制可能侵犯大学的办学自主权。"① 换言之，大学办学自主权并未从法定权利转化为实有权利。

三是，从方式上看，高校自主权包括校内规章制定权、决定执行权、异议处理权。虽然这些权能都由高校自主独立实施，但是这些权能必须在法治框架下进行。

第二节　高校自主权的正当性

虽然前一节对什么是高校自主权进行了探析，但要彻底理解与认识该概念，还需要进一步追问：高校为何拥有自主权？这不仅是个合法性的问题，更是一个正当性的问题。② 因为高校自主权从无到有、从简单到复杂、从抽象到具体，往往与合法性形成了一个相互交错的过程。换言之，合法性既是高校自主权发展的前提，又是其发展的结果。若是仅从合法性的角度来回答该问题，无疑限缩了我们对高校自主权本质认识的视野。所以，我们更应该在合法性之外，去深究高校自主权的正当性。只有通过对正当性的反思，才能理解国家（法律）赋予（或承认）高校自主权的意义与理由，才能正确对待因高校自主权而引发的诸多争议与纠纷。纵览学界对"高校为何拥有自主权"的正当性分析，笔者认为无外乎两种，一种是功能论的视角，一种是组织论的视角。

一　功能论：保障学术自由

在功能论中，往往把"高校为何拥有自主权"转化为"高校为什么需要自主权"来进行回答。显然，高校需要自主权，是因为它需要学术

---

① 何兵、赵鹏：《从专业课程设置析大学自治与政府管制》，《行政法学研究》2005 年第 2 期。

② 合法性与正当性的理论研究始于马克斯·韦伯，成熟于卡尔·施密特。两者的主要差异在于："正当性是一个历时性、历史视域的奠基关系，似乎从时间的深度中创造了秩序的神圣不可侵犯性；反之，合法性则是一个共时性、可以垂直审视的结构，这个结构通过一个规范、一个与更高规范相关的规范来检验某个结果。"［德］布鲁门贝格：《施米特与近代正当性》，吴增定、张宪译，刘小枫选编《施米特与政治法学》，上海三联书店 2002 年版。当然，不管是韦伯，还是施密特，主要聚焦于政治权威的合法性与正当性问题。本书此处所提的合法性与正当性，则是从较为狭窄的视角来使用，即高校自主权的合法律性与合正当性问题。

自由。换言之，高校自主权是保障学术自由的一项重要前提。

柏林大学的创始人洪堡说过：大学是"客观的学问（wissnesshcatf）与主观的教养（Bildung）相结合"。① 这说明大学有两种主要职能，一是研究，二是教学。这两种职能从本质上都是一种知识性活动。所以，"大学是知识的中心，知识是大学的本质，大学不仅通过知识确证着自身存在的合法性依据，而且在知识功能不断扩张的驱动下与大学之外的社会发生着日益密切的关系"②。正是基于这种知识的本质，"理性主义强调大学要与社会保持一段有尊严的距离，认为在大学里，为了保证知识的准确和正确，学者要尽可能摆脱价值影响以求价值自由，其活动必须只服从真理标准，而不受任何外界压力，如教会、国家或经济利益的影响"。③ 因此，大学为了能够有效完成这两项职能，必须仰赖于独立与自主。

正是基于这种理念，当年新建的柏林大学就强调："教授并不是从事教学、组织考试的国家官员，而是独立的学者。教学工作并不需要遵循既定的程序，而是将教与学的自由作为行动的出发点。教育的宗旨不是向学生灌输百科全书式的知识，而是让他们了解真正的科学文化。不再认为学生仅仅是为将来成为国家公务员做准备，而是把他们看作是需要通过无所禁忌的科学学习，在思考独立、思想自由和道德自由的环境中得到培养的年轻人。"④

作为一种知识性活动，大学的研究与教学被涵括在学术一词中。⑤ 而

---

① 黄福涛：《外国高等教育史》，上海教育出版社 2003 年版，第 159 页。

② 茹宁：《国家与大学关系的哲学分析》，南开大学博士论文，2007 年，第 15 页。

③ ［美］约翰·布鲁贝克，《高等教育哲学》，王承绪等译，浙江教育出版社 2001 年版，第 42 页。

④ 弗里德里希·包尔生：《德国大学与大学学习》，张弛、郄海霞、耿益群译，人民教育出版社 2009 年版，第 53—54 页。

⑤ 台湾地区的法学家董保城教授曾详细考证德国学者和联邦宪法法院对学术一词的界定：学者 Rudolf Smend 以凡是认真从事研究或讲授学术真理活动均属学术。Thieme 认为宪法所保障的学术乃是针对一种行为，而该行为系以追求真理，以及传播认为具有真理的知识为内容。Scholz 诠释学术乃属于有计划，依循一定研究方法及自我负责探究客观真理知识与传播自主性知识活动，因而故意之伪造、夸张或玄学非属学术，学术乃属理性思考方式从事研究与讲学之活动，而追求真理之活动因正反反复之争论，更显现出学术无固定结果，永恒真理的特性。德国联邦宪法法院在受学者见解影响下，认为"学术是一种不拘内容形式，但有计划严谨尝试探究真理的活动，研究是以条理分明，可验证的方法获取知识的活动；讲学则是传授以上方法获取——完整或不完整的——知识"。参见董保城主持《德国学术自由之研究》，"教育部"委托研究计划，1992 年 3 月，第 7 页。

对于学术活动,学者们同样是高呼学术的自由与独立,"学术在本质上必然是独立的自由的,不能独立自由的学术,根本不能算是学术。学术是一个自主的王国,它有它的大经大法,它有它神圣的使命,它有它特殊的广大的范围和领域,别人不能侵犯"①。因为"为了给不可预见的和不可预测的事务提供发展空间,自由仍是必不可少的;我们之所以需要自由,乃是因为我们经由学习而知道,我们可以从中期望获致实现我们诸多目标的机会。正是因为每个人知之甚少,而且也因为我们甚少知道我们当中何者知道的最多,我们才相信,众多人士经由独立的和竞争的努力,能促使那些我们见到便会需要的东西的出现。"②

当然,这种学术自由观念可追溯到希腊哲人的自由思想,像柏拉图认为学术自由之目的在于追求真理,以理性作自由之审断,真理始能大白。③ 后来,学术自由在德国首先作为大学学术活动的一项基本原则被确定下来,逐渐成为国家的一项法律制度,最后还被规定在了宪法中,成为一项基本权利。1919 年,德国的《魏玛宪法》规定:"艺术、学术及其教学是自由的。"1947 年基本法规定:"艺术与学术、研究与教学是自由的。"之后,世界诸国纷纷予以承诺和效仿。④

尽管各国对学术自由的具体认识上存有差异,⑤ 但基本上都把大学自治作为保障学术自由的一项重要的制度安排。而大学自治权也因保障学术自由而获得了正当性的理由。"虽然大学通常仍属于直接或间接的国家行政。但是,国家的高权作用,在此相对地也受到限制。大学的主要任务并非是履行国家行政,其核心任务应在与学术的保护与照顾。就此而言,大学应是实现学术自由基本权的重力场,而非国家权力执行的场所。"⑥

----

① 贺麟:《学术与政治》,《当代评论》(第 1 卷)1941 年第 6 期。转引自周光礼《学术自由与社会干预——大学学术自由的制度分析》,华中科技大学出版社 2003 年版,第 10 页。

② [英]弗里德里希·冯·哈耶克:《自由秩序原理》,邓正来译,生活·读书·新知三联书店 1997 年版,第 28 页。

③ 董保城主持:《德国学术自由之研究》,"教育部"委托研究计划,中华民国八十一年七月,第 3 页。

④ 周志宏:《学术自由与"大学法"》,蔚理法律出版社 1989 年版,第 248—333 页。

⑤ 台湾学者周志宏《学术自由与大学法》一书中详细阐述了德国、美国、日本等三国对学术自由的不同理解。

⑥ 许育典:《教育宪法与教育改革》,五南图书出版社 2005 年版,第 46 页。

二　组织论：作为学术社团的固有权

如果说功能论是从高校自主权对保障学术自由的功用角度来力证其存在的正当性，那么，组织论则转向从高校作为一个学术性组织的角度，来说明高校自主权对其自身存在的意义和正当性。

论及大学的组织形态，人们都会习惯性将此追溯到中世纪的"行会"，因为当时的大学就是一种行会组织。"按'大学'一词的原意，只不过是为了互助和保护的目的，仿照手艺人行会的方式组成的教师或学生的团体，……大学就是一个学者的社团"①。西欧中世纪的行会（gild）是在自治城市出现的背景下产生的。那些汇聚到城市的手工业者、商人为了维护自身的权益而自行组成行会这种互助团体，不断地向市政部门、教会及其他权力主体争取更多的自由与权利。因为，"只有联合起来，形成持久的社团，强大到足以要求得到尊重的地步，他们才能成功确保自己得到存在下去的合法权利"②。中世纪的大学也正是借助这种行会组织形式，而逐渐成长、成型和成熟。

据考察，中世纪大学主要有两种行会组织形态。一种是以波伦亚大学为代表的学生大学，由学生主管校务，每个学生都有投票权，学生成立学生公会，从波伦亚市获得特许状，教师的选聘、学费的数额、学期的时限、学生寄宿房间的租金、每种课程所使用的材料、教授课程的时数、假期的长短以及书籍价格，均由学生决定，教授则处于从属地位。另一种是以巴黎大学为代表的教师大学，教授、学者组成行会，管理大学事务，制定教学大纲，选择学生，对学生进行考核等。在教师行会的领导下，巴黎大学先后从教会、国王等处获得不少特权和自治权。③ 可以说，"中世纪大学正是凭借这种组织优势，为学术探索创造了宁静、自由的场所，从而吸引众多的学者前来"④。

若是深入这种组织形态的本质，可以发现它是一种"以学科为依托

---

① ［英］博伊德·金：《西方教育史》，任宝祥、吴元训译，人民教育出版社1985年版，第137页。

② ［法］爱弥尔·涂尔干：《教育思想的演进》，李康译，上海人民出版社2003年版，第111页。

③ 同上书，第103页。

④ 茹宁：《国家与大学关系的哲学分析》，南开大学博士论文，2007年，第42页。

自组织起来的行会大学，① 推行知识至上的精英主义管理模式"。② 而这种
围绕学科和知识而形成的行会大学，正是借助学科知识的专业性和权威
性，有效地排除了外部干涉，从而达致了自身的自由与自治。随着发展与
演变，大学已经不再是单一的行会。很多大学甚至都是由国家来举办，其
组织形态也愈加复杂与多元。

但大学仍是"一个由学者与学生组成的、致力于寻求真理之事业的
共同体"，"人们出于寻求真理的唯一目的而群居于此"③。所以作为一
种知识性的组织体，对自由与自治的需求则仍是一种本能。正是基于这
样一种本能的需求，我们才可以看到，不管是集权化的法国大学，还是
分权化的美国大学，不管是西方，还是东方，大学自治或自主始终是高
等教育中一个不变的主题。赋予大学以自治权（或高校以自主权），已
成为一个基本的共识。也正是从这个意义上来说，大学自治权（或高校
自主权）作为大学（或高校）这种学术社团的一种固有权而获得正
当性。

第三节　高校自主权的法律特征

一　特征之一：公法性

"公法和私法的区分，是法律学上的一个基本观念。"④ 这种区分的基
本观念主要存在于大陆法系国家。可以说，大陆法系整个法律制度框架就
是建基在公私法的区分之上。虽然法律现象日益复杂，有些学者提出用社
会法来填补公私法区分上的不足。但公私法的区分作为一种理想类型，其
所具有的意义仍不可低估，就像拉伦兹所言："就实体法而言，任何一种
法律关系或者属于私法，或者属于公法，舍此别无他属。确定这种归属是

---

① 所谓自组织（self-organization），按照德国学者海尔曼·哈肯（Hermann Haken）的表述，
"如果系统在获得空间的、时间的或功能的结构过程中，没有外界的特定干预，我们便说系统是
自组织的。这里'特定'一词是指，那种结构和功能并非外界强加给系统的，而且外界是以非
特定的方式作用于系统的。"参见［德］哈肯《信息与自组织：复杂系统的宏观方法》，郭治安
等译，四川教育出版社 1988 年版，第 29 页。

② 茹宁：《国家与大学关系的哲学分析》，南开大学博士论文，2007 年，第 50 页。

③ ［德］卡尔·雅斯贝尔斯：《大学的理念》，邱立波译，上海世纪出版集团 2007 年版，第
20 页。

④ 韩忠谟：《法学绪论》，北京大学出版社 2009 年版，第 32 页。

必要的，因为它决定着诉讼途径的种类。"①

　　虽然我国在立法上没有明确提出公法与私法的概念，但在法律制度建构上，却是明显留有公私法区分的痕迹。②"法律制度的构造与所属的法系密切相关，中国的法律制度属于大陆法系。大陆法系所奉行的制度设计理念是理性主义建构的一套以逻辑为支撑的概念体系，相应的社会规则体系、权利救济体系和司法裁判体系也得以确立。"③的确，面对公私法的不同特点，我国建立了不同的法律规则体系，比如针对民事关系和行政关系分别设计了不同的法律规则和诉讼程序、审查标准等。而在理论研究上，公法与私法的提法则被大多数学者所接受。所以，不管是为了理论思考的需要，还是为了契合现有制度境况，都有必要对一个法律概念的特征进行公私法上的区分。

　　公法与私法的划分最早由罗马法学家乌尔比安（Ulpianus，公元170—228 年）提出，他说："规定罗马指国事者为公法；规定私人利益者为私法。""公法的规范不得由个人之间的协议而变更"，而私法的原则是"对当事人来说，协议就是法律"。④而近现代公私法理论则发展于十八九世纪的大陆法系国家。"公、私法的划分不断演进和发展的历史，使这种划分产生了极大的权威，并与大陆法系各国的文化交融在一起，这样，法学家们在几个世纪中所创造和发展的公法、私法概念，就成为基本的、必要的和明确的概念了。"⑤

　　在公法与私法概念的发展中，两者划分的标准也被不断细化，出现了利益说、主体说、权力服从说等学说。利益说认为，旨在维护公共利益的法律属于公法，旨在维护私人利益的法律属于私法，而且这两种不同目的也是可以从法律规则的内容中加以识别的。主体说从法律关系主体出发来

---

　　①　［德］卡尔·拉伦兹:《德国民法通论》（上册），王晓晔等译，法律出版社 2003 年版，第 9 页。

　　②　我国台湾地区的法律制度移植大陆法系的德国法，因此在实定法文本中有公私法的概念，比如在其"行政诉讼法"第二条中就规定:"公法上争议，除法律别有规定外，得依本法提起行政诉讼。"

　　③　唐清利:"社会信用体系建设中的自律异化与合作治理"，《中国法学》2012 年第 5 期。

　　④　郑玉波:《民法总则》，三民书局 1979 年版，第 2 页。转引自金自宁《公法/私法二元区分的反思》，北京大学出版社 2007 年版，第 37 页。

　　⑤　［美］约翰·亨利·梅曼:《大陆法系》，顾培东等译，法律出版社 2004 年版，第 97 页。

划分公法与私法的界限，即规定国家与国家间及国家与私人间的法律关系为公法，规范私人与私人间的法律关系为私法。权力服从说认为，凡是法律所规定的内容与行使国家权力发生关联，即法律适用的主体彼此不是处于平等地位，而所规定的事项又涉及管理与服从关系的法律为公法，如行政法。若法律所规定的为私人之间关系的也即对等者、平权者间的关系为私法，如民法。① 虽然每种学说都存有自身的不足，但不可忽视这些学说对区分公法与私法所作出的贡献。因为从本质上说，"在公法与私法之间，并不能用刀子把它们精确无误地切割开，就像我们用刀子把一个苹果切成两半一样"②。

正是基于对公法与私法共通性的认识，在考究了区分标准上所涌现的诸多学说后，美浓部达吉认为两者在区分标准上应具有多元性，并强调道："若只以某单一的标准而企图区别两者，无论其所用的是何种标准，结果都必归于失败。"③ 抱着这种多元标准的观念，他提出公私法划分的基本标准：即从主体上，认为"公法所规律的法主体，最少有一方是国家或是由国家予以国家的公权者，反之，私法所规律的法主体，直接地都是个人或非'国家公权的主体'的团体"。"详言之，在这种意义上，公法可以说以国家的组织，国家与其他国家或国内人民（包括个人及团体。又于本国人民外，并包括外国人）的关系为规律之直接对象的法；反之，私法是以个人（私团体准此）相互间的关系，私团体的组织或私团体与其团员的关系为规律之直接对象的法。"④ 在此基本标准之上，美浓部达吉又增加了几项具有"指示大体的倾向"上的标准：一是从法成立的根据上，认为"公法普通都由国家自行制定，有不容个人的意思介入其中的倾向。反之，私法或为个人相互间的法，或为私团体的法，所以普通都由为该法之主体的个人去相互缔结，或由私团体自行制定"。二是从法的规律性质上，认为"公法最显著的特色，在于其除国际法外概属团体法之点；至私法的特色，却在于其除公司法及其他私团体法外都是非团体的

---

① 参见孙国华、杨思斌《公私法的划分与法的内在结构》，《法制与社会发展》2004 年第 4 期。

② ［德］卡尔·拉伦兹：《德国民法通论》（上册），王晓晔等译，法律出版社 2003 年版，第 7 页。

③ ［日］美浓部达吉：《公法与私法》，黄冯明译，中国政法大学出版社 2003 年版，第 33 页。

④ 同上书，第 36—37 页。

社会法之点"。三是从内容上,认为"'意思'方面的特质,在于公法为关于具有优越权力的意思,与只在该权力所承认之限度内发生力量的微弱意思相互交涉的规律。至'利益'方面的特质,却在于公法为保护国家的利益或社会公共的利益为主眼的规律;私法为以保护个人的利益为主眼的规律"①。

综述可见,公私法的划分主要可以从以下四个方面着手:一是从主体上,一般来说,公法所针对的主体是以国家机构为主的公共机构;私法所针对则是个人或私人组织;二是从内容上,公法关涉的是主要公共利益,私法关涉的是个人利益;三是从关系上,公法主体间的关系一般是处于管理与被管理、命令与服从的关系,而私法主体间的关系则是平等关系;四是从法律效果上,公法不由个人意志而改变,私法则强调个人意思自治。

从公私法区分标准的四个方面来看,高校自主权应属于公法领域。从主体上看,高校虽不属于国家机构,但它属于公共机构,具有公益性和公共性,而不同于私法中的私团体。从内容上看,高校自主权涉及的核心内容就是学术性事务,而学术性事务中特别是学术自由问题,它不仅是一个关涉个人利益的问题,更是一个关涉国家与社会发展的公共利益。从关系上看,高校自主权包含两层关系,一是与国家之间形成的外部关系,二是与内部成员之间形成的内部关系。可以看到,不管是在哪一层关系上,两个主体之间并不处于平等关系。比如基于高校自主权而形成内部关系,高校与其成员是处于管理与被管理地位。从法律效果上看,不管是依高校自主权而形成的规则,还是针对高校自主权的规则,都不依个人意志而改变,而强调其规范性、普遍性和平等性。

认识到高校自主权所具有的公法特征,将有助于选择适当的程序与规则来解决因高校自主权所引起的纠纷。"公法与私法的区分后果,最容易被观察到的是司法管辖上的不同:私法案件由普通法院管辖,公法案件由行政法院或宪法法院管辖。"② 虽然我国没有针对公法案件专设行政法院或宪法法院,但是根据公私法的不同案件分别设计了不同的诉讼程序和审查规则,即行政诉讼法和民事诉讼法。因此,依据现有的制度安排,与高

---

① [日]美浓部达吉:《公法与私法》,黄冯明译,中国政法大学出版社2003年版,第37—39页。

② 金自宁:《公法/私法二元区分的反思》,北京大学出版社2007年版,第164页。

校自主权相关的纠纷案件应以行政诉讼法来解决。

除了纠纷解决机制上的不同之外，公法与私法的区分还凸显着一个重要的法治理念，即公法关注对国家公权力的约束与规范，遵循"法无授权即禁止"原则，而私法则强调对公民私权利的保障，遵循"法无禁止即自由"原则。那么，高校自主权属于公法领域，是否意味着其属于国家公权力，应遵循"法无授权即禁止"原则呢？并非如此。本书认为高校自主权虽然属于公法领域，但它并不属于国家公权力，也不应遵循"法无授权即禁止"原则。这就论及了高校自主权的第二个特征。

二　特征之二：公权利性

"德国学者常称法律为客观意义上的权利"（Recht im objectiven sinne oder objectives Recht），而权利则是主观意义上的法律（Recht im subjectiven sinne oder sbujectives Recht）。[①]正是基于这种法律与权利间的密切关系，人们往往在某种程度上把公法与私法的区分，和公权与私权的区分划为等号。"人的权利体现为两种形式，一种是公法上的权利，另一种是私法上的权利。"[②]"关于私权和公权的界分标准，多数学者倾向于认为'凡根据公法规定的权利为公权，凡根据私法规定的权利为私权'，即通过创设权利的法律的性质来界定权利的属性。日本学者富井正章的《民法原论》第二编'私权之本质及分类'的开篇之语就是：'民法为私法之原则，即定生自私法关系之权利义务之地也，欲明其理，必先知私权之本义，因民法全部皆关于私权之规则故也。私权对公权而言，二者区别之说甚繁。据余所见，则公私权之区别即缘公私法之区别而生，由主观以说明公私法之结果也。'"[③]

显然公权与私权的划分直接源于公法与私法的区分。但私权作为一个概念源远流长，而公权的提出则是一个较为晚近的事情。最早提出该概念的是德国公法学家格奥尔格·耶利内克（Georg Jellinek），在1892年出版

---

① 韩忠谟：《法学绪论》，北京大学出版社2009年版，第144页。

② 董炯：《宪制模式的变迁与行政法的兴起》，罗豪才主编《行政法论丛》（第3卷），法律出版社2000年版，第17页。

③ 孙海龙、董倚铭：《知识产权公权化理论的解读和反思》，《法律科学》2007年第5期。

的《公法权利体系》（System der subjektiven ffentlichen Rechte）一书中。耶利内克"公权论"的总体特点在于强调公权与私权、公法与私法的区分。"私权是主要为了个人目的而承认的个人利益，公权是主要为一般利益而承认的个人利益。每个人都不是作为孤立的人格而是作为共同体的成员才享有公权的"。① 可见，耶利内克所提到的"公权"一词，最初涵义主要是指个人在公法上的权利，亦即个人的基本权利。

当然，随着公权理论的发展，其内涵也逐渐丰富。公权不仅指公法上的权利，即公权利；也指公法上的权力，即公权力。对此，台湾著名法学家韩忠谟教授曾详细解说过。他认为："公权有国内法上的权利和国际法上的权利之分。国际法上的权利，乃国家在国际社会所享有的权利，主要为独立权、平等权、自卫权。国内法上的权利，又可分为国家的公权和人民的公权两方面。具体而言：（1）国家的公权。主要有命令权、强制权、形成权（包括裁判任命及设立许可等权）；（2）人民的公权。A. 自由权。即各种基本自由，以保障个人，使能消极的拒绝政府机关之不法干涉。B. 受益权。请求国家为一定行为，如诉权、请愿权、工作权、受教育权、公物或公共设备利用权等。C. 荣誉权。即保有国家颁授荣誉或学位等权利。D. 参政权。如服公职权、选举权、创制权、罢免权、复决权等。"② 此处需要注意的是，韩教授显然并未区分权利与权力，他所提到的"国家的公权"，主要就是通常上所称的国家公权力，即行政权、立法权和司法权。

在法治理论的发展中，公法对国家公权力的约束和规范备受强调，以至于一提到公法，人们往往想到的就是国家公权力，而忽视了个人公权利。也正是源于这种忽视，为了契合高校自主权的公法性特征，不少学者就想当然地将其纳入国家公权力的范畴，较有代表性的观点就是高校自主权"是政府主动让渡于高校独立行使的行政权，具有公权力的性质"③。"从高校自主权产生的过程和性质来看，高校的自主权不是一项民事权利，而是政府下放给学校独立行使的行政权。这是一种必须根据公认的合

---

① 王天华:《国家法人说的兴衰及其法学遗产》，载《法学研究》2012 年第 5 期。
② 韩忠谟:《法学绪论》，北京大学出版社 2009 年版，第 148 页。
③ 尹晓敏:《高校公权力规制——信息公开的视角》，《教育发展研究》2010 年第 7 期。

理性原则行使的公权力。"① 从高校自主权所涉范畴来看，它是不属于私权利，但若真属于公权力，又凭什么不是依据公权力行使的合法性这一首要原则，而是合理性这一补偿原则呢？这种难以自圆其说的观点的确值得检讨。可见，这种牵强附会的说法，一方面无法解释司法实践中法院对高校自主权与国家行政权区分的强调，并且消解了高校自主权对现有制度所应具有的批判性意义；另一方面带来理论上的悖谬，因为高校自主权的核心范围是学术性事务，若高校自主权是政府主动让渡的行政权，那么照此逻辑，学术性事务原本属于政府行政权的范围，这显然很荒谬。而且，若依照"法无授权即禁止"原则，又如何体现高校自主权对学术自由的保障呢？因此，高校自主权不应被归类到国家公权力的范畴。

既然，高校自主权具有公法性，但又不属于国家公权力，那么依照上述的公权理论，显然它应属于公权利。但对这一结论可能也会受到质疑，因为有些人认为公权利，即基本权利是针对个人而言的，而高校作为一个组织机构显然不同于个人。"在国家内部，不可能存在自然团体或有组织的团体的基本权利"，② 正是基于这种认识，卡尔·施密特才把大学自治权称为是一种"制度保障"而区别于个人的基本权利。③ 显然，这种国家公权力与个人公权利的区分是局限于"国家—个人"二元理论框架中。随着诸多对个人生活和权利产生重大影响的公共团体和组织的出现，这种"国家—个人"二元理论框架的现实解释力不断减弱。"尽管依赖假设建立起来的公私权分立的法律框架在制度层面是清晰的，但是在制度运行过程中却很难识别其法域属性，第三域的出现更扩展了公私权模糊的场域，比如涉及公共团体、公企业、大学、渔业权、矿业权等都很难做出明确的法域判断。"④

---

① 秦惠民：《高等学校法律纠纷若干问题的思考》，《法学家》2001 年第 5 期。类似说法还有："高等学校自主权是高等学校依据教育法的规定而享有的法定权利，在性质上是一种公权力。"申素平：《重新审视高等学校的自主权》，《中国教育报》2003 年 1 月 4 日。

② ［德］卡尔·施米特：《宪法学说》，刘锋译，世纪出版集团上海人民出版社 2005 年版，第 184 页。

③ 当然，这还跟施米特对基本权利作了严格意义上的限定有关。在施米特眼里，"基本权利只能是个人的自由人权"。他把团体性主体所享有权利称为是宪法律权利。详见［德］卡尔·施米特《宪法学说》，刘锋译，世纪出版集团上海人民出版社 2005 年版，第 184 页。

④ ［日］美浓部达吉：《公法与私法》，黄冯明译，中国政法大学出版社 2003 年版，第 150—166 页。

　　不管把这些不同于国家机构和个人及私人企业的组织体，称为是"第三部门""非营利组织"、还是"公民自治组织"，它都深刻地改变了"国家—个人"关系的单一性。一方面，它以自治（自主）为由对抗着国家公权力的随意侵害，并维护其成员权利和自由，"……政治的、工业的和商业的社团，甚至科学和文艺的社团，都像是一个不能随意限制或暗中加以迫害的既有知识又有力量的公民，它们在维护自己的权益而反对政府的无礼要求的时候，也保护了公民全体的自由"①。另一方面，它作为一个自治（自主）的组织体，在寻求自身利益时，又可能影响甚至是侵损着个人权利的实现。

　　那么，该如何定性这些公共团体（组织）所具有自治权（自主权）呢？像郭道辉教授把这些不同国家权力，又不异于个人权利的自治权称为社会权力。"社会权力是建立在社会主体权利（人权和公民权）的基础上；但它不同于权利，而具有比一般权利更大的权威和社会强制性。"②江平教授进一步指出："社会权力是公法和私法融合的产物，是公权和私权融合的产物。私权的核心是自由，社会权力的核心在于自治，国家权力的核心是强制力。国家权力主要管理军事、外交、专政这样一些事务，社会权力更多地应介入社会利益、公共利益、公共事务、社会事务等方面，而私权主要是进入私人经营性的领域。"③

　　社会权力有力地涵括了公共团体自治权所具有的特性。的确，这些公共团体自治权源自其个人权利，但它又显然强于个人权利。不过，郭老先生启用社会权力一词时，所言说的重心是如何用社会权力来制约国家权力，其所冲击的是国家主义权力观，所关注的是中国政治体制改革核心与方向问题。④ 所以，社会权力包含着浓厚的政治性意涵，正如郭老先生所强调："社会权力具有更强的政治性，往往是以公权利（政治权利）为基础而形成的社会公权力。"⑤ 虽然法律与政治密不可分，但一个法律概念若过于关注其政治功用，则有可能掩盖了其所具有的本色。而且"社会"

　　① [法]托克维尔:《论美国的民主》，董果良译，商务印书馆1988年版，第881页。
　　② 郭道辉:《社会权力与公民社会》，译林出版社2009年版，第47页。
　　③ 江平:《社会权力与和谐社会》，2005年3月8日在中国人民大学的演讲。
　　④ 林喆:《权力的分化及国家权力的社会化——评郭道晖的〈论权力的多元化与社会化〉》，《政治与法律》2001年第2期。
　　⑤ 郭道辉:《社会权力与公民社会》，译林出版社2009年版，第47页。

是一个意涵非常宽广的词汇，国家与社会的关系仍是一个理论争议的焦点。所以，若用社会权力来指涉这些公共团体或组织的自治权，虽然凸显了其所具有的重要意义，但其实仍难以从本质上认清其性质与特征。

不妨还是回到公私权的分析框架中去。其实郭老先生也已经指出社会权力来自个人的基本权利。换言之，这些公共团体的自治权（自主权）来源于个人的基本权利。前面提到，在"国家—个人"二元框架下，认为拥有公权利的主体仅仅是个人。但是，这种国家—个人的结构关系已经被不断涌现并越发重要的公共团体和组织所打破，因此，有必要将这些团体自治权纳入公私权的分析框架中。本书认为，这些建基于个人公权利之上的团体自治权，仍具有公权利性。虽然从实践层面来考察，这些公共团体自治权保有强于个人权利的特点，但并不能就此把它归类到公权力的范畴。

有学者认为像高校自主权这类团体自治权，一方面具有权利的特点，另一方面又具有权力的特点。"高校自主权中既有权力，也有权利；同时这也意味着，在高校自主权范畴内，权力与权利不仅同时存在，而且存在着彼此转化的可能性。"① 这种"两可之说"在学界较为普遍，② 究其根源则主要在于权力与权利概念的复杂性。

"权力与权利作为不同社会科学都经常使用的'大字眼'、元概念，它们本身承载着对于重大理论问题的基础性分析功能。"③ 但显然，有关权力与权利的理论本身呈现着纷繁复杂的景象。从不同的学科视角对权力与权利有着不同的认识与阐释。在政治学中权力将与主权紧密相连着，主要指涉国家权力。而在权力与权利的关系上，往往用社会契约论来论证个人权利优于国家权力，比如洛克就认为："人类为弥补自然状态的缺陷，确保个人权利的实现从而签订契约，自愿地将自己的一部分权利交给人们一致同意的某个人或某些人，这就是国家的最初形态，同时也是立法权和

---

① 龚怡祖：《我国高校自主权的法律性质探疑》，《教育研究》2007 年第 9 期。

② 如湛中乐教授也曾如此论证道："高校自主管理权在法律属性上，既为权利，亦为权力；前者是相对国家、政府而言，是国家以法律、法规形式授予高等学校的法定权利，该权利享有受国家法律保护；后者是相对师生而言，是高等学校以行政主体的身份行使的自主管理职权。此处将之纳入'权利'范畴，旨在强调政府公权不得非法干涉学校自治权。"见湛中乐、徐靖：《通过章程的现代大学治理》，《法制与社会发展》2010 年第 3 期。

③ 王莉君：《权力与权利的思辨》，中国法制出版社 2005 年版，第 5 页。

行政权等公权力的原始权利和它们之所以产生的原因。"① 在社会学中权力概念则比较宽泛，它泛指人类社会中存在的一切命令和服从现象，包括国家权力。比如德国社会学家马克斯·韦伯就指出："'权力'的概念在社会学上是无定形的，一个人的各种各样可以设想的素质和形形色色可以设想的情况，都可能使个人有可能在特定的情况下，贯彻自己的意志。""权力意味着在一种社会关系里哪怕是遇到反对也能贯彻自己意志的任何机会，不管这种机会是建立在什么基础之上。"②

　　受到政治学、社会学视角的影响，法学上的权利与权力概念显得很灵活。对权力概念，有时候会从政治学的视角把其限定在国家权力，但有时候又借用社会学的观点把个人或组织之间的影响力或支配力都解释为权力现象。在权利与权力的关系上，按照现代民主政治理论，显然一切权力都源于公民权利的让渡，但从权利的本性上说同样也包含着社会学意义上权力的特质。这种灵活性，一方面彰显了权利与权力的在哲学层面的亲密度，另一方面也给法学理论研究带来了诸多不便。因此，实在有必要从法学的视角来对权力与权利做一个较为纯粹的法学用语上的界分。

　　"在法学中，权力则主要是指国家权力，是国家权力主体凭借国家掌握的社会资源，对一般的公民所具有的实现自身意志的能力和影响，比如立法权、行政权和司法权。"③ 从法学的视角来看，国家权力从支配力与强制性上来说都是具有终极性，因此把权力限定在国家权力上显然具有合理性。虽然其他社会组织或公共团体也享有一定的支配力或影响力，但这种影响力或支配力仅仅是针对其内部关系，而在与国家权力关系中，它们也都是处于被支配地位。因此，可以在法学中把国家权力之外的都称为是权利，包括个人和团体的公权利与个人和团体的私权利。所以，公权力，即公法上的权力，也只能指代国家权力，因为也只有如此界分，才能贯彻"法无授权即禁止"的法治原则。

　　概而言之，公法上的高校自主权具有公权利性，它建基在学术自由这一个人基本权利之上，必须得到国家权力的承认与保障、受到国家权力的

---

　　① ［英］洛克：《政府论》（下册），商务印书馆1993年版，第215页。
　　② ［德］马克斯·韦伯：《经济与社会》（上卷），林荣远译，商务印书馆1988年版，第81页。转引自孙笑侠、夏立安主编《法理学导论》，高等教育出版社2004年版，第120页。
　　③ 孙笑侠、夏立安主编《法理学导论》，高等教育出版社2004年版，第121页。

监督与管理。① 作为公法上的团体公权利，② 它具有类同于个人基本权利的地位，享有"法无禁止即自由"原则。但为了防止其异化，而侵害到个人学术自由，又有必要通过国家权力对其进行监督与管理。"'学术自由'术语应该被限制为，为保障大学发挥其独特功能而为必要的权利，尤其是为了客观的学问和教学之类的目标"，"那些不尊重教授之学术自由权的大学……不应该享有机构自治的权利。这一限制……可以减轻对学术机构的自由可能导致这些机构以知性传统的名义侵犯教授之学术自由的恐惧"。③

第四节   高校学位授予权的解纷机制与运行规则

一   问题的归结与延展

通过第三章的阐述已明确，高校学位授予权不属于国家行政权，并提出了作为高校自主权的意义与理由。但作为高校自主权的学位授予权，到底又具有何种法律特征，在实践运行中应遵循哪些规则，并未明确。有些人会望文生义，想当然地认为既然是高校自主权，那么就意味着高校想怎么样就怎么样，政府和其他机构、个人都不能干涉。有些人则保守固执，无视高校本质，认为即使是高校自主权，也是属于国家行政权，应严格遵循依法行政。有些人则矛盾纠结，一边认为高校自主权也属于国家行政权，一边又强调其不应遵循依法行政原则。这种种恣意与分歧的存在，究其根源主要在于高校自主权这一概念的本质内涵与法律特征的不明朗。所以，要明确高校学位授予权的法律特征及运行规则，首先必须要探究高校自主权的本质内涵，追问其存在的正当性，归纳其所具有的法律特征。

通过本章的阐述已明晰，高校自主权从本质上讲是高校以保障学术自由为核心的一项固有权，具有公法性和团体公权利性的法律特征。因此，

---

①   在美国，已开始确立了这些团体组织的宪法权利。参见曲相霏"美国企业法人在宪法上的权利考察"，载《环球法律评论》2011 年第 4 期。

②   1978 年的贝克（Bakke）案首次承认大学机构也享受学术自由——比如选择学生、独立招聘教师的权利，并将其所享有的学术自由称为"团体性学术自由"（institutional academic freedom）。这种"团体性学术自由"其实就是团体性公权利的一种具体表述。这种团体性学术自由，显然立基于个人学术自由，但又可能与个人学术自由发生冲突。

③   J. Peler Byme，"Academic Freedom：A Special Concern of the First Amendment"，*Yale Law Journal*，1989，p. 312.

高校学位授予权作为高校自主权之一，在本质上同样是以保障学术自由为核心的高校固有权，具有公法性和团体公权利性的法律特征。

在第二章的论述中曾留存了以下四个问题，并指出这四个问题的释然取决于高校学位授予权法律性质的揭示。第一个问题是学位授予权的主体问题。到底学位授予权的主体是统一的，还是分离的，到底国家还是高校是它的拥有主体？与此相关的第二个问题是在学位授予权行使中高校与国家行政机关之间是内部行政法律关系还是外部行政法律关系，应遵循专业性监督还是合法性监督？第三个问题是学位证书格式与内容的制定主体又该是谁？而国家行政机关在该问题上又应扮演何种角色？第四个问题则是学位撤销的法律性质到底是属于行政处罚还是行政撤回，或是学术性纠错？

既然高校学位授予权是高校固有权，那么说明高校既是学位授予权的拥有主体，也是学位授予权的行使主体，所以学位授予权的主体是统一的，而不是分离的。换言之，高校统一拥有并行使着学位授予权中学位评定权、学位授予标准设定权和学位证书颁发权。

既然高校不仅是学位授予权的行使主体，而且也是其拥有主体，学位授予权并不属于国家，那么，在学位授予权的行使过程中高校与国家行政机关所形成的仅仅是一种外部行政法律关系，因此国家行政机关对高校学位授予权的行使只能进行合法性监督，而不能做专业性监督。

既然高校是学位证书颁发权的拥有与行使主体，那么高校无疑有权制定学位证书的格式与内容，国家行政机关对此只能从合法性上进行规范与管理，但不能代替高校，进行专业上的制作与颁发。

学位撤销是学位授予权运行的逻辑后果。从性质上看，学位撤销权与学位授予权属于同一层级的概念，恰如一物的两面，相互对应，同属高校自主权的范畴。因此，学位撤销既不是行政处罚，也不是所谓的行政撤回，它是高校基于对学术品质的自我追求而主动纠正先前的学术误判。这种误判主要是由学位获得者的学术不端行为引起的。所以，从本质上说，学位撤销仍是学术评价权行使的后果。针对高校学位撤销权行使中的问题，比如学位撤销的解纷机制，以及国家权力机构在其中所扮演的角色等问题，则与高校学位授予权有着相同的思路。

高校作为学位授予权的拥有主体，有权就学位授予标准进行自我设定，那么在高校学位授予标准设定权的行使中，立法标准与高校自订标准之间应是一种怎样的关系？换言之，高校在自主权的名义下到底该如何对待立法机关所制定的相关法律规定，而从维护高校学术自治原则出发，立法机关在制定相关法律规定时，又应遵循何种规范密度？司法机关对于这些自订标准到底能否进行审查，其理由是什么？若进行审查，其审查基准又是什么？行政机关对高校学位授予权的监督与管理应采取怎样的适当方式？等等，这些有关学位授予的纠纷解决机制，以及国家权力机构在其中所扮演的角色等问题，与高校学位授予权的法律特征及其运行规则密切相关。

二　高校学位授予权的解纷机制：行政诉讼方式的反思

高校学位授予权会在两个层面发生纠纷，一是外部层面上与国家机关，主要是教育行政机关；二是内部层面上与作为学位申请者的学生。在外部层面上，纠纷主要集中在国家教育行政机关对高校学位授予权资格的认定上，具体表现在是否确认高校的学位授予权以及何种学位授予权资格。对于该层面解纷机制是明确的，因为此处高校与国家教育行政机关之间形成的是一种典型的行政法律关系，应按照通常的行政法律纠纷进行解决，可以采用行政复议和行政诉讼方式。在内部层面上，纠纷主要集中在高校对学位申请者的学位水平的认定上，具体表现在学位评定的程序与规则上和学位授予标准的设定上。对于该层面的解纷机制，在实践上同样是明确的，学位申请者可以进行申诉，也可以直接提起行政诉讼。但是，若从学理上考究，实践层面的做法，特别是提起行政诉讼方式的理由，则需要仔细斟酌。

为了将高校学位授予纠纷案件纳入行政诉讼程序中，我国实务界与理论界都在努力论证高校学位授予权属于国家行政权，在论证高校作为"法律法规授权"组织而具有被告适格性。比如在田永案中法院论证道："本案被告北京科技大学是从事高等教育事业的法人，原告田永诉请其颁发毕业证、学位证，正是由于其代表国家行使对受教育者颁发学业证书、学位证书的行政权力时引起的行政争议，可以适用行政诉讼法予以解决。"在刘燕文案中法院进一步论证指出："北京大学作为国家批准成立的高等院校，在法律、法规授权的情况下，享有代表国家对受教育者颁发相应的学位证书的权力。"这样的论证理由与我国现行的行政诉讼制度密切相关着。

根据1989年《行政诉讼法》规定，我国行政诉讼主要针对行政主体行使行政职权中所产生的行政争议。一个行政诉讼案件的提起和审理有两个焦点：被告是否适格和是否属于受案范围。依据《行政诉讼法》第25条规定，行政诉讼案件的被告主要是行政机关和"法律法规授权的组织"。在受案范围上主要有三个标准：一是职权标准，即只有基于行政职权的行为而引发的争议才能进行行政诉讼；二是行为标准，即必须是具体行政行为，并且原告认为它是违法的；三是结果标准，即当事人认为行政行为侵害其合法权益的情况下，方能受理。

正是基于上述行政诉讼法的相关规定，司法机关在努力论证高校学位授予权作为国家行政权来契合行政诉讼受案标准，论证高校作为"法律法规授权的组织"来契合被告的适格性。其实，论证高校作为"法律法规授权的组织"也是在认定了其所行使的学位授予权是属于国家行政职权的前提下。因为单单从"法律法规授权的组织"并不能直接推演出该组织所获得的就是行政职权。关于这一点，沈岿教授曾极富洞见地指出："《行政诉讼法》中决定行政法适用空间的关键性概念之一就是'法律、法规授权的组织'，而它本身面临挑战，因为单行法律、法规在授予权利或职能的时候，并不一定明确权利或职能的属性究竟是公权力还是私权利。……田永案的法官尽管通过开放能动的解释，使得学校在履行部分管理职能时成为'法律、法规授权的组织'，进而得以成为适格的行政诉讼被告，但是，法官在关键性问题上——法律、法规授予的权利属性究竟是公权力还是私权利——并未给出比较详细的分析框架或标准。"[1] 显然沈岿教授清楚地意识到，高校能否作为行政诉讼被告，关键点仍在于其所行使的是否是行政职权。当然，他希望法官能对此作出比较详细的分析框架或标准，显然有点过于苛求了。毕竟，法官的职责主要在于解决纷争，而不在于制定法律和阐释法理。因为像"法律、法规授予的权利属性究竟是公权力还是私权利"这样的问题只能由立法者作出选择，或交由学者来进行理论阐释。

在第三章的论述中已表明，关于学位授予权的法律属性，立法上并未作出选择。在此前提下，本书从学理上进一步探讨了将高校学位授予权定位为国家行政权的不合规范性及不合理性，此处不再赘述。那么，一旦"高校学位授予权是国家行政权"这一前提不再成立，高校学位授予纠纷

---

[1]　沈岿：《公法变迁与合法性》，法律出版社2010年版，第114—121页。

能否再以行政诉讼案件提起和受理呢？

虽然高校学位授予权不是国家行政权，但作为高校自主权，它仍具有公法性特征。换言之，高校行使学位授予权乃是一种公法上的行为，与学生之间形成的也是一种公法上的关系。学界在公法问题上似乎存在盲点，往往只聚焦于如何对公权力进行监督与制约上，而忽视了对公权力制约的目的是为了保障公民权利。其实，公法的最原初的目标，是如何对公民权利进行保障。因为原先在国家—个人的二元分析框架下，国家权力是公民权利受到侵害与威胁的主因，所以，公法只把焦点聚集在公权力上。但是，随着社团性组织的不断扩大，其对公民生活的影响也不断增强，公民权利也不断地受到这些社团性组织的侵损。在此背景下，若公法仍固守在仅通过对国家权力的监督与制约来保障公民权利，显然无法达致目标。从切实保障公民权利的目标出发，必须要对社团性组织的行为，特别是与公民权利紧密相关的，进行公法上的必要监督与制约。正是清醒地认识到社团对公民权利的影响，最高人民法院石红心法官阐述道："社会固然是公民的个人结社，但其一旦成立并被法律赋予独立人格，它就有可能异化从而在它的内部造成对成员的压迫、不公平对待，甚至侵犯成员应有的成员权乃至基本公民权。法律不应无视这种状况，因为法治不允许有不公正的真空，当社团成员的权利被侵犯时，无论其成员资格是强制取得的，还是自愿取得的，他们除了依照社团章程规定的程序解决纠纷外，可以而且有权要求国家提供相应的救济，这就构成了司法救济介入的基础。"①

回过头来说，1989 年我国行政诉讼法的出台，也是为了救济公民权利。当时把聚焦点限定在国家行政权，也是基于国家—个人的二元分析框架。"行政诉讼法是在计划经济向市场经济转轨的'前夜'公布的，带有很深的历史烙印"。② 在计划体制下，国家完全是一个有组织的、高度行政化的上下统一的行政体系。在国家之外，不存在独立的社会空间。③ 可以说，国家行政权力渗透社会各个细胞。对公民权利而言，国家行政权

---

① 石红心：《权利需求与司法回应》，载罗豪才主编《行政法论丛》（第 3 卷），法律出版社 2000 年版，第 478—479 页。

② 江必新：《完善行政诉讼制度的若干思考》，《中国法学》2013 年第 1 期。

③ 石红心：《权利需求与司法回应》，载罗豪才主编《行政法论丛》（第 3 卷），法律出版社 2000 年版，第 480 页。

力就是其最主要的侵害主体。如此情境下,我国出台行政诉讼法,并将其限定为行政行为,一方面说明对公民权利保障和对国家行政权制约的决心,另一方面也反映了当时的社会现状。随着改革的不断深入,市场经济的发展和市民社会的逐步形成,社会的组织结构发生了重大变化。在国家权力之外,涌现出许多团体性组织,或者很多组织从原先的国家权力机构中脱离出来。这些组织深刻地影响,甚至改变了公民的生活。其间,公民与组织之间的关系也呈现复杂型态,这些组织一方面可能是争取公民权利的主要力量,但另一方面又可能成为侵损公民权利的主要因素。

面对现状,我国行政诉讼法显得捉襟见肘。因为这些"'准公权力主体'每日、每月、每年要做出不计其数的涉及公民权利内容的决策,这些决策会直接或间接地影响着公民权利的实现。"[1] 但是公民又无法得到适当的司法救济。当然在制度的窘境下,是司法通过能动主义将行政诉讼法的适用空间进行了拓展。从现有的状况来看,司法的这种拓展性努力主要是通过对行政诉讼被告的扩展。对于这种拓展路径,前面分析过,它仍会遭遇到很多框定性障碍,因为它是通过论证这些非国家机构组织是在行使行政职权而获得被告的适格性,但为何这些组织所行使的就一定是行政职权,仍会遭到理论上的质疑和论证上的困难。而且,很多社团性组织所行使的权利,其特征将与国家行政职权差别越来越大。

所以,司法不应通过能动主义把高校解释成"法律法规授权组织",更不应把高校自主权解释成国家行政权,从而纳入行政诉讼中去。本书认为,司法应当从保障公民权利的角度去还原和论证行政诉讼法的救济功能,[2] 从而将高校这类组织的公法性行为纳入现有的行政诉讼法中去,这将是一种更为合理的进路,因为它顺应社会发展现状,回应公民权利救济

---

① 刘作翔:《法治社会中的权力和权利定位》,《法学研究》1996 年第 4 期。

② 马怀德教授提出《行政诉讼法》修改中首先要确定行政诉讼目的,并指出保护公民、法人和其他组织的权益应成为行政诉讼的根本目的。参见马怀德"保护公民、法人和其他组织的权益应成为行政诉讼的根本目的",《行政法学研究》2012 年第 2 期。甚至有些学者建议把第三部有关行为纳入行政复议程序中来,具体可参见管君、余凌云《第三部门作为被申请人的行政复议受理标准问题研究》,《行政法学研究》2012 年第 2 期。方洁:《从第三部门组织到行政诉讼被告——社会公务的司法监督路径》,《行政法学研究》2007 年第 3 期。

的需求。① 概而言之，高校学位授予权，虽不是国家行政权，但它与学生权利之间的纠纷仍有正当理由纳入我国现有的行政诉讼制度中去。

三　高校学位授予权的运行规则

高校学位授予权作为高校自主权，具有团体性公权利的法律特征，它同样建基在学术自由这一个人基本权利之上，具有类同于个人基本权利的地位，应遵循"法无禁止即自由"原则，享有法律保留地位。"不过，这类权利很容易丧失其非政治的品质，因而就不复为个人主义的自由权了。在这种情况下，它们可能就不再符合分配原则，随着个人主义意义上的人的品质的丧失，它们也就失去了绝对的保护。于是，就有了制定规则和规范的必要性，因为这些权利不再处于私人领域，而是蕴含着社会的认可。"② 作为团体性公权利，它因具有强于个人权利的效能，为了防止其滥用自主权而侵害到个人权利，有必要通过国家权力对其进行适当的规范和监督。只有依照上述思路，才能合理确定高校学位授予权在实践中的具体运行规则。

本书第二章分析了学位授予权的运行逻辑。通过这种微观剖析，可以确定学位授予权这一概念所包含的外延，主要有学位评定权、学位授予标准设定权和学位证书颁发权。其中学位证书颁发权是学位授予权的形式载体，学位评定权和学位授予标准设定权则是学位授予权的实质内容。因此，高校学位授予权运行规则主要是指学位评定权的运行规则和高校学位授予标准设定权的运行规则。

（一）高校学位评定权运行规则：专家评定和正当程序

高校学位评定权，就是指高校对学位申请者是否达到应有的学术水平和所规定的条件作出评定的资格与能力。由于学位评定的核心是对学术水平的评定，而有关学术水平的评定则是一个事关专业判断的学术性行为，

---

① 章剑生教授批判了我国"诉讼主体模式"的行政主体理论，认为应以"分权主体模式"来重构行政主体理论，并在此基础上提出："确认行政诉讼被告资格采用便宜主义，即从方便原告起诉和人民法院审理行政案件出发，确认行政诉讼被告资格，其基本规则是《谁作行为，谁做被告》。在这样的规则下，行政诉讼被告资格与行政主体资格适当分离，从而可以比较好地理顺行为与责任之间的基本关系。"详见章剑生《反思与超越：中国行政主体理论批判》，《当代法学》2008 年第 6 期。

② ［德］卡尔·施米特：《宪法学说》，刘锋译，世纪出版集团上海人民出版社 2005 年版，第 176 页。

这种行为只能递交给学术性团体来完成。因此,国家权力对高校学位评定权应给予充分的尊重。到底由哪些人来评定、依何种方式来评定,都应交由高校自主决定。不过,从学生权利救济角度出发,司法机关可以从正当程序上对其进行必要的规制和审查。因此,高校学位评定权的运行规则主要就是专家评定规则和正当程序规则。

所谓专家评定规则,就是要求必须由所授予学位的学科专家来进行对学位申请者学术水平的评定。至于如何定位"学科专家"资格,则应结合各学科特点,既可以包括理论上的专家,也可以是实务上的专家。对"专家"的认定则应从学术职称、学术影响力等方面进行。在我国,一般都是从学术职称上来确定专家资格,比如博士学位的评定专家基本上要求具有教授职称。

所谓正当程序规则,就是要求学位评定的过程应当符合正当程序要求。正当程序源于英国古老的自然正义(Natural Justice)原则,该规则主要有二点:一是任何人不应成为自己案件的法官;二是任何人在受到惩罚或其他不利处分时,应为其提供公正的听证或其他听取其意见的机会。[1] 这种自然正义观后来成为了一项成文的法律原则,其中最为人耳熟能详的就是 1868 年美国宪法修正案第 14 条。[2] 其后,正当程序理念深入人心,成为一项重要的法治原则。

由于对"正当"的不同理解与要求,正当程序包含着丰富的内容。比如正当程序须有对立面、决定者、信息和证据、对话、结果等基本要素,还须有角色分化、有意识地阻隔、直观的公正、平等交涉等程序精神。就正当程序的最低标准而言,它要求:公民的权利义务将因为决定而受影响时,在决定之前必须给予他知情和申辩的机会和权利。对于决定者而言,就是履行告知(notice)和听证的义务(hearing)。[3] 换言之,一项法律程序是否具有正当性,首先应接受这种最低标准的检验。

相比法理学上将正当程序视为一种抽象的价值理念,部门法对正当程序的理解则较为具体化。"构成程序正当之内容的主要原则,主要有获得告知与听证(notice and hearing)的权利。……所谓'告知和听证',是

---

① 参见孙笑侠《程序的法理》,商务印书馆 2005 年版,第 197 页。

② 该条第一节中有如下条款:"……任何州、非依法的正当程序,不得剥夺任何人的生命、自由和财产。"其后,正当程序理念深入人心,成为一项重要的法治原则。

③ 孙笑侠:《程序的法理》,商务印书馆 2005 年版,第 18 页。

指在公权力对国民科以刑罚或其他不利的处分时，必须将其内容事先告知当事人，并给予当事人辩解和防御的机会。"① 从司法进路来关注正当程序在我国的实现与运用的学者，一般也都从"告知与听证"（notice and hearing）上来界定正当程序。②

依照上述理论可知，高校在学位评定权的行使中所要遵循的正当程序原则，保持评定主体的中立性和公正性，通过匿名评审以体现"程序的直观的公正"，允许申请人（被评定人）有参与和对话的机会，当对学位申请者的学术水平作出不利评定时，应告知其理由并赋予其对自身学术水平进行辩解的机会，等等。由于法院对学术的实质性标准难以判定，需要法院对学术保持尊崇的态度，因此，对学位评定权的司法审查主要就是关注学位评定的正当程序。

在我国，关于学位评定程序的正当性问题，最早出现在刘燕文案中。该案中北京大学学位委员会就不授予刘燕文博士学位的程序是否正当成为了一个争议的焦点："校学位评定委员会否决答辩委员会的决议，既没有听取刘燕文的答辩或申辩，也没有给出任何理由，甚至没有把决定正式通知刘燕文本人，其决定是否合法？"③ 虽然正当程序一词在此案中并未被采用，但关于正当程序的基本内容还是得到初审法院的肯认，在其判决书中写道："校学位委员会作出不授予学位的决定，涉及学位申请者能否获得相应学位证书的权利，校学位委员会在作出否定决议前应当告知学位申请者，听取学位申请者的申辩意见；在作出不批准授予博士学位的决定后，从充分保障学位申请者的合法权益原则出发，校学位委员会应将此决定向本人送达或宣布。"④ 其后，在学位授予纠纷中正当程序逐渐成为司法审查的一个主要内容。

在张福华案中法院明确提出："学位的授予依法应当遵循正当程序原则"。⑤ 虽然，何谓正当程序，尚须实务界与学术界的不断探索。"行政法

---

① ［日］芦部信喜：《宪法》（第三版），高桥和之增订，林来梵等译，北京大学出版社2006年版，第212页。

② 像何海波在《实质法治——寻求行政判决的合法性》一书中对我国在司法能动主义下如何逐步确立和适用正当程序原则进行细致入微的观察与分析。虽然何海波并未给正当程序下过明确的界定，但从行文内容上可以发现，其对正当程序的理解，主要就是指告知和听证程序。

③ 何海波：《实质法治——寻求行政判决的合法性》，法律出版社2009年版，第142页。

④ 北京市海淀区人民法院，（1999）海行初字第103号。

⑤ 湖北省武汉市中级人民法院，（2010）武行终字第108号。

上的正当程序,需要通过法院一次次创造性的判决去积累经验,去充实内容,去浇水施肥。"① 但有的法院对正当程序似乎存有理解上的误差,如在阮向辉诉深圳大学案中,法院则认为:"在原告毕业时,被告没有即时书面告知原告不授予学位的决定,至 2004 年 3 月 18 日,才由深圳大学教务处作出《关于"阮向辉授予学士学位申请书"的答复》。由于相关法律法规对于学校不授予学生学位的告知程序没有明确规定,因此不能认定被告在告知不授予学位的程序上违法。"② 可见,该法院把正当程序仅仅理解为法定程序。

《学位条例》第 10 条规定:"学位论文答辩委员会负责审查硕士和博士学位论文、组织答辩,就是否授予硕士学位或博士学位作出决议。决议以不记名投票方式,经全体成员三分之二以上通过,报学位评定委员会。学位评定委员会负责审查通过学士学位获得者的名单;负责对学位论文答辩委员会报请授予硕士学位或博士学位的决议,作出是否批准的决定。决定以不记名投票方式,经全体成员过半数通过。"这是学位评定的法定程序。对于这一法定程序,应当接受正当程序的检验。这里的正当程序不仅指告知与听证,还包括对该法定程序本身是否正当的探讨。起码值得思考的有:对学术水平的评定是否应当采取民主制下多数决?采用不记名投票的方式是否恰当?在投票过程中,专家是否有权弃权?

(二) 高校学位授予标准设定权的运行规则:法律最低限和学术性标准

高校学位授予标准设定权是指高校对授予各级学位所需达到的学术水平和条件进行设定的资格和能力。由于学位授予标准一方面彰显着高校对学术品质的要求与学术自由的追求,另一方面又牵连着国家对学位的基本质量要求。因此,在学位授予标准的设定上高校与国家之间应当形成一种合作态势。换言之,高校学位授予标准设定权在运行中首先要遵循与国家立法权间的关系规则。

为了保障学位的基本质量,以及贯彻国家的相关政策,立法机关对学位授予标准进行规范具有正当性。由于学位授予标准关涉着学术自由,因此立法机关应尽量制定低密度规范,以使高校有更大的空间去实现学术自

---

① 何海波:《实质法治——寻求行政判决的合法性》,法律出版社 2009 年版,第 160 页。
② 广东省深圳市南山区人民法院,(2004) 深南行初字第 22 号。

治。而高校在设定自身的学位授予标准时，应以国家立法规定为最低限，不能降低国家对学位所设定的基本标准。换言之，高校学位授予标准设定权在运行中首先要遵循法律最低限规则。

那么，高校只要遵循着法律最低限规则，是否就意味着想怎么规定学位授予标准就怎么规定呢？国家权力机关都无权干涉呢？若仅从高校与国家之间的关系来看，这样的结论是可以成立的。否则，所谓的高校自主权就成了一种空洞的幻影。但我们不应忘记，高校学位授予标准设定权的行使还会牵涉到学生权益。学位能否获得将会影响到每一个学生的就业与发展前景。因此，从保障学生权益出发，高校学位授予标准设定权仍有必要受到适当的限制，而国家权力也仍有必要介入其中，合理平衡高校自主权与学生权利间的关系。

从保障学生权益出发，以及结合对学位本质与特点的考虑，高校学位授予标准设定权还必须遵循学术性标准规则。所谓的学术性标准，主要是"根据知识、学问、智慧和思想方法论等四个方面的内容来制定学位标准"[1]。当前世界大多数国家，授予学位的标准都是学术性标准。学术性标准一般包括：学位课程、阶段性研究（成果或项目）、学位论文。以英国为例，英国伦敦大学的法学硕士学位的规定标准是，必须在法学院研究生院学习一年以上的课程，从 51 个科目中选修 4 个科目并成绩合格，或选修三个科目并成绩合格，就被认可的法学课题写出不超过 1.5 万字的小论文，经审查合格方能授予法学硕士学位；伦敦大学的哲学博士学位的规定标准是，在学位课程方面，学生学习 2—3 年，须在导师的指导下攻读规定的博士学位课程、参加学术讨论活动、开展规定课题的研究并最后写出 10 万字左右的学位论文（对不同领域的学位论文的字数要求不等。如经济学领域的哲学博士论文除附录、文献目录及技术附件外，不得超过 8 万字；人类学的哲学博士论文，包括注释、文献目录、附件资料在内，不得超过 10 万字）。[2]

本书第二章提过，在我国各个高校学位授予标准包括了学术性标准和非学术性标准。其中学术性标准根据学位等级不同作出了不同规定，一般

---

[1]　康翠萍：《学位论》，华中科技大学博士学位论文，2002 年，第 51 页。

[2]　陈学飞等：《西方怎样培养博士——法、英、德、美的模式与经验》，教育科学出版社 2002 年版，第 117、121 页。

也都包括了学位课程、阶段性成果和学位论文。而非学术性标准则包括了政治要求和道德品质要求。依照学术性标准规则，高校在遵循法律最低限规则下可以自由地提高或增加学位授予的学术性标准。因此，现实中高校把英语四六级通过、课程（必修课程）未重修或补考、一定数量学术论文发表等作为学位授予的标准，并不违反学术性标准规则，只要符合比例原则，司法机关就应当予以尊重。

对于非学术性标准，高校则不能任意规定。虽然我国在《学位条例》第2条中规定了政治性要求，即学位获得者必须拥护社会主义、共产党领导。但随着全球化高等教育的发展，越来越多的留学生来中国留学、攻读学位，这使得学位曾蕴含的政治性诉求逐渐淡化，其学术本质不断得到回归。可见，我国非学术性标准是一定时代的产物，也将随着一定时代的到来而消失。按照当下情境，对于本国公民申请学位，高校当然还是要遵照法律规定对学位申请者的政治要求是否达标进行审查，但不能提高或增加非学术性标准。换言之，在非学术性标准上则是高校学位授予标准设定权遵循法律最低限规则的一个例外情形。因此，实践中一些高校把因考试作弊、打架斗殴而被学校处分等道德品质方面的标准纳入学位授予标准中去，无疑是对法定非学术性标准的一种逾越，应当予以否定。

第 五 章

高校学位授予权的立法保障

第一节 引子:西北政法大学"申博"案

一 案情与背景

2008 年 10 月 21 日,国务院学位委员会发布《关于做好新增博士、硕士学位授予单位工作的指导意见》(学位〔2008〕29 号,以下简称《国学位 29 号文件》)和《关于做好 2008—2015 年新增博士、硕士学位授予单位立项建设规划工作的通知》(学位〔2008〕30 号,以下简称《国学位 30 号文件》),要求各省开展第 11 次博士学位授权单位立项建设评审工作。在国学位 30 号文件中,陕西省被划为二类地区,给定两个规划立项建设指标。2009 年 2 月 13 日,陕西省学位委员会发布《关于开展新增博士、硕士学位授予单位规划立项建设工作的通知》(陕学位〔2009〕2 号,以下简称《陕学位 2 号文件》),要求参评高校提交申请报告和材料。其后延安大学、陕西中医学院、西安外国语大学、西安石油大学、西安体育学院、西安工程大学、西安工业大学、西北政法大学等 8 所高校按要求提出了申报请求。3 月 27 日,陕西省学位委员会办公室邀请来自陕西、北京、江苏三省市的 21 名专家(其中法学专家仅有 1 名),就此次学位授权评审召开专家评审会议。各参评高校在会上汇报了申报情况,并回答了专家组的提问,最后专家投票确定西安工业大学、西安外国语大学为拟立项建设单位,陕西省学位委员会办公室随后正式通报了评审结果。评审结果一经传出,西北政法大学及西安石油大学等高校的部分师生对评审程序和评审结果表达了强烈不满,认为有的参评高校"申博"数据造假,存在暗箱操作等问题。为此,陕西省学位委员会于 4 月 10 日召开第 11 次博士学位授权单位立项建设评审工作第一次会议。4 月 11

日，陕西省学位委员会召集 8 所申报学校的负责人，宣布 10 日的会议决定：鉴于有的参评学校申报存在"材料不规范""数据不真实"等问题，严重影响评审结果的公正，各学校应按照统一标准重新填报材料；省学位委员会将在严格评审所有申报材料并对各申报学校票决后排队，公示两个得票最高的学校作为拟立项建设单位；所有申报内容和数据的真实性由学校负责，学位委员会将不再审查材料的真实性；如果接到造假举报，一经查实，将一票否决，排名在后的学校依次递补；3 月 27 日专家组评审结果仅作为参考。4 月 14 日上午 10 点前，各申报高校按照要求提交了申报材料。当天下午（时隔 5 个小时后），陕西省学位委员会召开会议，以举手表决方式决定维持了 3 月 27 日的专家组评审意见。4 月 16 日，陕西省学位委员会召集 8 所学校书记校长，宣布了博士学位授权单位立项建设的决定。西北政法大学对此表示强烈不满，于 4 月 20 日向陕西省人民政府法制办公室提起行政复议并被受理。西北政法大学请求撤销陕西省学位委员会于 2009 年 4 月 14 日做出的《陕西省第 11 次博士学位授权立项建设单位的决定》，并依法重新评审陕西省第 11 次博士学位授权立项建设单位。其在行政复议申请书所列举的事实和理由主要有三点：一是陕学位〔2009〕2 号文件未经陕西省学位委员会全体会议审议通过，是无效文件；二是陕西省学位委员会 4 月 10 日前事实上转授了法定职权，是严重的行政失职；三是陕西省学位委员会 2009 年 4 月 14 日会议审议依据和审议程序严重违法。[①]

我们把该案简称为西北政法大学"申博"案，它是一例发生在学位授权中的争议案件。根据第二章的阐述已知，所谓学位授权，就是承认高校具有授予学位的行为能力，是高校学位授予权的运行前提。换言之，高

[①]　案情介绍主要参考了湛中乐《西北政法大学"申博"案的思考与解析》，载劳凯声主编《中国教育法制评论》（第 7 辑），教育科学出版社 2009 年版，第 261—279 页；孙春牛：《我国学位授权审核中高校关系法治化研究》，安徽大学硕士学位论文，2010 年，第 1—2 页。据湛中乐教授从内部了解到，该案最终由陕西省人民政府口头宣布原决定无效。参见湛中乐：《历史不应忘记：为何持续关注西北政法大学"申博"案》，载劳凯声主编《中国教育法制评论》（第 8 辑），教育科学出版社 2010 年版，第 232—237 页。虽然原决定被宣告无效，最终陕西省第 11 次博士学位授权立项建设单位仍然为西安工业大学和西安外国语大学。详见 2010 年 2 月 11 日国务院学位委员会发布的《关于同意实施 2008—2015 年新增博士、硕士学位授予单位立项建设规划的通知》（学位〔2010〕8 号），其中陕西省的两个博士授权立项建设单位是西安工业大学和西安外国语大学。由此可见，西北政法大学只是赢了一场程序，而并未取得实质上的救济。

校只有经过学位授权，其所行使的学位授予行为才能得到国家与法律的认可。依据《学位条例》的规定，我国实行的学位授权模式主要是中央集权式的专门授权，即只有获得国务院学位委员会学位授权的高校才能行使学位授予权。当然，这种集权式的学位授予模式已被实践所改造，部分学位的授权审核已被下放到省学位委员会，甚至是高校。2008年，第25次国务院学位委员会审议通过的《博士、硕士学位授权审核办法改革方案》（以下简称《改革方案》）中提出要进一步调整结构和优化布局，发挥地区学位委员会的作用，扩大学位授予单位的自主权，强调获得学位授权单位的自我监督，建设权责分工更加合理、调整和适应能力进一步增强、调控和监督机制更加完善的学位授权审核制度。该案就是发生在这种学位授权制度变革的大背景下。

从具体情境来看，该案是国家在博士学位授权审核工作中，为了紧缩新增博士学位授权单位规模，改变学位授权审核方式的背景下发生的。[①]1981—2005年间，国务院学位委员会共进行了10次学位授权审核工作。截至2008年底，我国现共有博士学位授予单位347个，一级学科博士点1378个，二级学科博士点1739个。[②]面对如此规模，2008年国务院学位委员会所通过的《改革方案》中指出："经过二十多年的建设和努力，我国研究生教育得到了快速发展，博士、硕士学位授予单位及学位授权学科、专业的布局已基本完成。注重提高研究生教育质量和提高学科水平，进一步调整结构和优化布局，实现由研究生教育大国向研究生教育强国的转变，是未来一段时期学位与研究生教育发展的重要战略方针。"正是出于调整结构和优化布局，由数量转向质量，国务院学位委员会在《国学位29号文件》和《关于做好2008—2015年新增博士、硕士学位授予单位立项建设规划工作的通知》（以下简称《工作通知》）中启用了新的审核办法。《国学位29号文件》规定："国务院学位委员会根据国家教育发展总体发展规划和调整结构、优化布局的实际需要，确定相应规划周期内各省（自治区、直辖市）的所属类别和新增单位的数量限额。""各省（自治区、直辖市）根据国务院学位委员会关于地区分类和新增单位规模控

---

① 程雁雷：《背景·问题·启示：西北政法大学"申博"案引发的法律思考》，载劳凯声主编《中国教育法制评论》（第8辑），教育科学出版社2010年版，第224—231页。
② 吴本厦：《筚路蓝缕　开拓创新——黄辛白同志对我国学位与研究生教育事业历史贡献的回顾》，《学位与研究生教育》2009年第7期。

制方案要求制定的《新增博士、硕士学位授予单位立项建设规划》（含立项建设单位《项目建设规划》，下同），由省级学位委员会审议通过，省级人民政府批准，报国务院学位委员会备案。"《工作通知》将规划周期分为2008—2015年和2016—2020年，规定由省级学位委员会"确定立项建设单位"，强调"立项建设规划工作要严格按照国务院学位委员会确定的限额进行"。

比较新旧办法可知，原先的学位授权程序是"每两年进行一次"，一般的工作流程是：首先，符合规定条件的高校，经校学术委员会讨论通过后，由本单位向主管部门提出申请，并报送有关材料，供审核；接着，再按照学位等级进行分级归口负责，像是否授予博士学位，则由国务院学位委员会学科评议组为主进行审核；具体事项上，先由国务院学位委员会办公室组织同行专家通讯评审，接着由国务院学位委员会学科评议组复核，再由国务院学位委员会全体会议讨论和批准并予以公布。而按照新办法，学位授权则变为每8年进行一次，具体程序变为：首先由省级学位委员会确定立项建设单位，这些被列入为建设规划单位后并不当然地获取招收培养研究生并授予其学位的资格，而是要通过3—5年的建设周期；接着，由国务院学位委员会统一安排，由省级学位委员会组织专家进行中期检查；通过中期检查后，再由国务院学位委员会组织或委托省级学位委员会组织，对建设单位进行验收；最后通过验收的单位，报请国务院学位委员会审议批准授权。

根据《工作通知》所附的地区分类及立项建设单位限额，陕西省属二类地区，立项建设博士学位授权单位限额是两个。此后，陕西省人民政府学位委员会根据上述文件的精神，启动了"第11次博士学位授权立项建设单位评审工作"。正是在这样一个具体的学位授权审核办法实施中发生了西北政法大学"申博"案。

可以说，成为博士学位授权立项建设规划单位，对于陕西省内尚未获得博士学位授权的高校来说，都是提高办学层次和提升学术竞争力的一次难得的机会。"近些年来，在我国的学术评价体系中，有无博士学位授予权，是衡量一所高校的办学层次和学科建设水平的重要指标。而在当下高校竞争日趋激烈的情势下，对于'申博'高校而言，有无博士学位授予权则在一定程度上促进或者制约着申报高校教育教学资源的进一步获取，关乎其竞争力的提升，关乎学校重大利益，直接影响着申报高校的办学定位、社会评价和未来发展。"① 也正是在这样一种学术生态环境下，西北政法大学"申博"能否成功，与其今后的发展前景将有着重大的利害关系，"这意味着，如果西北政法大学挤不进这两个名额，在未来 8 年内都没有机会成为'博点'。在大学资源重新洗牌的背景下，8 年是一个难以忍受的漫长周期。难怪西北政法大学的一些老师焦虑万分，如果这次失利，西北政法大学将'沦为三流学校'"②！也正因此它才会奋起一搏，不惜与行政管理部门对簿公堂。

二　意义与问题

该案被学者们称为是中国高校对教育行政部门提起行政复议的"第一案"，具有里程碑式的意义。学者们也乐于将其与 1999 年刘燕文案并举相提。的确，两案都发生在学位制度领域，10 年前，刘燕文案因北京大学学位委员会拒绝授予其博士学位，而将其告上法庭，从而把高校与学生之间因学位授予纠纷纳入司法救济途径中去；10 年后，西北政法大学因不服陕西省学位委员会的决定，提起了行政复议，从而开启了公立高校与教育行政部门之间的冲突与纠纷纳入正式的法律途径解决的先河。相较而言，西北政法大学"申博"案所具有的开拓性意义也许更甚于刘燕文案。因为在刘燕文案之前，毕竟已有 1997 年的田永案，正是田永案率先打破了一直以来学生与高校间的纠纷无法律解决途径的局面。但是在西北政法大学"申博"案之前，高校与教育行政部门之间的冲突与纠纷往往是通过行政内部非正式的协调机制加以解决。

虽然从理论上讲，高校与教育行政部门因学位授权而发生的纠纷从司法途径上去解决并无困难。因为高校与教育行政部门之间的学位授权纠纷属于高校学位授予权在外部层面上的纠纷。在本书第四章中已论述过，这种外部层面上的纠纷主要集中在国家教育行政机关对高校学位授予权资格的认定上，具体表现在是否确认高校的学位授予权以及何种学位授予权资格。对于该层面解纷机制是明确的，因为此处高校与国家教育行政机关之

---

① 程雁雷：《背景·问题·启示：西北政法大学"申博"案引发的法律思考》，载劳凯声主编《中国教育法制评论》（第 8 辑），教育科学出版社 2010 年版，第 224—231 页。

② 何海波：《要反思的是整个学位管理体制——评西北政法大学不服"申博"决定行政复议案》，载劳凯声主编《中国教育法制评论》（第 8 辑），教育科学出版社 2010 年版，第 247—250 页。

间形成的是一种典型的外部行政法律关系，应按照通常的行政法律纠纷进行解决，可以采用行政复议和行政诉讼方式。但是，在目前高校与教育行政部门之间存在千丝万缕的利益关系的现状下，西北政法大学采用行政复议这一正式的法律解决途径来公然反对教育行政部门的不当决定，仍然冒有极大的风险，这需要极大的勇气。也有学者仔细分析了西北政法大学这一行为背后的各种考量，认为主要是基于下面几点特殊原因："一是争议的事项对高校整体利益具有重大影响，对高校来讲有争议的必要性；二是高校与产生争议的教育部门之间没有直接的隶属关系、管理关系、利益关系，高校是相对独立的管理行为相对人，有争议的可能性；三是由于有上级机关要求明确（立项的指标），且争议的结果对相关方面亦存在重大利益关系（已经立项的学校），使得模糊处理、非正式协调不具有可行性。"① 但不管怎么说，该案的发生让人看到了高校与教育行政部门间的冲突与纠纷从非正式的内部调解转向正式的法律途径解决的必要性与可行性。

除了具有的开拓性意义外，该案中所显露着的诸多争议和问题，也彰显着它的另类意义。可以看到，该案发生后，受到学界的广泛关注，不少学者撰文表达了自己的看法与观点。由于该案是以行政复议方式提起，因此一些学者，像湛中乐、王大泉就从行政法学的视角对该案中所存在的具体法律问题进行了探讨，比如陕西省学位委员会能否作为行政复议的适格主体、谁应成为行政复议主体、陕西省学位委员会所作出的决定是否具有成熟性、其所作出决定的程序是否具有合法性等。除了就该案件中所存在的法律问题进行探讨外，也有些学者，像程雁雷、杨建顺等对国务院学位委员会关于博士学位授权立项建设规划这一行为本身的合法性和合理性提出了质疑。当然，也有学者，像何海波从更为宏观的视角提出了对学位管理体制的反思。

的确，本案中及本案本身都凸显着诸多现实问题。像学者们所关注到的该案中几个具体的法律问题，背后凸显的是省级学位委员会的法律地位不明确，而这种法律地位的不明确又反映了国务院学位委员会和省级学位

---

① 王大泉：《学位制度改革的法治保障与制约条件——由西北政法大学复议陕西省学位委员会一案引发的思考》，载劳凯声主编《中国教育法制评论》（第8辑），教育科学出版社2010年版，第250—257页。

委员会法律关系的不够清晰；同时，该案本身则凸显了在学位授权中国家权力和高校权利间的过度失衡，这种失衡状态的主要成因在于学位授权缺乏法律规范性，换言之，在学位授权制度中，国家与高校间只存在权力关系，而不存在法律关系。这种以权力关系为主导的学位授权制度中，高校学位授予权的实现受到了重大影响。因此，通过立法将学位授权中的这些权力关系纳入法律关系中，实现学位授权法治化运作，将是高校学位授予权最重要的制度保障。

第二节　学位授权的基本概况

一　学位授权的本质与功能

在前文的论述中已明确，高校学位授予权属于高校自主权的范畴，它是高校基于保障学术自由与自身组织特点而享有的一项固有权。对此，可能有人会质疑道：既然高校学位授予权是高校固有权，那么凭什么还需要国家的学位授权呢？如果需要国家学位授权，那么说高校学位授予权是高校固有权，不是一种自相矛盾的说法吗？这些质疑提醒我们要进一步思考：学位授权的本质与功能是什么？

1840 年，弗里德里希·萨维尼在其名著《现代罗马法体系》中，明确区分权利能力与行为能力，前者被理解为能够持有权利的可能性，后者作为人自由行为的前提。① 目前，在我国法理学上，一般对两者作如下界定：所谓权利能力，就是由法律确认的享有权利或承担义务的资格，是参加任何法律关系都必须具备的前提条件……行为能力是法律所承认的，由法律关系主体通过自己的行为行使权利和履行义务的能力。② 可以发现，法理学上的权利能力与行为能力的界定，基本上与民法上的界分相一致。一些民法学者也强调权利能力与行为能力只是属于民法上的概念，认为两者的区别必须是基于私法自治的前提。③

---

① 朱涛：《自然人行为能力制度研究》，法律出版社 2011 年版，第 2 页。
② 张文显主编：《法理学》（第三版），法律出版社 2007 年版，第 187—188 页。
③ 有学者认为行为能力只能是民法的独有概念。参见朱涛《自然人行为能力制度研究》，法律出版社 2011 年版，第 15 页。但笔者认为这样的理解过于狭隘，随着各种自治组织的出现，以及这类组织在公法与私法中所显现的地位，对该类组织在公法上所享有的自主权，也有必要在权利能力与行为能力的分析框架下进行细致分析。

　　不管权利能力与行为能力的划分是否仅仅属于民法领域，但这种划分理论所具有的启发性却已超越民法领域。例如陈诚博士就把此种划分理论运用到公民的政治权利领域，"若仿借公民民事能力制度的规范结构作为模板，则公民政治能力体系可被构造出精致的逻辑结构，其涵盖内生之政治权利能力和外生之政治行为能力两个抽象层面。政治权利能力与民事权利能力同质，可界定为公民出生之日即获得的、参与一切政治活动的基本平等资格，其获得不意味着实际政治权利的完整取得。其虽系内生或天然的，但并非伴随人类诞生而缘起。作为自然人，或许在其一生中多半可以不接触政治，但作为公民，却无时无刻不在与政治发生着联系。所以，政治权利能力乃是人作为公民所应有的基本特性，在某种意义上可将之视作公民资格在政治能力体系中的转译。……政治行为能力则与民事行为能力同质，谓公民以己身所拥有之智识、理性与经验实际参与制度化政治活动的基本能力。政治行为能力属于政治能力结构中的外生层面，其必须在公民获得从事制度化政治活动之最低限度能力后方能经过法律承认而获得，其获取意味着实际政治权利的完整取得。外生的政治行为能力毋庸置疑乃是附随于内生的政治权利能力而存在的，有前者必然有后者，有后者却不必然有前者"①。公民政治权利能力与政治行为能力的划分显然具有现实性。由此观之，权利能力与行为能力划分理论，不仅存在于私法领域，也可以存在于公法领域。

　　那么，这种划分理论可否从个人性主体领域转向团体性主体领域呢？具有通说地位的观点是：法人权利能力和行为能力一般是同时产生又同时消亡的，两者通常互为前提、互相影响、互相作用。当然，这种通说的观点主要是建基在民法基础上，针对法人的民事权利能力与行为能力的问题。但现实中，具有民事法人地位的团体性组织，比如高校，它不仅享有私法上的权利，也享有公法上的权利，比如自主权。那么，对于公法上的权利，团体性组织是否必然是权利能力与行为能力同时产生同时消亡呢？不管答案是什么，问题的背后已凸显了权利能力与行为能力的划分理论对理解公法上社团自主权所具有的启发性意义。

　　也许，我们不能把民事权利能力与行为能力的划分理论完全搬用到社

---

　　①　陈诚：《政治权利规范与政治自由主义错位之消弭——基于政治权利能力与行为能力界分的检视》，《大连理工大学学报》（社会科学版）2011 年第 9 期。

团自主权领域。不过，从权利能力与行为能力的划分理论中可以发现，权利能力关注的是权利的静态关系，而行为能力关注的是权利的动态运行问题。换言之，权利能力强调的是主体是否拥有某些权利的资格问题，而行为能力强调的则是权利拥有主体能否行使这些权利，并使这一行为产生相应法律后果的问题。若从人权概念来看，权利能力并不必然与法律发生关联，因为某些权利可能还仅仅处于应有权利状态，不管法律承不承认，这些权利都基于一种自然法与正当性而被赋予这些权利主体。因为权利的行使，它可能不仅是一种权利存在的宣示，更多时候会影响到其他主体的利害关系，所以权利主体能否行使这些权利、以何种方式行使、在何时行使，就是关涉到现实的利益平衡和保障，这也就是行为能力所关注的问题。因此，行为能力往往关注权利运行与法律之间的关联性，强调权利行使所具有的法律效果。可能是基于这种理解，庞德才会强调"权利能力必须区别于法律行为能力"，并将法律行为能力界定为："意在产生法律后果的行为，法律使这一意图得以实行并使意图的后果成为一种法律后果。"①

按照上述观点来分析，高校拥有作为其固有权的学位授予权，只是从权利能力上所进行的认定。但高校行使这一权利的效果能否得到法律上的认可，则属于行为能力上的问题。在笔者看来，学位授权就是高校在学位授予权上获得行为能力的基础。说得更直白点，高校可以在未获得学位授权的前提下进行学位授予活动，但是它所授的学位并不能得到国家和法律的认可。所以，从权利能力与行为能力的划分理论上分析，高校学位授予权是高校固有权的观点，和它必须获得学位授权的要求，两者之间并不矛盾。因为两者关注视点不同，高校固有权强调高校拥有学位授予权在本质上的正当性问题，学位授权则强调高校在行使学位授予权中的合法性问题。也正是在这种意义上才会更容易理解本书第二章，在论述学位授予权的运行逻辑时，为何把学位授权视为其运行的前提。

从上述学位授权与高校行使学位授予权的关系来看，学位授权的本质在于对高校学位授予权行为能力的资质确认，并非是赋予高校学位授予权。当然，这种资质确认行为本身从法律上来说，是一种行政行为，是国

---

① ［美］罗斯科·庞德：《法理学》（第四卷），王保民、王玉译，法律出版社 2007 年版，第 213 页。

家行政权行使的体现。目前，学界存在一种谬误性的通说，认为我国实行的是国家学位，学位授予权是国家行政权，因此"我国学位授权实质为行政权力的委托代理关系"①。这种谬误一方面是源于学者对相关法条的误读，对此本书在第三章已有详细论证，不再赘述；另一方面则表明了对学位授权功能的错误定位。

"我国目前实行的是国家学位，学位的授予由国家认可和授权的学位授予单位代表国家授予学位，这就决定了学位授权审核制度存在的必要性。"② 但事实上，即使不是实行国家学位的国家，也存在学位授权。

不管是从历史的视角，还是从比较的视野，学位授权作为一种制度都具有普遍性。最初作为从教资格的学位是教师行会建立职业准入的门槛，这种职业准入具有一定的行会自治的性质，但是由于当时教会力量的强大使得这种从教资格的授予必须要得到教会的许可。教会一般是通过颁发特许状赋予大学自治权，其中包括了享有授予学位的资格。后来，随着世俗政治的强大，国家逐渐取代教会，成为颁发特许状的主要主体。这种颁发特许状的行为就类似于今天的学位授权。目前各国也都建有相关的学位授权制度，并形成各具特色的学位授权模式。③

1981年《学位条例》颁布之时，我国有574个单位的2000多个专业可以培养研究生，而从事四年制本科学历教育的高等学校更多。然而，这些单位在师资、仪器设备、研究基础等方面存在很大的差别，为了保证学位教育的质量，需要对现有的高等学校和科研院所进行审核，符合条件的才能成为学位授予单位。另外，学位授予单位授予学位的层次、专业也必须经过审核授权，才能根据专业、学位层次具体进行招生培养。④ 正是针对这种情况，1981年的《国务院学位委员会关于审定学位授予单位的原则和办法》第一点中明确提出："为了保证所授学位具有应有的学术水平，必须认真做好学位授予单位的审定工作"。

所以，学位授权的功能主要是规范学术秩序，保障学术质量。学位授权制度是"大学自治组织形成的一种学术自律的控制制度，是对学位质量的控制与保障。学位授权审核制度是对高校和学术机构是否具有授予学

---

① 罗建国：《我国学位授权政策研究》，华中科技大学博士论文，2008年，第97页。
② 骆四铭：《中国学位制度：问题与对策》，华中科技大学出版社2007年版，序，第iii页。
③ 详见第二章第三节第一项。
④ 罗建国：《我国学位授权政策研究》，华中科技大学博士论文，2008年，第70页。

位资格的一种审查、批准制度，其本质上是一种对高等教育学位质量进行控制的制度。"①

可以说，只有对学位授权的本质与功能有了正确的认识与合理的定位之后，我们才能对现有学位授权制度中所存在的问题有着更为深刻的洞察，也才能更为合理地建构和完善学位授权制度。

二　学位授权的制度发展

就我国而言，学位授权制度与学位制度是同时产生的。可以说学位授权制度是"学位制度的基石，对学位制度起着宏观调控的功能。"② 1981年2月颁布的《关于审定学位授予单位的原则和办法》，及其后国务院学位委员会就学位授权所作出的诸多通知或意见，构成了考察我国学位授权制度发展最主要的文本。这些文本内容不仅呈现着学位授权制度发展的基本脉络，也展露了我国教育体制变革在学位制度上所留下的烙印。

由教育部学位与研究生发展中心所主办的"中国学位与研究生教育信息网"提供了从1978—2011年间有关学位制度的大事记。③ 同时，通过对北大法宝、万律等资料库的搜索，其中与学位授权相关的制度性文本主要有21个，详见表2。

表2　　　　　　　　　我国学位授权规范性文件汇总

编号	文件名称与颁发时间
1	关于审定学位授予单位的原则和办法（1981）
2	授权部分学位授予单位审批硕士学位授权学科、专业的试行办法（1986）
3	关于改进学士学位授予单位审核工作的通知（1987）
4	国务院学位委员会议事规则（1988）
5	关于批准进行自行审定博士生指导教师试点工作的通知（1994）
6	关于改革博士生指导教师审核办法的意见（1995）
7	关于改革博士生指导教师审核工作的实施办法（1995）

---

① 杜瑛：《论学位授权审核制度的理论基础》，《江苏高教》2008年第4期。

② 高家伟主编：《教育行政法》，北京大学出版社2007年版，第165页。

③ 学位大事记，中国学位与研究生教育信息网，http://www.cdgdc.edu.cn/xwyyjsjyxx/xw-bl/dsj/276335.shtml，2012年12月21日登录。

续表

编号	文件名称与颁发时间
8	关于加强省级学位委员会建设的几点意见（1995）
9	关于加强省级人民政府对学位与研究生教育工作统筹权的意见（1997）
10	关于做好博士学位授权一级学科范围内自主设置学科、专业工作的几点意见（2002）
11	关于进行第十次博士、硕士学位授权审核工作的意见（2005）
12	关于委托北京大学、清华大学开展自行审核一级学科博士学位授权试点工作的通知（2005）
13	关于第十次博士、硕士学位授权审核工作中新增学位授予单位审核工作的通知（2005）
14	关于开展对博士、硕士学位授权点定期评估工作的几点意见（2005）
15	关于部分学位授予单位自行审核增列硕士学位授权一级学科点和硕士点工作的通知（2005）
16	博士、硕士学位授权审核办法改革方案（2008）
17	关于审批独立学院为学士学位授予单位工作的通知（2008）
18	关于做好2008—2015年新增博士、硕士学位授予单位立项建设规划工作的通知（2008）
19	关于做好新增博士、硕士学位授予单位工作的指导意见（2008）
20	学位授予和人才培养学科目录设置与管理办法（2009）
21	关于开展授予博士学位的服务国家特殊需求人才培养项目试点工作的通知（2011）

　　通过对上列文本内容的考察与梳理，本书认为我国学位授权的制度发展主要集中在以下几个方面。

　　一是学位授权主体的多元化发展。根据《学位条例》第8条的规定，我国学位授权的法定主体是国务院及其学位委员会。但从1986年开始，国务院学位委员会逐渐将学位授权权限下放，先是授权部分单位审批硕士学位授权学科、专业，接着又将学士学位授予单位的审核权委托给了教育主管部门，然后又将博士生指导教师的审核工作授权给学位授予单位。此外，加强对省级学位委员会的建设与授权。自1991年起，国务院学位委员会先后批复同意江苏、陕西、上海、四川、湖北、广东、北京、天津、辽宁、吉林、黑龙江、湖南、山东、浙江、福建和安徽等16个省市试行建立省级学位委员会。后又于1995年出台了关于加强省级学位委员会建设的文件，1997 年颁发了关于加强省级人民政府对学位与研究生的统筹权的意见。通过学位授权权限的下放与委托，学位授权主体改变了原先的单一化，形成了由国务院学位委员会、省级学位委员会、学位授予单位组成的多元性主体结构。

二是学位授权权限的层次化发展。在学位授权主体多元化的过程中，学位授权权限渐现层次化。其中，国务院学位委员会权限主要集中在博士学位授权上，省级学位委员会权限主要集中在学士、硕士学位授权上，高校则获得对学科专业点学位授权权限。最初，学位授权审核权限集中在行政机构的最高层，即国务院。根据《学位条例》第 8 条，获得学位授权的学位授予单位及其学科名单，由国务院学位委员会提出，再交国务院批准公布。但从 1986 年始，学位授权审核名单不再经国务院批准公布，而直接由国务院学位委员会审核公布。根据 1995 年《关于加强省级学位委员会建设的几点意见》规定，省级学位委员会开始负责对学士学位授予单位及其学科、专业，以及对已有硕士学位授予权的本区所属单位申请新增硕士学位授予学科、专业进行审批，对审批结果报国务院学位委员会备案并抄送有关部委。同时，从 1986 年开始，部分高校逐渐获得学位授权的自主权限，首先是自行审批硕士学位授权学科、专业；2002 年学位授予单位获得博士学位授权一级学科范围内自主设置学科、专业的权限，2005 年部分学位授予单位获得自行审核增列硕士学位授权一级学科点和硕士点的权限。

三是学位授权内容的分离化发展。在学位授权主体多元化的发展中，国务院学位委员会的工作重心逐渐转向对学位授权的宏观调控与事后监管。省级学位委员会的学位授权权限不断加强，部分高校获得了学位授权的自主权。但实际上，高校学位授权的自主性是基于学位授权内容的分离，即将增列学位授予单位与学科点相分离的前提下。在最初的三次学位授权中，学位授予单位的审核和学科专业点的审核是同时进行的，只要授权学科专业点获得通过，则申请单位也随之成为学位授予单位。但在其后的学位授权中，逐渐出现新增学位授予单位和新增学科专业点的分离审核。对新增学位授予单位的条件更为严格，除了必须有一个学科专业点获得审核通过，必须在整体上要获得通过，才能成为新增学位授予单位。

四是学位授权方式的宏观化发展。自 1996 年国务院学位委员会批准部分学位授予单位按一级学科行使博士、硕士学位授予权，并逐步开展按一级学科审核博士学位授权点以来，学位授予单位可以在博士学位授权一级学科下所有的学科、专业招收、培养研究生并授予博士、硕士学位。在此前提下，2002 年国务院学位委员会、教育部发布的《关于做好博士学位授权一级学科范围内自主设置学科、专业工作的几点意见》①中明确指出：按一级学科进行学位授权审核和行使学位授予权已经成为我国学位授权审核和研究生培养工作的重要改革方向。

五是学位授权标准的非学术化发展。在前三次学位授权中，学位授权标准是严格依照《关于审定学位授予单位的原则和办法》中的学术性标准来进行的。比如规定博士学位的学位授权标准必须符合下列的学术性要求："（1）有学术造诣较高、在教学或研究工作中成绩显著、目前正在从事较高水平的科学研究工作并获得一定成果的教授（研究员或相当职称的人员）担任指导教师。少数新兴学科、边缘学科和国家亟须发展的学科，有学术造诣较高、在研究工作中成绩显著的教授（副研究员或相当职称的人员）担任指导教师。（2）能为攻读博士学位研究生提供充分的学习条件，保证研究生完成课程学习。（3）在培养研究生的有关学科方面，属于全国同类学科中学术水平较高的，有较好的科学研究基础，并承担国家重点科学研究项目或国务院各部委和省、市、自治区重点科学研究项目或其他有重要价值、学术水平较高的科学研究项目，能解决研究生作博士论文所需要的科学实验设备及有关图书、资料。"

但在后来的学位授权中，对非学术性标准的考量显得更为突出。1989年 4 月，国务院学位委员会办公室发出了《关于认真贯彻国务院学位委员会第八次会议精神，严格控制申报数量，做好第四批学位授权申报工作的通知》，《通知》强调指出"第四批学位审核工作要有利于高校办学层次的调整，优化结构，严格控制新增学位授予单位，从严掌握新增博士点"。随后，1990 年 6 月，在政府宏观指导下，与会专家本着"按需择优，坚持标准，严格要求"的原则投票产生了新增学位授权单位名单。"按需授权"的原则在第五批、第六批学位授权审核中也得到了忠实地贯彻执行。例如，在 1993 年第五批学位授权审核中，根据国务院学位委员会第十一次会议精神提出了"原则上不再增列新的博士、硕士学位授予单位。但考虑经济、科技、文化发展和学科建设的紧迫需要，拟对个别确

---

① 学位〔2002〕47 号。

须发展与布局亟须、整体条件及学科确有优势的高等学校，通过逐级审核，严格把关，增列为新的博士或硕士学位授予单位。"①

同时，这种按需授权的学位授权标准又紧密结合国家政策的发展需要。比如2005年教育部、国务院学位委员会发布《关于第十次博士、硕士学位授权审核工作中新增学位授予单位审核工作的通知》中对学位授权作出明确指示："新增博士、硕士学位授予单位的审核工作，要贯彻落实科学发展观，从经济建设、社会发展和科技进步的需要出发，促进高等教育结构和布局的调整。"2011年国务院学位委员会颁布的《关于开展授予博士学位的服务国家特殊需求人才培养项目试点工作的通知》则再度显示了学位授权标准的政策化指向："为深入贯彻落实胡锦涛总书记在庆祝清华大学建校100周年大会上的重要讲话精神和教育规划纲要，大力服务经济社会发展，完善人才培养体系，建立与人才需求紧密结合的学位授权动态调控机制，根据国务院学位委员会《关于开展"服务国家特殊需求人才培养项目"试点工作的意见》，决定开展授予博士学位的'服务国家特殊需求人才培养项目'申报工作。"

三　学位授权运作的特点与问题

上述对学位授权制度文本的解读显示，我国学位授权制度似乎一直处在变动改革中。有学者认为这种变动改革仅仅是一种政策体系上的"微调"，"之所以称之为微调，是因为所调整的内容一般没有触及政策问题与政策目标，只是针对政策实施方案的局部修正。而且调整所采取的是'渐进主义的策略'，其特征可表述为'政府统一指导下的渐行放权'"②。这种观点是从政策宏观视角对学位授权所做的观察。但是，随着法治建设的深入，学位授权作为一项法定事项，其关乎着高校学位授予权的实现与保障，因此，对学位授权不能仅从高等教育学上进行关注，还应从法学视角对其进行研究。

从法学视角来看，这些文本所引发的学位授权制度的变动改革，存在着一个根本性问题，即学位授权运作规范化的缺失。这种规范化缺失的学位授权，本书将其称为恣意化运作模式。在恣意化运作模式下，我国学位

---

① 罗建国：《我国学位授权政策研究》，华中科技大学博士论文，2008年，第72页。
② 同上书，第59页。

授权运作具有如下特点。

一是单方性。在学位授权运作中，国务院学位委员会等机构对学位授权的标准、方式、程序等方面，往往采取单方性决定，缺少充分的论证以及对利益相关者意见的漠视。有学者也将此称为单向度决策模式，即"突出了决策者（主要是以政府为主的行政主管部门）在教育政策中的地位，而忽视公众对教育决策过程的参与和对公众需要的回应"①。伴随单方性的是学位授权信息的非公开性，以及正当程序的欠缺。

同时，单方性往往给学位授权运作的科学性、民主性及有效性带来问题。比如针对国务院学位委员会在 2008 年所施行的分区划定博士学位授予单位的作法，湛中乐教授就质疑道："从科学性角度质疑，国务院学位委员会究竟根据什么标准划分四类地区（另外还有中国人民解放军是没有进行分类而是单列的）？未来 8 年内不进行再次评审，这涉及过去两年一评的政策的连续性的问题，突然改变的依据何在？为什么是 8 年？如果从行政决策过程中的民主性角度质疑，那么在这一政策的形成过程中，国务院学位委员会或起草部门通过什么途径向社会公开过，或向哪些部门征求过意见？哪些意见被吸收，哪些未被吸收，未被吸收的理由是什么？过去长期以来有关部门习惯于拍脑袋决策，或凭经验决策，忽视公民的参与，这种决策往往缺乏基础。即使决策出来了，在执行中也会遇到各种阻碍，或者影响决策的执行效果。"②

二是变动性。从学位授权制度实施以来，其操作程序、申报条件、审核方式等都在不断地变动中。上文对学位授权制度的文本分析也已凸显了这一特点。虽然在一些新举措上，国务院学位委员会会先采用试点，选择部分学位授予单位试行，然后在此基础上再全面铺开。比如关于省级学位委员会的建设、博士生导师审核制度，以及一级学科内自主设置学位点等制度，都在选择部分试行后，再全面推广。这种谨慎的做法对于总结经验与完善制度，无疑具有重大价值。但是，对于试点单位选择的标准与理由，国家有关机构并未作出充分解释。这有可能涉及公平问题，因为试点项目一般涉及学位授权中国家权力的缩减和试点单位自主权的扩大。谁成

---

① 罗建国：《我国学位授权政策研究》，华中科技大学博士论文，2008 年，第 3 页。

② 湛中乐：《历史不应忘记：为何持续关注西北政法大学"申博"案》，载劳凯声主编《中国教育法制评论》（第 8 辑），教育科学出版社 2010 年版，第 232—237 页。

为试点单位，就意味着谁获得更多的自主权、获得更多的利益和资源，将更有利于自身发展和增强竞争力。比如 2011 年 8 月 12 日国务院学位委员会颁布的《关于开展授予博士学位的服务国家特殊需求人才培养项目试点工作的通知》[①] 中规定"申报授予博士学位人才培养项目的单位，应为现无博士学位授予权且未列入国家新增博士学位授予单位立项建设规划的硕士学位授权高校。"这种对试点单位的限定条件是否具有合理性与公平性，不禁让人生疑：为何授予服务国家特殊需求人才的博士学位，必须要在没有博士学位授予权的高校中进行呢？难道这些高校会比那些拥有博士学位授予权的高校具有更强的培养实力吗？既然是试点，那为何不做更多样板上的选择而进行呢？既选择一部分已拥有博士学位授予权的，又选择一部分不具有博士学位授予权的高校，这样不是更有助于比较与经验的总结吗？

此外，一些基础性问题，比如学位授权的目标、原则、标准和程序等，也始终处于变动中。从 1981 年至今，我国已经进行了 11 次学位授权审核。在这 11 次中，学位授权的目标从保障学术质量与人才评定，转向优化高等教育学科结构、再转到调整区域间教育发展平衡。在目标转向中，其学位授权的方式、标准和程序也在改变着，从质量掌控到数量掌控，从二年一次到八年一次、从学位点建设到学位授予规划单位建设。随着政策要求而不断变换着，学位授权的灵活性有余，但稳定性与连续性不强。作为一项法律明文规定的制度，学位授权不仅需要回应政策，更应该关注制度参与人的合法权益。变动不居的学位授权制度，让学位授权申请者难以进行有效合理的发展规划，也对相关行为缺乏了必要的预见性。

三是竞争性。根据 1981 年 2 月 24 日国务院学位委员会通过的《关于审定学位授予单位的原则和办法》，前 3 次学位授权是严格依照学术性标准对学位授予单位进行资格审定，确保学术质量与要求。但自第四次学位授权始，其目标重心开始转向对高等教育学科结构的优化与区域间高等教育发展的平衡。在此背景下，学位授权的方法也逐渐从质量掌控变为数量掌控。而在数量掌控下，学位授权成了一项激烈的竞争性活动。学位授权申请者不是以既定学术标准为参照系来提升自身的学术实力和办学条件，而是转向与同一申请批次的各学位授权申请者为争夺有限名额的"比

---

① 学位〔2011〕55 号。

拼"。这种竞争性的运作带来了学位授权的失序。"在各高校为了上层次而争相申报学位授权点的热潮中，有一些不正之风严重干扰了学位授权审核制度的正常运行。这主要表现在两个方面：一方面是有些学校为了获得评审专家的'同意'票，审核工作还没有开始，学校就纷纷拨出专款作为申报学位授权点的专门资金，派人跑主管部门、找专家、拉关系、请客送礼甚至行贿等腐败行为不断增多，甚至一些学校的主要领导还亲自带队出行，造成不良影响；另一方面，有些申报单位弄虚作假、拼凑材料、故意在相关学科之间转移科研项目和成果、刻意包装申报学科或者申报人等不良行为有所抬头，给正常的审核工作造成很大的影响和困难。"[1]

　　竞争无可厚非，但是良性竞争需要一个公平的制度环境。由于在学位授权运作中，权力是主导，不对等是基调，并不存在适宜竞争的环境。一旦引入竞争机制，若没有配套的有效规则，倒很容易引发腐败问题。另外，通过对学位授予单位的数量掌控式行政规划来达致对高等教育规模的控制与对社会学位需求的回应，其本身的合理性就值得商榷。为了论证数量掌控式行政规划的合理，时任教育部学位与研究生教育发展中心评估处林梦泉处长就撰文道："由于学位点培养人才的最终目的是满足市场的需求，当学位授权申请者不能完全把握科技、经济、社会发展需要时，就需要进行外部的行政引导。因此，学位授权审核的评审体系在保证基本的学术标准之外，可以合理兼顾市场需求等方面的行政引导性因素，即根据政策需要考虑的如授权学科的市场需求、地区统筹的需要等非学术行政引导性质因素。"[2]

　　但是，作为处于一线前沿的高校若无法完全把握科技、经济和社会发展需求，行政机构又能凭借何种优势去完全把握社会发展需求呢？"如果说国家在宏观层面上控制学位授权，以保证学位授权体系与国家经济、科技、文化发展需要的相适应是十分必要的，这就意味着国家总能确保学位授权体系的适应性，国家具有足够的"理性"。哈耶克认为，社会秩序有"理性的建构"和"自发的演进"两种，人的理性是有限的。任何人，包括政府都不可能拥有足够的知识来设计和构建社会秩序。我国的学位管理

　　[1]　袁本涛、王孙禺：《我国实施学位授权审核制度的反思与改革刍议》，《高等工程教育研究》2005年第2期。
　　[2]　林梦泉、龚桢梽：《改革环境下我国学位授权审核的不适应性分析及几点思考》，《学位与研究生教育》2009年第7期。

具有典型的"理性建构"特性,哈耶克的"自生自发秩序"思想给我们的启示是,政府应该从学位授权中那些不该管、管不好的事务中退出,全心致力于"一般规则"的建立和维护上。[①] 而且,数量掌控式的学位授权也不是简单的行政引导,因为它直接关系着学位授权申请者学位授予权的实现。也许,通过学位授权后各高校在市场中的自由竞争,来达致对高等教育规模的调整与对社会需求的回应,将更为有效。

四是形式性。在我国,学位授权只对学位授权申请者所提交的材料作形式性审查,并不进行实质性审查。比如教育部、国务院学位委员会颁布的《关于第十次博士、硕士学位授权审核工作中新增学位授予单位审核工作的通知》中所具体规定的新增学位授予单位的审批程序包括:(1)通讯评议。国务院学位委员会组织专家对申请单位的整体条件进行通讯评议。申请新增学位授予单位申报的学位授权点以及主要学科、专业,参加相应的学位授权点或主要学科专业的同行专家通讯评议。对申请新增博士学位授予单位抽取硕士学位论文进行同行专家通讯评议。(2)复审。国务院学位委员会组织专家会议对申请新增学位授予单位整体条件进行复审。进入复审的申请单位请向会议提供15分钟的录像光盘,介绍学校的整体情况,并回答专家的提问(具体要求将于通讯评议结束后另行通知)。整体条件通过的申请新增博士学位授予单位,其申报的博士点,通讯评议合格的,提交国务院学位委员会学科评议组复审。整体条件审核通过的申请新增硕士学位授予单位,其申报的硕士点,由相应的省级学位委员会复审。(3)公示。单位整体条件获得通过,并且至少有一个申报学位授权点获得通过的,进入为期一个月的公示期。(4)批准。新增学位授予单位由国务院学位委员会批准。[②] 可以发现,在具有决定性的资质评议与复审阶段,都只是对学位授权申请者所提交的纸质材料与电子资料所进行的形式性审查,而不对材料的真实性进行实质性审查。由于学位授权仅有形式性审查,不少学位授权申请者也就更侧重于对形式材料的完善,甚至为此造假。像西北政法大学申博案中,官方也承认有的参评学校申报存在"材料不规范""数据不真实"等问题。

① 罗建国、李建奇:《论哈耶克"自生自发秩序"原理视角下的学位授权政策研究》,《中南林业科技大学学报》(社会科学版)2009年第6期。

② 学位〔2005〕14号。

虽然为了应对申报中的造假行为，官方往往规定了严厉的后果，比如像陕西省学位委员会规定"如果接到造假举报，一经查实，将一票否决，排名在后的学校依次递补"。不过，若学位授权主体不对申报材料的真实性进行审查，类似的不良现象难以根除。当然，这种形式性审查的选用与"规模申报、集中统一"的批量化审核过程紧密相关。但是这种粗放型的审核过程难以实现学位授权的功能与目标。前文已阐述过学位授权的功能主要是规范学术秩序，保障学术质量。所以在学位授权中，学位授权主体主要是通过对学位授予单位的学术环境与资质的评估，来认定其是否具有行使学位授予权的行为能力。但是学位授权申请者的实际学术环境与办学能力并不能完全从所提交的资料中反映出来。因此，学位授权主体为了切实地保障学术质量，必须对申报材料进行实质性审查，通过深入地实地考察去获得一个更为真实的影像。

五是混杂性。形式性特点还凸显了学位授权运作中对学术性事务与行政性事务的混杂性。前文已指出，学位授权的本质在于对高校学位授予权行为能力的资质确认，并非是赋予高校学位授予权。当然，这种资质确认行为本身从法律上来说，是一种行政行为，是国家行政权行使的体现。但由于涉及对学位授权申请者学术资质的认定，因此在学位授权运作中必然包含着相关学术性事务。

学位授权申请者是否具备授予某种学位的学术资质，需要借助专业性知识由同行专家从学术力量、教学工作质量、科学研究基础等方面进行学术性判定。这种学术性判定是作出是否"授权"这一行政决定的前提与基础。为了确保学术性判断的准确、客观与公正，对学术性事务不能像行政性事务那样，仅仅作形式上的审查，它应该对学位授权申请者的学术资质进行实质性审查。在这种实质审查的基础上，再由行政机构对此进行形式审查。从而达致学术性事务与行政性事务的合理而有效地分离。但在目前，我国学位授权中一概采用形式审查，说明了学术性事务与行政性事务并未得到真正分离，而是相互混杂着。

这种混杂性造成了学位授权运作中学术性权力边缘化与学术性组织附属化。虽然在实践操作中，由专家来对相关学术性事务进行评审，再由行政机关依据评审结果作出是否批准的决定，似乎也在遵循着分离原则。但是，不管是通讯评审专家，还是学科评议组专家，都是在行政权力主导下工作着，正如骆四铭博士所言："行政权力通过起草文件和复审发挥着重要作用，文件的原则和标准首先划定了可供专家学者咨询选择的范围，学科评议组只在有限的框架内提出建议。"① 行政权力的主导使学术性权力边缘化与学术性组织附属化。"形式上这些评委均由国内各学科中顶尖人物、专家按学科组成的学术性工作组织，但是实质上有关学术性工作仍然受国家行政长官的决定和支配。"②

第三节　学位授权运作模式的转变

一　转变的必要性与可行性分析

虽然学位授权制度一直在变动改革中，但似乎也一直处在困境之中。"随着 21 世纪全球经济和科技的迅猛发展，新学科的不断兴起和跨学科发展，我国现有的学科设置和学位授予方法似难满足高校在新时期人才培养的需求"。③ 笔者认为，学位授权制度困境的根源主要在于其恣意化的运作模式。由于单方性、变动性、竞争性、形式性和混杂性的恣意化运作模式，忽视了学位授权制度的科学性、民主性及有效性，造成了学位授权制度的不公正性与失序性、异化并虚置了学位授权的功能与目标。比如国家在不断放权，将部分学位授权权力下放给高校，但由于这种权力下放仍是在恣意化运作模式中行进的，哪些下放、怎么下放都是由行政部门单方决定。高校在学位授权的制度变革中，并不能真正发挥自身优势，而其合法权益也并未得到真正重视与保障。最终导致各种矛盾的激化，像西北政法大学申博案就是一个很好的例证。因此，要超越学位授权中的诸多困境，唯有转变这一运作模式。

从某种意义上来说，恣意化运作模式是特定时代背景下的产物。1981年学位授权制度实施之时，政府仍是教育领域的主导力量，与高校之间是一种控制与被控制的关系。换言之，大学完全是政府的附属机构，其全部办学资源由政府全面进行控制，比如"办学经费由政府统一拨发，招生权由政府控制，大学的学科专业设置由政府统一决定，毕业生也由政府负

① 骆四铭：《我国学位制度的问题与改革对策研究》，华中科技大学博士论文，2003 年，第 41 页。

② 康翠萍：《学位论》，华中科技大学博士学位论文，2002 年，第 86 页。

③ 陈子辰、王家平等编著《我国学位授权体系结构研究》，浙江大学出版社 2012 年版，前言。

责全部统一安排工作"①，等等。此外，我国社会主义法制建设尚处于启动阶段，管理行政观念浓厚，权利保障意识薄弱。在这种制度背景下，学位授权的恣意化运作模式得以生成，并以一种惯性方式延续至今。但是，随着法治建设的深化，以及高校与政府关系的不断改革，改变恣意化运作模式的条件逐步成熟。

自 1995 年中共十五大提出依法治国以来，法治便成为我国社会主义建设中一项不可动摇的目标。1999 年的《宪法》修正案第 5 条中增加了"中华人民共和国实行依法治国，建设社会主义法治国家。"在中共十八大报告中则再次强调："坚持依法治国这个党领导人民治理国家的基本方略，最广泛的动员和组织人民依法管理国家事务、管理经济和文化事业、积极投身社会主义现代化建设，更好保障人民权益，更好保障人民当家做主。""更加注重发挥法治在国家治理和社会管理中的重要作用，维护国家法制统一、尊严、权威，保证人民依法享有广泛权利和自由。"可见，对权力的制约和对权利的保障已成为我国法治建设中的主要内容，服务行政理念强化，保障权利旗帜高扬。

其中，2004 年 7 月 1 日起全面施行的《中华人民共和国行政许可法》意味着服务行政理念的具体化。在行政许可法实施以前，起主导的是一种行政审批程序。虽然行政审批也是政府主动出让资源配置权力的一种重要的方式，但是由于大量行政审批项目违背市场机制，漠视申请人权利，增加了行政官员腐败的机会，而且还会提高行政运行成本，降低行政运行效率。正是基于此种考虑，《行政许可法》第 14 条明确规定："凡是通过市场机制能够解决的问题，应该由市场机制去解决；通过市场机制难以解决，但通过规范、公正的中介机构自律能够解决的问题，应当通过中介机构自律去解决；即使是市场机制、中介机构自律解决不了，需要政府加以管理的问题，也要首先考虑通过事后监督去解决。"可以查到在《行政许可法》实施之后，学位授权这种通过审批配置公共资源的方式就被国务院确认为行政许可行为而被列入行政许可目录，国务院学位委员会被确认为行政许可的实施机关。② 这就为改变学位授权恣意化运作模式提供了具

---

① 罗建国：《我国学位授权政策研究》，华中科技大学博士论文，2008 年，第 113 页。

② 详情请参见：http://www.moe.edu.cn/edoas/website18/41/info25141.htm. 转引自程雁雷《背景·问题·启示：西北政法大学"申博"案引发的法律思考》，载劳凯声主编《中国教育法制评论》（第 8 辑），教育科学出版社 2010 年版，第 224—231 页。

体制度支撑。

同时，在法治建设过程中，高校与政府的关系也逐步法治化。1995年《教育法》出台，其中第 31 条明确规定"学校及其他教育机构具备法人条件的，自批准设立或者登记注册之日起取得法人资格"。并在第 28 条明确规定了学校所享有的法定权利。1998 年《高等教育法》进一步规定"高等学校应当面向社会，依法自主办学，实行民主管理"（第 11 条）。虽然对于高校的法人资格是否意味着高校具有完全独立的法律地位，仍有争议；而高校自主权也还存在一个落实和扩大的问题。对于这两个问题，上文都有相关论述，不再赘述。

高校与政府关系之所以具有复杂性，关键在于高校还具有另一种更重要的身份，即"事业单位"。而事业单位的法律地位及与政府的关系，又极为复杂，并随着事业单位改革而处于变动中。2011 年《中共中央、国务院关于分类推进事业单位改革的指导意见》中清醒认识到事业单位改革的紧迫性："面对新形势新要求，我国社会事业发展相对滞后，一些事业单位功能定位不清，政事不分、事企不分，机制不活；公益服务供给总量不足，供给方式单一，资源配置不合理，质量和效率不高；支持公益服务的政策措施还不够完善，监督管理薄弱。这些问题影响了公益事业的健康发展，迫切需要通过分类推进事业单位改革加以解决。"在分类改革中，承担高等教育的高校，被划入公益二类，可部分由市场配置资源。这样，对高校与政府关系法治化的诉求将会更加强烈。尽管其改革成效到底如何仍有待观察，但是不能否认，随着事业单位分类改革的推进，高校与政府的关系将逐步走向合理化和法治化。而这种法治化关系为学位授权恣意化运作模式的转变提供了基础环境。

二　比较法视域下的考察与启示

那么，该如何转变学位授权的运作模式呢？这不仅是个理论问题，更是个实践问题。也许，通过横向的制度考察可以为转变的模式找到基本思路。

据学者考察，各国基本上都建有相关的学位授权制度，并形成各具特色的学位授权模式。从学位授权主体来看，主要有二种模式。一是由中央政府授权。比如在日本就是由文部省负责学位授权工作，在法国则由国民教育部负责。二是由地方政府授权。比如在美国对学位授权则是由州政府来负责。从学位授权方式来看，主要存在二种形式：第一种是统一授权，即在颁发办学许可证的同时就赋予其学位授予权；第二种是专门授权，即有权机构就学位授权作出专门的授权要求与程序。当然，有些国家也并非只是单一地采用其中一种方式，往往是针对不同情况结合使用统一授权与专门授权。

从宏观层面来说，各国在学位授权模式上存有差异；从微观层面来说，各国在学位授权操作细节中也存有区别。但是，就笔者所掌握的资料来看，在学位授权运作模式这一中观层面上，像英美等西方国家还是具有相似点，即在既定法律框架下（程序性的要求与实体性的标准），由行政部门（负责批准，形式性审查）与专业机构（负责审核，实质性审查）进行分工负责，对申请人进行资格认定。

在英国，学位授权针对不同情况结合使用统一授权与专门授权。对于大学采用的是统一授权的方式，即获得教皇训令或者皇家特许状的大学自然获得学位授予权；而没有获得大学名称的高等院校，则采用专门授权的方式，即需要通过枢密院（The Privy Council）批准才能行使学位授予权。从宏观层面来说，其中针对其他高等院校的学位授权，与我国学位授权模式很相似，两者采用的都是中央政府授权与专门授权。鉴于此，本书将选取英国学位授权作为主要的考察对象，对其专门授权的运作模式进行介绍。

英国针对其他高等院校的学位授权制度，始于 1992 年《继续教育和高等教育法案》和《继续教育和高等教育（苏格兰）法案》的颁布。两法案分别在第 76 条和第 48 条的第 1 款规定："枢密院可根据法律批准任何符合要求的高等教育机构行使下列第 2 款 a 和 b 中一项或两项的学位授予权。"① 根据法案规定，枢密院是学位授权的法定主体，其法律地位相当于我国国务院学位委员会。但是枢密院在学位授权中除了接受高等院校的学位授权申请和最后作出是否批准之外，并不具体负责学位授权的审核工作。而具体负责学位授权审核工作的则是高等教育质量保障署（the Quality Assurance Agency for Higher Education，简称 QAA）。

---

① 原文为："The Privy Council may by order specify any institution which provides higher education as competent to grant in pursuance of this section either or both of the kinds of award mentioned in sub-section （2）（a）and（b）below." see:《Further and higher educaiton act 1992》，http：//www. legislation. gov. uk/ukpga/1992/13/part/Ⅱ，2012 年 12 月 25 日。

QAA 属于非政府性组织，主要由高等教育机构和其他领域的成员组成。[1] 在学位授权审核中，QAA 主要负责制定被政府部门认可的学位授权标准，并向枢密院提供关于学位授权申请者的建议，而建议来源于其下设的学位授权顾问委员会（the Advisory Committee on Degree Awarding Powers，简称 ACDAP）。可以说，ACDAP 具体负责对学位授权申请者资质的实质性审核。

一般而言，QAA 进行学位授权审核主要经过下列程序。[2]

首先，ACDAP 初审。ACDAP 主要由大学校长、拥有学位授予权的高教学院院长常设会议的主席、商业和企业的资深代表，以及来自教育与技能部、苏格兰事业和终身教育部、威尔士国民大会、北爱尔兰就业和教育部的观察员等组成。ACDAP 成立评审委员会，通过召开会议审查申请组织提交的书面材料、ACDAP 官员关于该组织的初步报告摘要、同行证明材料、相关资助委员会的最初建议等。

其次，复审。当 ACDAP 对通过初审的组织作出复审决定后，QAA 将任命一个评估小组收集与申请有关的证据，详细审查申请组织提交的材料，通过与教师、学生、申请组织相关的外部利益团体座谈，考察外部机构提供的调查报告等方法，来了解外界对该组织运行的评价。

再次，报告。评估员将详细审查结果以最终报告的形式提交给 AC-DAP，评估员在报告中是不能提出倾向性建议的，但他们可以根据既定的标准提供同行对该组织运行的观点。

最后，反馈。由 QAA 将 ACDAP 的审查建议反馈给枢密院。枢密院根据反馈建议作出是否授权的决定。

对英国学位授权运作模式的考察可知，其主要具有如下特点。

第一，公开性。从 QAA 的官方网站可以查到与学位授权相关的所有资料，包括学位授权的整个程序、必须达到的标准、对不满结果的申诉程序等。学位授权申请者可以根据这些公开的资料，有效地规划自己的行为并预测可能的结果。此外，公开性还表现在审核的结果与理由上。QAA 不仅会把审核的结果与理由形成一个建设性的建议提交给枢密院，而且也

---

[1] 关于 QAA 的组成及相关信息的详情可参阅其官方网站：http://www.qaa.ac.uk/AboutUs/Pages/default.aspx。

[2] 刘丽华：《浅谈英国的学位授权审核制度》，《学位与研究生教育》2006 年第 2 期。

将审核的结果与理由向申请者公开，以保障申请者的知情权与抗辩权。

第二，互动性。在 QAA 制定学位授权标准时，将会面向高等教育机构（包括已获得学位授权的和尚未获得学位授权的）、其他利益集团和个人，充分听取各方意见，最终形成的资格框架还需要经过官方立法程序获得通过后才能实施。在资格审核过程中，审核者与申请者之间形成了一种有效的、良性的互动关系。QAA 会邀请申请者参加有关详细审查阶段行动计划的会议，谈论审核的进展情况以及任何需要进一步澄清的事宜。申请者也有机会在最终报告向 ACDAP 送审前，检查报告中引用证据的准确性，并有权在规定的时间内提出质疑。

第三，分离性。在英国学位授权运作中，显然很注重对学术性事务与行政性事务的分离。枢密院作为行政机关，主要负责学位授权中的行政性事务，如接收学位授权申请者的申请、代表国家批准申请等，但并不涉及其中的学术性事务。对于学术性事务，比如学位授权申请者应具备何种资质、是否具备此种资质，则由专业性机构 QAA 来负责完成。在学术性事务与行政性事务分离的前提下，完成形式性审查与实质性审查的分离。枢密院是否批准申请主要依据 QAA 所提供的专业性建议，对于 QAA 的专业性建议，枢密院只进行形式性审查，若不存在形式上的瑕疵，比如没有违反程序要求、回避原则等，一般会依此作出行政行为。而 QAA 在学术性事务的完成中，则注重对申请者进行实质性审查，强调"在对每一个申请者仔细考虑的基础之上提出建议，特别注重完全可靠的详细审查过程和推荐，以证据为基础，注重实用性"。[①]

从主体、程序及其运作特点中可以看到，英国在学位授权运作中，注重通过正当程序达致对学位授权主体权力性行为的制约和申请者合法权益的保障；注重通过立法规范达致学位授权秩序的稳定性；注重通过互动参与达致学位授权的有效性与科学性；注重通过事务分离达致权力主体间的平衡与制约；注重通过实质审查达致高等教育学术质量的保障与提升。在这样的运作模式中，凸显了立法规范、权利保障和正当程序，权力少了恣意化的空间，达致了学位授权的法治化。

---

① Brief guide to degree awarding powers［OL］. http：//www. qaa. ac. uk/reviews/dap/brief-GuideDAP. asp. 2015 年 7 月 13 日登录。

三　学位授权法治化运作模式的基本架构

中共十八大工作报告中提出要"加快推进社会主义民主政治制度化、规范化、程序化，从各层次各领域扩大公民有序政治参与，实现国家各项工作法治化。"学位授权作为国家教育领域的一项重要工作应当实现法治化。而法治意味着"政府在所有活动中受到事先确定并公布的规则的约束——这些规则使人们有可能明确预见政府在某种给定情况下将如何行使其强制性权力，从而依据这种知识而安排个人事项"。①

尽管在学位工作中，法制建设受到了一定重视，并取得了一定成效："三十年历程启示我们，加强法制建设是学位与研究生教育改革和发展的重要保障。《学位条例》和相关配套规章制度的实施，使学位制度发展有法可依、有章可循，推动了依法行政、依法治教的进程。我们依法开展学位授予和研究生培养工作，促进研究生教育的法制化、规范化、科学化。我们依法保障学术民主，充分发挥学科评议组成员和专家学者的作用。我们依法加强管理，维护了导师、学生和学位授予单位的合法权益。可以说，学位工作的每一次改革、每一点进步，都离不开法制的保障。"② 但可以看到官方眼中的成果仍难以经受住实践的敲打。

正如前文所分析，学位授权恣意化关键在于规范化的缺失，而规范化的缺失首先则源于基本法律规范的缺位。《学位条例》是我国学位制度的基本法，但在该法律中对学位授权的规定却相当粗放：仅在第8条规定了国务院作为学位授权的主体，至于学位授权的基本目的、基本原则和基本框架都没有规定。在这种立法缺位下，该怎么授权、以什么标准授权、按什么程序进行等，一切都在学位授权主体的自由裁量下。虽然1981年学位授权实施时，国务院学位委员会也制定并颁布了《关于审定学位授予单位的原则和办法》，但显然从文件内容上可知，其仅是一项临时性的规定，其后的实践也早已证明这一文件失去实效性。前文对学位授权的制度发展和运作特点的考察亦表明，由于没有基本法律规范对学位授权的基本内容进行框定，主管部门在学位授权实践中缺少必要的规制，往往基于某

---

① F. A. Hayek, The road to serfdom, university of Chicago press, 1944. p. 72.
② 刘延东：《在纪念〈中华人民共和国学位条例〉实施三十周年纪念大会上的讲话》，2012年12月28日，中国学位与研究生教育信息网，http://www.chinadegrees.cn/xwyyjsjyxx/xw30/jjssn/jnhd/272714.shtml。

些利益考量而不断变动着学位授权的基本内容，漠视着申请者的合法权益。显然，在基本法律规范的缺位下，学位授权成为了一项未被驯服的行政权力。因此，学位授权法治化的第一步，就是必须通过基本法律层面的立法对学位授权的基本内容进行规定，明晰学位授权主体的权限，保护相对人的合法权益。

出台《学位法》是近十几年来实务界与学术界的共同呼声。① 在有关《学位法》的学术探讨中，对高校学位授予权的规范和对学位申请者程序性权利的保障是关注的焦点。这种关注点的选择与倾向无疑跟越发频繁的学位授予权纠纷有关。的确，如何保障申请者合法权益、规范高校学位授予行为是实践为理论所提出的一个重要的论题。但是对于这个问题，是否必须要通过立法途径进行解决、立法在该问题上的规范密度等，却值得进一步思索。因为在寻求通过立法对高校学位授予权进行规范从而保障学位申请者的权利时，高校自主权又该如何不被侵害和保障将是一个重要的纠结点。对于这个问题，本书将会在第六章论述之后再作详细阐述。但笔者认为在《学位法》中学位授权基本内容的规定应成为一个重点。作为教育行政法领域的《学位法》，理应以规范国家行政权为核心，而学位授权就是学位制度中最主要的国家行政权。

因此，在《学位法》中，关于学位授权的立法应当包括学位授权的基本目的（规范学术秩序、保障学术质量）、基本原则（公平、公开、公正）和基本框架（主体、程序、标准）等内容。在立法的前提下，我国学位授权法治化运作模式将主要从如下方面进行基本架构。

一是学位授权实体标准的规范化。学位授权是一项关乎学术事业的行政行为，学位授权申请者是否具备行使学位授予权的资质必须依据有关实体性标准作出裁定。因此，实体标准的规范化是学位授权法治化运作的基础。

实体标准规范化首先要求制定主体的专业化。学位授权实体标准主要是学术性标准，因此应当委托专业性团队进行学术标准的制定。其次要求制定程序的民主化。学位授权关联着高等教育和社会文化的发展，因此在有关实体标准的选定上应当广泛听取各方意见，实现制定过程的民主化。

---

① 国务院学位委员会从 1997 年就开始启动将《学位条例》修订成《中华人民共和国学位法》的工作。

最后要求制定内容的公开化。实体标准不仅是学位授权主体是否授权的主要依据，也是学位授权申请者努力的方向与目标，因此实体标准应当公之于众。

二是学位授权程序的规范化。学位授权的程序必须规范化，只有规范化的程序才能保证学位授权的可操作性，也才能防止学位授权的恣意与不公，因此，程序的规范化是学位授权法治化运作的关键。

程序规范化首先是学位授权程序的公开化。让权力在阳光下行使，可以防止腐败与不公。因此，与学位授权有关的程序都应当予以公开。有学者建议："从评审前的资格预审和条件、评审规则的公开，到专家组成、专家成员的选择方式的公开，再到专家评审的过程和程序都应当遵循公开原则。"① 其次是学位授权程序的互动化。不管是对学位授权主体还是对学位授权申请者而言，学位授权本身都不应该成为终极目标。通过学位授权达致高等教育质量的提升才是重点。因此，应当让学位授权程序更具互动性，使学位授权申请者有机会参与到评审过程中，明确认识到自身存在的不足与可能发展的空间。再次是学位授权程序的稳定化。程序的稳定既是一项制度成熟的标志，也有助于一项制度的成熟。学位授权应当按照怎样的程序进行、具体包括哪些程序，应当始终处在相对稳定的状态。最后是学位授权程序的正当化。在学位授权程序中应当包含正当性的基本内容，比如听证程序、回避规则、抗议与申诉程序、司法救济程序等。

三是学位授权主体的规范化。多元化的学位授权主体，应当各司其职、各负其责。缺乏相关规范容易导致学位授权主体越权、滥权，以及各种冲突的发生。因此，主体的规范化是学位授权法治化运作的核心。

主体的规范化主要集中在通过法律形式将主体构成、各主体间关系及各主体权限予以明确和规范，具体包括学位授权主体创设的法律化、主体关系的法律化，以及主体权限内容的法律化。

我国在学位授权主体多元化的趋势下，由于缺乏法律的明确规定，存在着省级学位委员会法律地位的不明和合法性的危机，导致高校在学位授予权行使中自主权的缺乏、造成专家评审和学科评议组等学术性机构与行政机构间职能的混杂。这些问题引发了学位授权的诸多困境与冲突。为了

---

① 耿宝建：《学位制度建设的几点个人看法》，载劳凯声主编《中国教育法制评论》（第8辑），教育科学出版社2010年版，第257—262页。

切实构建学位授权法治化运作模式，必须对我国当下的学位授权诸主体的法律地位与权限进行厘清与反思。鉴于此，本章将在第四节对此进行专门论述。

第四节　法治化运作模式下学位授权主体法律地位与权限的反思

一　国务院学位委员会的法律地位与权限

国务院学位委员会是一个法定组织，其法律依据为《学位条例》第 7 条的规定："国务院设立学位委员会，负责领导全国学位授予工作。"1981 年第一届国务院学位委员会成立后，其具体负责的工作任务主要就是学位授权，即审定学位授予单位及其学科、专业。虽然自 1986 年开始，学位授权权限不断下放，但国务院学位委员会仍是学位授权最主要的主体，负责学位授权的制度建设，以及组织审定新增博士学位授予单位等重要工作。

学位授权在法律性质上属于行政行为，因此，国务院学位委员会在法律属性上理应定位为行政机构。但从其组织形态、组成人员及议事规则来看，国务院学位委员会并不能算是一个传统意义上的行政机构。根据《国务院学位委员会议事规则》规定，国务院学位委员会采取的是会议制，每年举行一到两次；实行民主集中制原则，决议由全体委员过半数通过；其组成成员主要包括主任委员一人，副主任委员和委员若干人，均由国务院任免。鉴于国务院学位委员会现有的组织特性，国务院仅将其定位为议事协调机构。① 在这种议事协调机构的定位下，国务院学位委员会很难如其他行政机构那样持续地进行实质性工作。虽然 1988 年《国务院学位委员会议事规则》第 2 条规定了国务院学位委员会具体负责如下工作：（1）制定和修改学位条例实施办法报国务院批准后组织实施并制定有关规章制度；（2）组织并指导国务院学位委员会学科评议组工作；（3）组织制定授予博士、硕士学位的学科、专业目录；（4）组织审定授予博士、

---

① 最早将国务院学位委员会定位为议事协调机构的文件，是 1988 年发布的《国务院关于议事协调机构和临时机构设置的通知》，其中规定："一、国务院议事协调机构和临时机构设置：国务院学位委员会，在教育部单设办事机构。"

硕士学位的单位及其学科、专业；（5）指导和检查博士、硕士学位授予工作；（6）负责名誉博士学位的授予工作；（7）负责学位工作的国际交流和合作；（8）推动学位工作的改革，提出修改学位条例的建议。但由于被定位为议事协调机构，国务院学位委员会对上述任务，更多的是名义上而非实质上的。正是基于这种事实，在2008年发布的《国务院关于议事协调机构设置的通知》中明确规定："国务院学位委员会，具体工作由教育部承担。"

面对国务院学位委员会作为议事协调机构的这一现状，值得反思的有两个问题：一是将其定位为议事协调机构是否恰当；二是其是否具有独立的行政主体地位。

根据官方权威界定，所谓议事协调机构，就是指为了完成某项特殊性或临时性任务而设立的跨部门的协调机构。国务院议事协调机构承担跨国务院行政机构的重要业务工作的组织协调任务，其设立、撤销或者合并由国务院机构编制管理机关提出方案，报国务院决定。国务院议事协调机构议定的事项，经国务院同意，由有关的行政机构按照各自的职责负责办理。在特殊或者紧急的情况下，经国务院同意，国务院议事协调机构可以规定临时性的行政管理措施。① 从这一官方的概念界定中可知，议事协调机构的成立是为了完成某项特殊性或临时性任务。那么国务院学位委员会所承担任务是否属于"特殊性"或"临时性"的任务呢？从《学位条例》以及《国务院学位委员会议事规则》的规定来看，国务院学位委员会所承担的任务显然不是临时性的，但学位管理可以被视为是教育管理中一项特殊性事项。议事协调机构的工作任务就是进行跨部门的组织协调工作，那么在学位管理工作中是否需要设置跨部门的协调机构呢？根据《学位条例》规定可知，学位管理工作中主要涉及高校和科研机构这两类组织。由于机构办学的传统导致这两类组织背后牵连着复杂的结构网，除了一般性高校归属于教育部管辖，还有诸多司法、公安、卫生、铁路等特殊性高校涉及国务院的司法部、公安部、卫生部、铁道部等部门，因此，在学位管理工作中必然要涉及上述诸多部门的利益或事务，特别是与其相关的学科上的协调问题。无疑，在中国语境下设置议事协调机构，的确有助于学位管理工作的顺利开展，具有一定的合理性。

---

① 中国机构编制网：http：//www. scopsr. gov. cn/zlzx/bzcs/201203/t20120326_ 55619. html。

那么作为议事协调机构的国务院学位委员会是否具有独立的行政主体地位呢？对其作出的决定，行政相对人可否提起行政复议或行政诉讼呢？虽然司法实践中尚未出现将国务院学位委员会作为行政主体的案例，但国务院学位委员会的很多决定实质性影响着甚至是决定着诸多利益相关者的权益，因此极有必要从理论上厘定其法律地位。

关于国务院议事协调机构的法律地位，官方文件中没有作出明确规定，学界对此的关注也甚少。前引官方权威观点中提到："国务院议事协调机构议定的事项，经国务院同意，由有关的行政机构按照各自的职责负责办理。"依此说法，国务院议事协调机构虽可对所规定的事项进行议定，但最终该议定必须要经国务院同意才具有效力。可见，国务院议事协调机构并不具有独立的决定权，而且其议定的事项也仅具有内部性，没有直接的外部性，因为它最终是交由有关行政机构负责办理的。依上述规定，国务院议事协调机构并不具有独立的法律地位，不能以自己的名义作出具有外部效力性的行政决定，也不存在以自己的名义承担相应的法律责任，因此，国务院议事协调机构并不是一个独立的行政主体。

若依照上述观点，国务院学位委员会显然不能成为具有独立法律地位的行政主体。但从事实层面来看，国务院学位委员会并不像其他国务院议事协调机构，它经常以自己的名义作出具有外部效力性的行政决定，而不需要得到国务院的同意，比如学位授权决定。显然，国务院学位委员会并不符合国务院议事协调机构的一般规定。那么，到底应该把国务院学位委员会视为国务院议事协调机构的一种特殊类型来对待呢？还是应根据国务院议事协调机构的一般原则改变现有的国务院学位委员会的职责与行事规则？或是，将国务院学位委员会定位为国务院议事协调机构本身就是一个错误呢？这些疑虑的背后凸显了国务院学位委员会在现有制度框架下的尴尬处境。

追根溯源可以发现，引发这种尴尬处境的根源就在于对国务院学位委员会规范化的缺失，具体而言：一是，法律对国务院学位委员会所负责事务缺乏明确规定。虽然《学位条例》第 7 条规定，国务院学位委员会负责领导全国学位授予工作，但学位授予工作中既包括学术性事务，也包括行政性事务。正如前文所言，学术性事务与行政性事务具有不同属性，理应由不同资质的组织来分别完成。而国务院学位委员会到底是负责学术性事务，还是负责行政性事务，法律上并未作出明确规定。而这种不明确性直接导致了国务院学位委员会在今后工作中法律地位的模糊性。在这种模糊性下，国务院学位委员会采取了把学术性事务与行政性事务混为一体的工作模式。混杂的工作事项使得国务院学位委员会的组织定性显得困难重重，它既缺乏学术性机构所具有的专业性，但又不具有行政性机构所具有的主体性。二是，实践中对法律所规定事项有所突破。《学位条例》第8条第2款规定："授予学位的高等学校和科学研究机构（以下简称学位授予单位）及其可以授予学位的学科名单，由国务院学位委员会提出，经国务院批准公布。"根据该条规定，国务院学位委员会对学位授权本来只具有议定的权限，但最终仍由国务院批准，换言之，国务院是学位授权的法定主体。但从1986年开始，国务院决定不再对国务院学位委员会所提出的名单进行批准，而是由国务院学位委员会议定后直接公布。此后，国务院学位委员会就成了学位授权理所当然的主体。当然，国务院学位委员会这种地位与职权的获得并没有相应法律规范的支撑，而完全取决于国务院的意志。随着国务院机构改革，国务院学位委员会又被定位为议事协调机构，而其原先所获得的职权，逐渐被形式化，而成为了名义上的学位授权主体。

鉴于上述种种，笔者认为应通过修法明确国务院学位委员会的法律地位与法定职权，使其成为学位授权的法定主体，主要负责学位授权中的行政性事务，而学术性事务交由学科评议组独立作出决定。

二　省级学位委员会的法律地位与权限

自1995年5月30日国务院学位委员会颁布了《关于加强省级学位委员会建设的几点意见》以来，省级学位委员会就逐渐成为了学位授权体系中的重要主体。但由于省级学位委员会的建立缺乏相应法律规定，其到底具有何种法律地位与职责，其与国务院学位委员会以及省级人民政府之间具有何种法律关系，都并未明朗。而这种模糊性使得实践中发生诸多法律疑虑，特别在西北政法大学"申博"案发生时。鉴于此，笔者将结合西北政法大学"申博"案来对省级学位委员会的法律地位与权责进行反思。

由于该案是以行政复议方式提起，因此碰到的首要问题就是，该案是否符合行政复议法所规定的受理要件。行政复议作为行政法的一项重要制度，是行政相对人不服行政主体作出的具体行政行为，认为行政主体的具体行政行为侵犯了其合法权益，依法向法定的行政复议机关提出复议申请，行政复议机关依法对该具体行政行为进行合法性、适当性审查，并作出行政复议决定的行政行为，因此行政复议是行政相对人通过行政救济途径解决行政争议的一种法定方法。一般情况下，若对行政复议不服，行政相对人可以依据行政诉讼法的规定向人民法院提起行政诉讼。从内容上看，该案涉及省级学位委员会的两个法律问题。

一是省级学位委员会是否具有独立的行政主体地位，具体到本案而言，即陕西省学位委员会是否属于行政复议的适格主体。根据《行政复议法》规定，作为被申请人必须是行政机关（包括各级政府及其工作部门）和法律法规授权的组织。根据《学位条例》第8条规定可知，我国学位授权的法定主体只有国务院及其学位委员会。省级学位委员会主要是依据1995年《国务院学位委员会关于加强省级学位委员会建设的几点意见》（学位〔1995〕38号）而设置的。根据该文件的规定，省级学位委员会是由省、自治区、直辖市人民政府商国务院学位委员同意后批准建立并由其领导的，主管本省、自治区、直辖市（简称本地区）学位工作的机构，同时在业务上接受国务院学位委员会的领导。对于省级学位委员会这一机构，有学者分析指出："其从组成上，一般以主管省级领导为主任委员，以各相关方面的行政领导及专家为委员；从职能上，主要是根据国务院学位委员会的授权或者委托，主管本省的相关学位工作，并无独立的法定职能；从工作方式和组织性质上，以定期或者不定期的会议投票决定有关事项，属于非常规的行政组织，而非典型的行政法人。因此，省级学位委员会既非法律、法规授权组织，也不是省政府法定的工作部门，如果严格按照行政复议法的规定审查，其被申请人的主体资格存在一定瑕疵。"①

显然是察觉到了在实定法层面上将省级学位委员会作为行政复议适格主体所存在的瑕疵，湛中乐教授力图从司法实践这一角度来证明省级学位委员会作为行政主体的正当理由。湛教授首先归纳总结了司法实践中对行政主体认定的两个主要标准：一是具有行政机关编制；二是具有法定职权，接着论证了陕西省学位委员会符合这两项标准。他指出："第一，陕西省学位委员会属于行政机关编制。这一点可以从两方面加以判断。从其

---

① 王大泉：《学位制度改革的法治保障与制约条件——由西北政法大学复议陕西省学位委员会一案引发的思考》，《中国教育法制评论》（第8辑）2010年版，第250—257页。

成立和工作的规范依据看，《陕西省学位委员会工作试行办法》（1998 年通过，以下简称《试行办法》）应为其组织法，当时因未从法理上严格区分成立的规范依据和工作制度的规范依据，故两个依据以合一的方式、通过自身讨论通过加上有权主体批准的方式施行，但其制定意志应归于有权主体（批准主体）的意志。《试行办法》第一条规定："为了改进和加强陕西地区学位工作的指导，经国务院学位委员会和陕西省人民政府批准，特设立陕西省学位委员会。"这一设立行为获得省级人民政府和国务院学位委员会两个行政机关的批准（后者在层级上甚至可能略高于国务院一般部门），并且第二条规定陕西省学位委员会受国务院学位委员会的指导和陕西省人民政府的领导，这就使得它明显展示出行政机关属性。如果说《试行办法》中这两条尚未完全反映其编制性质的话，我们还可以参照1998 年《国务院办公厅关于印发教育部职能配置内设机构和人员编制规定的通知》（国办发〔1998〕108 号），该通知第一条"职能调整"第五项规定："将省属本科院校学士学位授予单位的审批权和已定为硕士学位授予单位的省属高等学校的硕士学位授予点的审批权，下放给经国务院学位委员会批准授予的省、自治区、直辖市学位委员会。"这种审批权是一种行政许可权力，在性质上属于行政权力，而陕西省学位委员会是在陕西省人民政府"领导"下行使这种权力，也就印证了其机关的性质；而且，在国办发〔1998〕108 号文件中，第四、五点又规定了国务院学位委员会办公室的行政编制性质，这与《试行办法》第九条有一定的相似性，《试行办法》第九条规定："陕西省学位委员会设立办公室，与省教委研究生工作办公室合署办公，作为专门办事机构，处理日常工作，设专职人员 6人，由省教委代管。"这种"合署办公"和"代管"也印证了编制上的同类性质。而学位委员会的办公室作为学位委员会处理日常工作的机构，可以认为在编制上代表了学位委员会的主要定位，目前除行政机关外，并不存在其他主体可以包含一个属于行政编制的下设机构，因此陕西省学位委员会只能是行政机关。以上数点足以认定陕西省学位委员会的行政主体地位。第二，从陕西省学位委员会的职权看，其在本案中的行政主体地位更加明显。首先，国发办〔1998〕108 号文件笼统规定了部分硕士学位授予点的审批权，虽尚未能对应到本案的相关职权，但已经充分表明，省学位委员会完全可以在这一类的法律关系中作为行政主体。其次，《试行办法》第三条规定："根据国务院学位授予的权限和省政府的要求，陕西省学位委员会在本省履行以下职责……对本省所属普通高校和科研机构申请授予硕士和博士学位及其学科、专业和博士生导师，有权向国务院学位委员会提出推荐名单和建议。"这种"推荐"和"建议"的行政职权（具有很重要的实质性决定力）正是基于本案中陕西省学位委员会作为行政主体的基础。《试行办法》通过时，许多政府机构或部门的规范性文件制定程序尚未得到规范化，前面已经提及，这一文件虽为陕西省学位委员会通过，但这些职权是获得有权主体（陕西省人民政府和国务院学位委员会）批准或认可的（《试行办法》第十二条规定："本办法经学位委员会讨论通过报陕西省人民政府批准后试行，并报国务院学位委员会备案"），加上这一文件又是其设立与工作之依据，应当认为这些职权就是其合法享有的基本职权，何况《试行办法》第三条还表明，这些权限是国务院学位委员会"授予"和省政府所"要求"的，基于当时法律用语不够规范的情形看，这些权限应认为是陕西省学位委员会可以合法享有的行政权限，因此，它在本案中拥有相应行政职权，可以作为行政主体。①

可以看到湛中乐教授为了论证陕西省级学位委员会具有行政主体资格，运用了许多非常规的分析方法，但即使这样，我们仍然可以感觉到湛教授的论证依旧显得有点捉襟见肘。这种局面的存在，根本上还是因缘于现有的法律制度框架中，省级学位委员会法律地位的不明确。

二是省级学位委员会与国务院学位委员会以及省级政府之间是何种法律关系，具体到本案而言，即谁应成为该案的行政复议机关。② 从上文论述可知，省级学位委员会在实践中存在两个领导，一个是省级人民政府，另一个是国务院学位委员会。省级人民政府主要是工作领导，即"建立健全其日常办事机构"，"并给予能担负起相应职责的必要的人员编制和经费"。国务院学位委员会则是业务领导。

《行政复议法》第12条规定："对县级以上地方各级人民政府工作部门的具体行政行为不服的，由申请人选择，可以向该部门的本级人民政府申请行政复议，也可以向上一级主管部门申请行政复议。"本案中，西北政法大学选择向陕西省政府法制办提出行政复议申请。由于省级学位委员

---

① 湛中乐：《西北政法大学"申博"案的思考与解析》，《中国教育法制评论》（第7辑）2009年版，第261—279页。

② 刘莘：《行政复议改革之重——关于复议机构的重构》，《行政法学研究》2012年第2期。

会属于省政府的工作机构，因此符合《行政复议法》关于管辖权的规定。但是也有学者对此提出了不同的看法："从复议案件办理的效率和效果看，这种管辖的选择可能带来一定的问题。其一，省学位委员会按照国务院学位委员会的文件获得了相应的职权，并按其要求实施有关行为并接受其领导，其不是依法而是依章行政，相关政策的解释权在国务院学位委员会。法制工作机构的审查只能适用一般性的法律原则，可适用的法律依据有限，对被申请人行为的具体依据则缺乏有效审查的手段。其二，行政复议是建立在层级和地域管辖之上的行政救济制度。本案中省级学位委员会虽然确定了立项建设的学校，但其没有最终决定权，结果还须报国务院学位委员会确认。行政复议并不能自动终止上述行政行为的继续进行。由于省政府法制办对国务院学位委员会在行政层级上没有管辖权，由此带来问题，如果其撤销省级学位委员会的评审结果，而国务院学位委员会确已对该结果予以确认，则行政复议决定与国务院学位委员会的决定之间将产生矛盾。如何落实行政复议决定，可能会成为新的，至少通过现有正式法律渠道难于解决的问题。"①

这样的考虑不无道理。从学位授权的本质来说，是国家对高校学术资质的确认。根据我国的现有制度与传统，基本上已形成了中央集权的专门授权模式。在这种学位授权模式下，学位授权的权限来源于法律，其最终决定权的主体仅有一个。而省级学位委员会的出现，其根本目的不在于突破这种中央集权的学位授权模式，而仅仅是集权模式下的分工而已。省级学位委员会的职权也全部来源于国务院学位委员会的授权。鉴于此，笔者认为对于学位授权相关的事项由国务院学位委员会作为复议机构将更为合理。

当然，要从根本上解决上述诸多法律困境，需要通过修法对省级学位委员会的法律地位及国务院学位委员会的法律关系进行规范，明确规定省级学位委员会作为国务院学位委员会的下级机构。

三　校学位评定委员会的法律地位与权限

从严格意义上来说，校学位评定委员会并不是学位授权的主体范畴。

---

① 王大泉：《学位制度改革的法治保障与制约条件——由西北政法大学复议陕西省学位委员会一案引发的思考》，《中国教育法制评论》（第 8 辑）2010 年版，第 250—257 页。

但它与上述的国务院学位委员会及省级学位委员会都属于学位授予权法律关系的主体范畴。而且学界较为通说的所谓学位的三级管理模式，就是指国务院学位委员会、省级学位委员会及校学位评定委员会。考虑到上述因素，在此一并将其法律地位及其权限进行反思。

关于校学位评定委员会的法律地位问题最早出现在刘燕文案。在该案中，一个核心的争点就是：被告到底是北京大学，还是北京大学学位评定委员会？海淀区法院确认的被告是北京大学学位评定委员会，其主要理由是："北京大学根据《中华人民共和国学位条例》第9条的规定，设立北京大学学位评定委员会，北京大学学位评定委员会依据《中华人民共和国学位条例》第10条第2款的规定，依法行使对论文答辩委员会报请授予博士学位的决议作出是否批准的决定权，这一权力专由该学位评定委员会享有，故该学位评定委员会是法律授权的组织，依据《中华人民共和国行政诉讼法》第25条第4项的规定，具有行政诉讼的被告主体资格。北京大学依据《中华人民共和国学位条例》第11条的规定，只有在校学位委员会作出授予博士学位决定后，才能发给学位获得者相应的学位证书。校学位委员会作出的是否授予博士学位的决定，将直接影响到刘燕文能否获得北京大学的博士学位证书，故北京大学学位评定委员会应当确定为本案的适格被告。"可见，法院是从两个角度证成学位评定委员会的被告资格，一是从组织成立的法定性，即学位条例第9条的规定；二是从组织所具有权力的实质性，即学位是否授予的最终决定者。

而其他学位诉讼案件都是以大学而非大学学位评定委员会作为被告。如与刘燕文案同一时间段发生的另一案件，即张向阳案（Aa1）中被告主体就是南京大学，该案中法院并未就学位授予纠纷中以大学为被告，而不是大学学位评定委员会作出解释。直到2004年的廖志强案（Ab5）中，法院才给出一个理由："学位评定委员会仅是学位授予单位的内设机构，而学位授予单位即高等学校属于法律法规明确授权的组织，其依法做出的具体行政行为属于《中华人民共和国行政诉讼法》规定的可诉行政行为，该组织属于适格被告。"显然，在法院看来，由于学位评定委员会是大学的内设机构，不具有独立的法律人格，而且学位授予行为最终是由大学来完成的，所以学位评定委员会不能作为被告。这一观点与当时刘燕文案中被告方北京大学诉讼代理人湛中乐教授的观点是一致的。湛中乐教授曾撰文指出："学位评定委员会是否为适格被告，关键点在于其是否为行政主体。具体来讲，学位委员会是否具有独立的法律人格，能否以自己的名义对外行使职权并承担相应的法律责任？根据《学位条例》第11条：'学位授予单位，在学位评定委员会作出授予学位的决议后，发给学位获得者相应的学位证书'，意味着学位授予行为的最终形成，是以学位授予单位而非学位评定委员会颁发相应证书为标志的，从这个意义上讲，学位评定委员会更类似一个独立法人内部设立的工作机构，其本身并不是一个具有独立法律人格的行政主体。"①

　　沈岿对法院观点的批判则更为详尽，给出三点理由论证学位委员会不能作为被告：第一，《学位条例》第9条"学位授予单位，应当设立学位评定委员会"的规定，似乎更明显地具有学位评定委员会系学位授予单位的下设机构之含义。第二，尽管《学位条例》第10条第2款是否批准授予博士学位的决定由学位评定委员会作出，但是，其他法律也有类似明确一个独立法人内设机构职权的规则，例如《行政复议法》第3条关于行政复议机关内部法制工作机构的一些职权的规定，而其权力的行使皆是以复议机关的名义。因此，法律规定某项权力由谁行使并不意味着谁就具有独立法律人格。第三，从《学位条例》第11条"学位授予单位，在学位评定委员会作出授予学位的决议后，发给学位获得者相应的学位证书"之规定看，内含学位评定委员会授予学位的决议报送学位授予单位这一程序，在此程序基础上由校长（学位授予单位法定代表人）签名发放的学位证书实际上是最终形成的授予学位决定。类比其他具体行政行为，许多许可或确认证书的颁发都是最终意义上成立的决定，证书只是决定的一种形式要件而已。因而，有理由认定作出授予学位决定的独立法律主体是学位授予单位。由此推断，不授予学位决定最终也是以不颁发学位证书的形式完成的，独立意义的行政主体就是学位授予单位。在某种意义上说，学位评定委员会的决议类似于行政复议机关法制工作机构"拟订"的复议决定，只是《学位条例》并未明确学位评定委员会决议的"拟订"意义，而《行政复议法》有此明文规定。当然，鉴于《学位条例》相关规则的模糊性，以上解释也是笔者的一己之见。但是，法官所选择的解释没有充

---

　　① 湛中乐、李凤英：《刘燕文诉北京大学案的法律分析——论我国高等教育学位制度之完善》，载《中外法学》2000年第4期。后载于《大学法治与权益保护》，中国法制出版社2011年版，第274页。

分就被告的异议提供具有说服力之澄清，其在解释中所确立的"是否授予学位之决定与是否颁发学位证书系两种权力的行使"之潜在含义似又违背大量行政之习惯，而习惯在法官适用甚至创造规则之时是应当予以谨慎考虑的。①

胡锦光同样认为："学位评定委员会是学位授予单位设立的负责确认和批准学位申请人是否具有相应学位水平的内部机构，其与论文答辩委员会相比较，具有相对的稳定性，但不是法律上独立的授予学位的主体。"②

自刘燕文案后，各地法院在学位诉讼案件中显得很默契，把大学而非学位评定委员会作为被告似乎已成了共识。虽然如此，正如湛中乐教授所言，校学位评定委员会是否具有被告资格，或者大学是否应成为适格被告，"仍是一个可以继续探讨的问题"③。比如，学位评定委员会真的没有以自己的名义对外行使职权吗？在学位评定委员会作出授予学位决定时，大学向学位申请者颁发学位证书，从形式上看，似乎大学是学位授予的主体。在所颁发的学位证书上，还盖有"某某学位评定委员会主席"及其签名、印章，这也似乎在一定程度上肯定了学位评定委员会能以自己的名义对外行使职权。④ 而若从学位评定委员会作出不授予学位决定的角度看，学位评定委员会的主体资格更加明确。因为不授予学位决定的作出，意味着学位授予行为也就相应终结了，学校没有继续颁发学位证书的权利。换言之，学位评定委员会的不授予学位决定是大学不颁发学位证书的依据，该决定对学位申请者而言具有法律效力。

刘燕文案不同于其他案件的是，它是直接针对学位评定委员会的决定，质疑的是学位评定委员会决定在程序上的合法性与合理性问题。而在其他学位诉讼案件中，主要争议的焦点不在于学位评定委员会的决定，而在于该决定所依据的校规的合法性与合理性问题。也许这点差异是我们理解为何刘燕文案后，其他案件所确立的被告是大学，而非学位评定委员会。

---

① 沈岿：《公法变迁与合法性》，法律出版社 2010 年版，第 153—154 页。

② 胡锦光：《北大博士学位案评析》，《人大法律评论》2000 年第 2 期。

③ 湛中乐、李凤英：《刘燕文诉北京大学案的法律分析——论我国高等教育学位制度之完善》，《中外法学》2000 年第 4 期。

④ 对于在学位证书加盖此等字样是否合法性，有学者进行探讨过，参见张德瑞《高校学位评定委员会的性质、地位与立法完善》，《学位与研究生教育》2009 年第 1 期。

但不管怎么说，刘燕文案所引发的有关校学位评定委员会的争议仍值得从理论上给予认真对待，其法律地位的争议性一方面是源于对学位授予权这一基础概念理解上的分歧，另一方面则很大程度上是源于实践做法的规范化缺失。由于对学位授予权的基本内涵缺乏充分的认识，往往把学位授予权所包含的子权利，比如学位评定权、学位标准设定权和学位证书颁发权中的一项视为其学位授予权本身，而导致对学位授予权主体的不同认定。其实，从学位授予权主体来说，高校是其唯一主体，而校学位评定委员会或答辩委员会都仅仅是高校在行使这一权利时的具体执行机构，比如校学位评定委员会负责学位标准设定权的行使，而答辩委员会负责学位评定权的行使，而最终仍由高校以自己的名义作出学位授予的决定。因此，校学位评定委员会不应被视为一个独立的学位授予权主体而具有独立的法律地位。此外，实践中学位证书上加盖校学位评定委员会印章的做法也缺乏相应的法律规范。

鉴于上述情形，笔者认为有必要对《学位条例》中与校学位评定委员会有关的规定进行检讨与反思，应明确校学位评定委员会作为学位授予单位内部行使学位授予权的执行机构，具体负责与学位授予相关的行政性事务，而把学术性事务交由答辩委员会独立行使。

第 六 章

高校学位授予权的司法规制

如果说前一章是从外部视角来关注高校学位授予权的实现与保障问题，那么本章则是从内部视角去探讨高校学位授予权的行使与规制问题。在外部关系中高校学位授予权容易受到国家公权力的侵害，特别是在学位授权这一环节上。为了防止国家行政机构在学位授权上对高校学位授予权进行恣意侵损，应当通过立法明确学位授权主体的职责、保障高校学位授予权的实现。在内部关系中高校学位授予权则容易成为侵害学生权利的主因，为了保障学生权利、规制高校学位授予权的合理行使，必须通过司法进行个案平衡。

那么，为什么在外部关系上主要通过立法，而在内部关系上则主要选择司法呢？因为外部关系上的规制点是国家行政权，通过立法对国家行政权进行规制，最符合现代法治要求；而内部关系上的规制点则是高校学位授予权本身，主要采用司法而不是立法对其进行规制，这与高校学位授予权的特性有关。高校学位授予权属于高校自主权范畴，[①] 对于学位授予的标准、学位评定等学术性事项，国家应当予以适度尊重，"国家对于大学自治之立法规范宜仅就大学学术运作之重要事项扮演框架立法之角色"[②]。因此，在立法上应尽量采用低密度规范，仅就与保障学术质量相关的内容，如学位授予目标、标准、程序等作最低条件规范，让高校有更大的空

[①] 董保城教授认为："大学自治既非治外法权，当然亦适用法律保留原则，但大学自治为制度性保障，依学术自由之基本权特性，首应避免学术运作受到干扰，是以低密度法律保留最为妥适，亦即国家对于大学自治之立法规范宜仅就大学学术运作之重要事项扮演框架立法之角色，如对大学之目的、任务、大学主体性及基本权限制作最低条件规范。"董保城、朱敏贤：《国家与公立大学之监督关系及其救济程序》，载湛中乐主编《大学自治：自律与他律》，北京大学出版社 2006 年版，第 18 页。

[②] 董保城：《法治与权利救济》，台湾元照出版公司 2006 年版，第 223 页。

间去实现学术自由、追求学术品质。但为了能够有效地保障学位授予权相对方，即学生的权利，防止高校学位授予权的滥用，国家公权力又有必要介入。考虑到"国家权力在介入高等教育领域时应采用危险性最小的权力，而在国家权力的各个分支中，司法部门是'最不危险的部门'（The least dangerous branch）"，[①] 因此，通过司法规制与个案平衡更为妥当。

第一节　高校学位授予权与学生权利的冲突

一　学位授予中的学生权利

第二章在分析学位的法律性质时指出，学位是一项重要的荣誉权。当然，将学位定位在荣誉权，是相对已获得学位称号者而言。对于尚未获得学位称号者来说，请求获得相应学位的诉求背后是学位申请者的获得公正评价权。虽然，能否获得学位，最终还可能影响到学生的就业、进一步获得受教育等权利的实现，但毕竟这些权利与高校学位授予权不存在直接关联性。因此，学位授予中与高校学位授予权相对应的学生权利，主要就是获得公正评价权。

所谓获得公正评价权，就是指学生有权在学业成绩、学术水平和品行上获得教育者的公正评价。一般而言，公正评价主要包括评价标准、评价方式、评价程序以及评价结果的公平、公开和正当。因此，获得公正评价权是否得到实现，可以从以下两方面进行衡量与评判：一是实体性方面，即评价标准和评价结果是否公正；二是程序性方面，即评价方式和评价程序是否公正。

具体到学位授予中，学生获得公正评价权是否得到实现，可以从学位授予的实体性和程序性两个方面进行考察。学位授予的实体性方面主要包括学位授予标准和学位授予决定（包括是否授予学位、授予何种学位）；其程序性方面则主要包括学位评定过程（包括评定主体组成、评定规则、评定方式）和学位证书的颁发。这两个方面的公正性直接决定了学生获得公正评价权的实现。比如高校如何设定学位授予标准，将直接影响着学

---

① Bickel, Alexander, The Dangerous Branch · Indianapolis: Bobs-merrill, 1962. 参见［美］克里斯托弗·沃尔夫《司法能动主义——自由的保障还是安全的威胁?》，黄金荣译，中国政法大学出版社 2004 年版，第 2、212 页。

生获得公正评价权的实现，因为学位授予标准也就是对学生学术水平进行评价最主要的依据。因此像将英语四六级通过、发表一定数量与级别的论文作为获得学位标准的规定，除了关注其合法性，从学生获得公正评价权的视角来说，也应关注其正当性。在学位评定过程中，评定主体组成、评定规则等也会影响到学生获得公正评价权的实现。像刘燕文案中，由各个学科专家组成的校学位评定委员会对一篇深奥的物理学博士论文进行实质性评定的正当性是值得怀疑的，专家组成员在评定过程中采用投票表决的方式是否恰当同样值得探讨，而专家能否在学术评定中采用弃权也值得商榷。而在学位证书颁发中，及时地颁发学位证书也是学生获得公正评价权不可或缺的部分，因此像某些高校扣押、拒颁学位证书的做法同样损害到学生的获得公正评价权。①

　　获得公正评价权是《教育法》规定的受教育者的一项基本权利，其法律依据是《教育法》第42条第3项，即"在学业成绩和品行上获得公正评价，完成规定的学业后获得相应的学业证书、学位证书"。根据学界通说，《教育法》在我国现有的法律体系中归为公法范畴，因此，获得公正评价权就是一项公法上的权利，即公权利。这种公权利的实现必须借助教育者评价权的公正行使。相对教育者的评价权，学生的获得公正评价权就处在弱势、消极的地位，容易受到侵害。同样，在学位授予中，学生获得公正评价权需要借助高校学位授予权的公正行使。可以说，高校学位授予权的三个子权利，即学位授予标准设定权、学位评定权、学位证书颁发权，它们行使的每个环节都紧密关联着学生的获得公正评价权。相对高校学位授予权，学生获得公正评价权处于易受侵害的地位。因此，应合理规制高校学位授予权的行使，有效保障学生获得公正评价权的实现。

二　冲突根源

　　学位授予纠纷就是高校学位授予权与学生获得公正评价权冲突的体现。通过媒体报道可以看到，学位授予纠纷案件频发。虽然我们可以把这种现象部分地归结为学生权利意识的高涨，但仍有必要追问冲突背后的本

---

① 据笔者所知，扣押、拒颁学位证书的案件有两例：一是，何春环诉四川师范学院案（2000），本案原告何春环与四川师范学院签订有《保送研究生定向培养合同书》，但何毕业后不同意留校任教，学院因此拒绝向其颁发学业证；二是袁友良诉云南财经大学案（2006），本案原告因欠贷不还，云南财经大学扣押其毕业证书和学位证书。

质根源到底是什么。

在第三章中，本书曾就所收集到的 35 个学位授予纠纷案件进行了分析与梳理。这些案件最核心的争点就在于：高校学位授予工作细则中将通过国家英语四六级考试、发表一定数量与级别的论文、没有受到处分等作为学位授予标准的规定是否合法。为何存在"是否合法"之争，主要在于我国《学位条例》中并没有相关规定。可见，该争点的背后缘起于法律与校规的冲突。换言之，学位授予纠纷因缘于法律与校规在授予（评价）标准上规定的不一致。

对于该冲突问题，司法机关把重心放在高校学位授予权上，通过对高校学位授予权法律性质的定位来厘定法律与校规的关系。若高校学位授予权是国家行政权，那么依据"依法行政"原则，高校无权自订学位授予标准，高校学位授予标准必须严格依据法律规定，违反法律规定的校规自然无效；但若高校学位授予权属于高校自主权，基于学术自治原则，高校有权设定学位授予标准，超越法律规定的校规仍具有合法性与正当性。

显然，笔者在前文中对高校学位授予权法律性质的理论分析，沿袭了司法机关所选择的视角与进路，论证了高校学位授予权作为高校自主权的理由与意义，并厘定了法律与校规在学位授予标准设定上的关系。① 对于此种视角与进路而得出的结论与观点，笔者是自信而坚持的。但从严谨的学术批判态度出发，笔者同样认为仍有必要对这一学术进路与视角进行再度反思。因为学位授予纠纷案件的争点毕竟是一个双向度的问题，它不仅关涉着高校权利问题，也关涉着学生权利问题。换言之，在法律与校规规定不一致的前提下，高校学位授予权的学位授予标准是依据法律，还是校规的问题，可以转换为学生获得公正评价权的评价标准是依据法律，还是校规的问题。

似乎，价值无涉的研究是艰难的（或许是无稽之谈？），研究中一种价值所代表主体的"在场感"总是难以避免。从高校学位授予权的视角出发，论证了其作为高校自主权的合理性，得出了在学术性标准上校规可以高于法律规定的结论，这种学术观点与论证路径中高校的"在场感"毋庸置疑，充溢着对大学自治与学术自由的价值诉求。那么若从学生的"在场感"出发，又会得出怎样的结论和诉诸哪些价值理念呢？

---

① 该部分详见第四章第四节。

前文也曾分析过，在学位授予纠纷案件中，原告方即学生一方依据《学位条例》的有关规定来质疑相关校规规定的合法性，主张应该严格依照法律规定来保障学生权利。显然从学生的"在场感"推衍出的结论将是，一切高于法律规定的要求都是增加了学生的法律负担，侵损了学生的法定权利。而学生"在场感"的正当性往往诉诸法治原则与人权保障。

显然，若仅仅诉诸不同主体的"在场感"及其相应的价值诉求，在解决法律与校规的冲突上难以达成共识。有人可能会争辩道，在当今时代，法治原则与人权保障的价值序列应更高于大学自治与学术自由，所以，当这两种序列的价值发生冲突时理应选择前者。的确，大学自治应是法治下的自治，而非法治国的"原始森林"。[①] 但从根本上来说，法治原则与大学自治并不存在冲突，因为法治的核心是保障人权，大学自治的正当性则在于对学术自由的保障，而学术自由本身就是一项重要人权。因此，高校学位授予权的价值诉求与学生获得公正评价权的价值诉求并没有本质上的分歧。

本书认为，之所以对法律与校规会采取截然不同的态度，从根源上来说是由于高校学位授予权和学生获得公正评价权不同的权利属性而导致的。

联合国教科文组织前法律顾问卡雷尔·瓦萨克（Karol Vasak）提出"三代人权"理论。第一代人权形成于美国和法国大革命时期，主要是指公民权利和政治权利；第二代人权形成于俄国革命时期，主要是指经济、社会及文化权利；第三代人权是对全球相互依存现象的回应，主要包括和平权、环境权和发展权。瓦萨克根据公民与国家的不同关系样态将第一代人权定性为消极的人权，将第二代人权定性为积极的人权，而将第三代人权定性为连带的权利（the solidarity rights）。[②] 虽然对于人权代际理论，一些学者提出了质疑。[③] 但人权代际理论对于我们理解与把握权利间的不同属性，提供了重要的思路，特别是对自由权与社会权理论划分的启示。第

---

① 周志宏：《告别法治国家的原始森林？大法官释字第 684 号初探》，《台湾法学杂志》2011 年第 171 期。

② 参见徐显明主编《人权研究》（第二卷），山东人民出版社 2002 年版，第 171 页。

③ 比如美国学者唐纳利就对"三代人权"中用代际来划分人权的做法是否合适提出了质疑。详见［美］杰克·唐纳利《普遍人权的理论与实践》，王浦劬等译，中国社会科学出版社 2001 年版。

一代人权一般都属于自由权,具有防御权功能,国家对此处于消极的义务。而第二代人权则属于社会权,具有受益权功能,国家对此需要提供积极的义务。

依照自由权与社会权的理论,高校学位授予权作为高校自主权,具有更多自由权的属性。"由于大学自治的初衷是为了保障学术自由,是为了防止来自国家公权力的不当干预,强调应由大学自身来处理学术及相关事务,是针对国家公权力提出的自治。所以,从这个角度来说,大学自治权是免于政府、教会或其他任何社会法人机构控制和干预的权利,是一种公法性质的消极的自由权利。"① 而学生获得公正评价权作为受教育者的一项法定权利,则具有更多社会权的属性。正是两种不同的属性导致对国家法律的不同需求。对于高校学位授予权而言,国家法律应保持适度的克制,在提供基本衡量标准之上,应允许高校为了追求学术品质而享有更多自主的空间。但对于学生获得公正评价权而言,为了保障和实现该项权利,国家不仅应该为其提供必要的权利救济途径,而且应当积极创造条件,有学者甚至主张"国家通过教育立法对于各阶段受教育者的教育的目标、要求、学位或水平均有一定的认定条件和标准,凡是符合该标准的受教育者,在没有可以取消其学位资格的情况下,均有权利取得学位"②。

正是由于这两种权利的不同属性导致了对法律与校规的不同立场。那么,出现法律与校规不一致的情形时,到底应以谁的立场为准更具正当性呢?或换一种更契合本书逻辑的追问则是:以高校学位授予权为出发点所进行的论证与得出的结论,从学生获得公正评价权的视角来看,是否同样具有说服力呢?

从上文的论证来看,这个问题似乎已成了"罗生门"。但必须注意到的是,不管是从价值诉求上,还是从权利属性上去进行论证,都只是对这两种权利的一种外向度的分析,而忽视了其内向度上的本质。本书认为对权利的理论研究应该有两个向度:一是内向度,即剔除它所有杂质,恰似真空状态去还原一个概念的原貌与本质,如在显微镜下具体而细微地去观察它的质地与源码;二是外向度,即把它纳入一个已经建构好的理论框架里,用已有的概念和范畴将它进行对号入座,从类型化和整体性的视野上

---

① 韩兵:《论高等学校对学生的惩戒权》,浙江大学博士学位论文,2007年,第21页。

② 高家伟主编《教育行政法》,北京大学出版社2007年版,第55页。

去抽象地把握和认识它的性质与特征。

　　显然，把高校学位授予权纳入高校自主权的范畴，作为一种自由权，诉诸大学自治与学术自由的价值理念，以及把学生获得公正评价权纳入受教育权范畴，作为一种社会权，诉诸法治原则与人权保障的价值理念，这都是在外度上的一种努力。但仅仅诉诸外向度，往往可能导致权利间不可调和的冲突。看来要在法律与校规规定不一致下作出更具正当性的选择，只能尝试着另一条路径，即回溯到两种权利内向度上的本质。

　　在第二章本书已从内向度上对高校学位授予权进行了分析。从本质上讲，高校学位授予权是一种学术评价权，其学术性与专业性是最为本质的要素。套用学界比较流行的观点来说，它是一项学术权力和专业权力。显然这里所使用的"权力"一词，是社会学意义上的，而非法学意义上的。"学术权力作为学术活动领域中的一种合法的影响力，制度赋予了其行使者即使反抗也要实现其意志的可能性。"① "专业权力像纯粹的官僚权力一样，被认为是产生于普遍的和非个人的标准。但这种标准不是来自正式组织而是来自专业。它被认为是技术能力，而不是以正式地位导致的'官方能力'为基础的。"② 可见，学术权力和专业权力的正当性来源于其所涉领域的特殊性，即它们关涉的是有关学术性问题。

　　高校学位授予权就是这样一种关涉学术性问题的学术权力和专业权力。而这种学术性权力必须是自由而独立的。"假如一种学术，只是政治的工具，文明的粉饰，或者为经济所左右，完全为被动的产物，那么这样一种学术就不是真正的学术。因为真正的学术是人类理智和自由精神最高的表现。它是主动的，不是被动的，它是独立的，不是依赖的。"③ 正是基于这种学术性和专业性的本质要求，高校学位授予权才应当作为高校自主权，而区别于国家行政权。"大学是从事学术研究工作的场所，基于学术工作自主性的本质，大学内部的事项应委由大学自行决定。"④ 因此，

---

① 秦惠民：《学术权力——一个无法回避的制度性现象》，载湛中乐主编《大学自治、自律与他律》，北京大学出版社 2006 年版，第 219 页。

② ［美］伯顿·R. 克拉克：《高等教育系统——学术组织的跨国研究》，王承绪等译，杭州大学出版社 1994 年版，第 128 页。

③ 贺麟：《学术与政治》，载《当代评论》（第 1 卷）1941 年第 6 期。转引自周光礼《学术自由与社会干预——大学学术自由的制度分析》，华中科技大学出版社 2003 年版，第 10 页。

④ 李建良：《大学自治、受教育权与法律保留原则》，载《宪法理论与实践》（三），学林文化事业有限公司 2004 年版，第 152 页。

可以说学术问题是大学最本质的东西，"如果说大学有什么特殊性，则其最大的特殊性即在于此"①。也正因如此，涉及有关学术评价（包括学位授予）的标准，高校享有自主设定权才具有了正当性。

从内向度上对学生获得公正评价权进行分析，可以发现，学术性和专业性同样是其最本质的要素。获得学业成绩、学术水平的公正评价是学生获得公正评价权的主要内容。而有关学业成绩和学术水平的评价问题就是关于学术性和专业性的问题。此外，学生获得公正评价权的实现还必须借助教育者的积极评价才能得以实现。因此，获得公正评价权虽然是受教育者的一项法定权利，但该项权利是以教育者的学术权力为前提的，具有附随性。从这一视角来看，学生获得公正评价权所依据的评价标准、评价程序和评价方式等，只能由教育者基于学术性和专业性素养进行设定。

由上可知，在内向度上，高校学位授予权与学生获得公正评价权并不存在本质上的冲突。作为本质上关联着学术性和专业性的两种权利，从高校学位授予权视角出发所进行的论证和得出的结论，对于具有附随性的学生获得公正评价权来说，同样具有说服力。所以，当法律与校规规定不一致时，并不能一概否决校规的有效性。"法律所为的规定不应过度干预大学内部基于学术、教育目的之自主判断，以免侵害大学自治权，因此不得为明确、具体之细节规定。"②

虽然，在评价标准、评价方式和程序等方面高校具有主导性，但为了防止其恣意与滥用，学生仍享有一定的权利。"由于教与学在某些方面正好对立，教学自由与学习自由，无论在理论上还是在实践中都有许多冲突。这些冲突可以通过相互尊重予以缓解甚至化解，有些则难以协调，例如教师对学生成绩的评定，学位的授予，此种情况下，应采用教学自由为主导的原则。当然，同时应给学生以正当程序的权利作为补偿。"③ 而"学术自由作如何限制，必须在具体案件中透过利益之衡量，尤其是应参酌各个相互冲突基本权利之意义，以及在维护宪法同一性之下依循比例原则来决定之。"④ 因此，在面对学位授予纠纷，而且当国家公权力不得不

---

①　韩兵：《论高等学校对学生的惩戒权》，浙江大学博士学位论文，2007年，第52页。

②　周志宏：《学术自由与高等教育法制》，台湾高教出版社2002年版，第207页。

③　谢海定：《作为法律权利的学术自由权》，《中国法学》2005年第6期。

④　董保城：《教育法与学术自由》，台湾元照出版公司1997年版，第125页。

介入时，在立法上把更多的空间留给高校学位授予权，而通过司法来保障学生获得公正评价权，将更具合理性。

第二节　学位纠纷的司法介入

一　我国学位纠纷诉讼案件的实然考察

在北大法宝、北大法意与万律网搜索到了 35 个关于学位纠纷案件和 2 个备受媒体关注的案件（即陈颖案、西北政法大学"申博"案）（详见附件 1）。下文通过对这些案件及其法律文书内容的梳理，对学位纠纷司法介入进行实然考察。

（一）基本概况

从学位纠纷的原因来看，主要有三种：一是学位授予纠纷；二是学位撤销纠纷；三是学位授权纠纷。而这三类纠纷中以第一类为主。

学位授予纠纷发生在学校与学生之间，主要是学生对学校不授予学位的决定提起的诉讼，争议的焦点在于学校自订的学位授予规则与标准是否具有合法性。其次是学校不授予决定的程序是否具有合法性。有一件案件即刘燕文案还关注了《学位条例》所规定的学位评定的程序性规定是否具有合理性。从所争议的学校自订学位规则内容来看，大致有以下情况：17 件是因考试作弊被处分，有 8 件是以学生未达到规定的英语考试成绩，3 件因课程未通过或重修，1 件是因超过规定学制，1 件因未能达到规定的论文公开发表要求，1 件因打架斗殴被处分，1 件因不明原因被学校处分，1 件因学历层次不合规定。从诉讼请求来看，其中较为特殊的是，一部分案件当事人毕业后因达到了学校颁发学位证书的要求，请求学校补发学位证书。

学位撤销纠纷同样发生在学校与学生之间，但与学位授予纠纷不同的是，学位授予纠纷中学校都是处以不授予的主动地位。而在学位撤销的两个案件中，一个案件是学校主动撤销学位而引起的纠纷，另一个则是认为学校颁发的学位证书在内容与格式上存在问题，请求学校撤销其颁发的学位证书。

学位授权纠纷是指发生在高校与政府机关之间。目前知晓的只有一例，而且尚未进入司法程序，即西北政法大学"申博"复议案。

从进入司法程序的 36 个案件中，学生最终胜诉有 7 件，其中一、二审都胜诉 1 例，即田永案；一审终审胜诉有 3 例，即樊兴华案、张福田案、李晓雨案；一审败诉，二审胜诉有 2 例，即韦安吉案、武雅学案；一审胜诉，二审败诉，再审败诉有 2 例，即刘燕文案、王林辉案；一审败诉，二审胜诉，再审败诉有 1 例，即陈颖案；驳回起诉有 1 例，即杨某案；其余 26 件一、二审学生全部败诉。

（二）司法立场与观点

通过对所收集的案件及其法律文书的解读，可以发现该类案件不仅涉及一般高校诉讼案件的基本问题，比如行政诉讼程序中高校被告资格的适格性、案件受理的理由等，而且还涉及一些特殊问题，比如司法对学位问题审查的标准与界限、大学自订学位规则与法律法规之间的位阶关系等问题。

一是关于学位纠纷行政诉讼被告的主体及适格性。首先，大学能否作为行政诉讼的被告？自田永案始，该问题在实务上基本达成共识，肯定了大学的被告资格。众多判决文书中的观点与论证逻辑基本都是这样：首先，指出高校作为事业单位而区别于行政机关，接着，转而强调大学具有法律法规赋予其行使一定的行政管理职权，最后，确认大学因行使行政管理职权而成为行政诉讼被告的适格性。其次，被告是大学，还是大学学位评定委员会？这个问题最初存有分歧。关于这一部分的司法态度与立场在第五章探讨校学位评定委员会的法律地位及其权限时已作详细介绍，此处不再赘述。

二是关于案件受理的理由。法院主要存有两种论证理由：第一种方式是从诉讼主体的法律关系性质进行论证，认为在学位纠纷中大学与学生形成了特殊的行政法律管理关系。典型的表述方式是："根据《教育法》第二十一条、第二十二条的规定，因履行颁发毕业证书、学位证书等法定职权时与原告吕广观所引起的争议，其性质是作为事业单位的学校代表国家对受教育者行使行政权力时形成的行政管理争议，因争议双方是在特定情况下形成的特殊行政法律管理关系；管理相对人就此类争议提起的行政诉讼，属人民法院的受案范围。"第二种方式是从原告的权利受损角度进行论证，认为不授予学位的行为对原告的权利义务产生了"重大影响"或"实际影响"，因此，是可诉的具体行政行为。

三是学位诉讼标的法律性质的认定。所谓诉讼标的，指原告对之提起诉讼之事项，例如，行政处分、法律关系。① 在我国学位诉讼标的主要是不授予学位行为和撤销学位行为。这两者法律性质的认定，则取决于学位授予行为（或学位证书颁发行为）的法律性质。目前，我国法院关于大学学位授予行为（或学位证书颁发行为）的法律性质基本上都认定为是行政确认行为，因此，不授予学位行为只是确认了"学生不符合颁证条件这一事实"（Aa3），而撤销学位行为则是"纠正其先前的确认行为"（B2），不管是不授予学位行为，还是撤销学位行为，法院都明确指出不属于我国行政处罚规定的行政处罚。

但是，法院在论证大学学位授予行为的合法性来源时则存在分歧。一种观点认为，大学的学位授予行为是基于法律、法规的授权，如"华中农业大学依据《中华人民共和国学位条例》《中华人民共和国学位条例暂行实施办法》的授权，具有授予学士学位的法定职责（Ab14）"；另一种观点认为，大学的学位授予行为是基于国务院授权，如，"本案被告是国务院授权的高等学校，具有代表国家行使对受教育者授予学士学位、颁发学位证书的职权（Ab10）"。

关于大学所享有的学位授予权的性质上，有些法院认为是一种权力，代表国家行使的职权，如："根据我国法律规定，高等学校有权对受教育者进行学籍管理，享有代表国家对受教育者颁发相应的学业证书、学位证书的权力（Ac1）"；有的则认为是一种权利，如"我国高校经法律、行政法规的授权，行使着颁发或拒绝颁发毕业证书、学位证书的权利（Ab12）"。

与学位诉讼标的相关的基本概念，如学位、学位证书、学位制度，少数法院也尝试性地在判决文书中作出界定或解释。

关于学位的理解，如"学位是国家通过特定的机关或组织给予公民在学业成绩和品行上的评价，是一种荣誉（Aa1）"。"学位的授予是对学位获得者学习成绩和学术水平的客观证明（Aa7）"。

关于学位证书的理解，有："学位证书是评价个人学术水平的尺度（Ab1）"。"学位证书是国家授权的教育机构授予个人的一种终身的学术称号，表明学位获得者所达到的学术或专业学历水平（Ac1）"。

关于学位制度的界定，如"普通高校实行的学位制度，是高等学校

① 陈敏：《行政法总论》（第七版），新学林出版有限公司 2011 年版，第 1448 页。

对学生的学业水平及能力是否达到国家规定的学位授予标准进行评价确认的制度（Aa11）。"

四是学位诉讼司法介入的界限。针对学位诉讼，法院在介入时显得较为谨慎。首先，强调司法对行政权和学术自治的尊重。如"原告请求法院判令被告向原告颁发学士学位证书，由于司法权不能替代行政权，故该请求本院不予支持（Ab13）"；"对学士学位授予的司法审查不能干涉和影响高等院校的学术自治原则，学位授予类行政诉讼案件司法审查的深度和广度应当以合法性审查为基本原则（Aa11）"；"对于学校学位评定委员会的评审表决结果是学校的学术自治权，不属于人民法院行政审判权限范围（Aa13）"。其次，强调合法性审查。如"对被告不授予学士学位的决定，法院应当着重审查其法律适用是否准确，程序是否合法正当（Aa2）"；"学校如何规定自己学校学生的质量和水平，不是司法审查的对象，但其有无权力作出规定以及该规定是否合法是司法审查的内容（Aa7）"。最后，重做判决是诉讼请求得到支持案件的唯一判决形式。行政诉讼重做判决是法院对已受理的行政案件经过审理，认定被告所作出的行政行为违法后，判决撤销或部分撤销这一行政行为并同时要求被告重新作出行政行为的一种判决形式。[1] 在学生胜诉的学位诉讼案件中，法院一般都是责令被告学位评定委员会于一定期限内对原告的学位资格进行审核。

除此之外，在特别权力关系理论被逐步破除的情况中，有个别法院的观点显得过于保守，如"上海大学根据有关法律法规自行制定相关考试管理规则，并据此对吕甲的作弊行为作出纪律处分，属于学校行使内部管理权，是高等院校享有依法自主办学权利的体现，故吕甲对纪律处分本身的异议，不属于行政案件审理范围（Ab9）"；有的理由显得较为牵强，如"被告集美大学作出的'受过留校察看以上行政处分而不授予学士学位'的规定属于合理性问题，根据我国行政诉讼法的规定，对具体行政行为的

---

① 章剑生：《现代行政法基本理论》，法律出版社2008年版，第591页。按章老师的观点重做判决是从判决，一般以撤销判决为前提；但是，在学位诉讼案件中，重做判决的方式却较为多样，除了先撤销判决原决定，再责令重做的，如，王林辉案中第一次提起的诉讼案件（Aa13）；也有先确认具体行政行为违法，再责令重做的，如武华玉案（Ab15）；但更多的是重做判决作为独立判决出现的，如田永（Ab1），樊兴华（Ab2），武雅学（Ab3），韦安吉（Ab11），李晓雨（Ab12），张福华（Ab13），武华玉（Ab15）。

合理性不作审查（Ab5）"。

在所搜集的案件里有一例是被驳回起诉的，即杨某诉北京大学案（Aa14），法院给出的理由是："学位的授予应由学位授予单位的学位委员会进行评定后决定，不属于学生申诉的审查范围。杨某的诉讼请求不属于法院行政诉讼的审理范围。"

此外，法院对大学自主的理解，以及大学自主与法律法规之间关系的认识值得注意。显然，法院把大学自主权理解为法律所赋予，并在法律法规授权范围内进行的。对于这种观点，有些判决书中表述的更为明确。如："教育者在对受教育者实施管理中，虽然有相应的教育自主权，但不得违背国家法律、法规和规章的规定（Ab1）；'学位授予单位应当依法对达到一定学术水平或者专业技术水平的人员授予相应的学位，颁发学位证书（Ab3）'；'为维持正常的办学秩序，对高校在法定幅度内的'办学自主权'予以宽容与尊重是必要的。但高校'办学自主权'并不是无限度的，这种自主权的行使涉及教育者、受教育者或他人的重大权益时应当有有效的监督与救济途径。除非法律法规有特别规定，否则，学校'自主办学权'原则上应当以学生在校期间为限（B2）。"

五是大学学位授予实体规则合法性审查。在学位诉讼案件中，目前主要的纠纷类型是学位授予纠纷（A类）。而学位授予纠纷中，又以Aa和Ab两类为主。这两类纠纷的主要争点在于大学自订的学位授予条件是否合法或合理。关于司法机关对于学位授予中的实体规则是否合法所持的司法观点与态度，本书在第三章已做过梳理与分析，此处同样不再赘述。除了对学位授予的实体规则进行合法性探讨外，个别法院也对其进行合理性方面的探讨，比如在崔征、何元媛等诉中南大学（Aa2）案中，湖南省长沙市岳麓区人民法院在肯定了"未通过国家专业英语四级的英语专业学生不授予学位的规定"与法律法规不相抵触，具有合法性外，还论证这一规定具有合理性："被告要求其九九级英语专业学生要通过国家专业英语四级考试的规定，从学生参加考试、备考时间以及学生学业水平分析，具有合理性。"

六是关于大学学位授予程序合法性审查。学位授予的程序是否合法正当是司法审查的重点。程序合法性审查主要依据两个标准进行：法定程序与正当程序。

法定程序主要指的是《中华人民共和国学位条例暂行实施办法》（简

称实施办法）中规定的程序。如关于学士学位的授予程序，《实施办法》第4条规定："授予学士学位的高等院校，应当由系逐个审核本科毕业生的成绩和毕业鉴定材料，对符合暂行办法第3条及有关规定的，可向学校学位评定委员会提名，列入学士学位获得者名单。"第5条规定："学士学位获得者的名单，经授予学士学位的高等学校学位评定委员会审查通过，由授予学士学位的高等学校授予学士学位。"

针对法定程序，有的法院要求比较严格，强调每个步骤的完成，如"关于授予学士学位的程序，根据《中华人民共和国学位条例暂行实施办法》（以下简称《学位条例暂行实施办法》）第四条第一款、第五条的有关规定，应当由系逐个审核本科毕业生的成绩和毕业鉴定等材料，对符合规定的，可向校学位评定委员会提名，列入学士学位获得者名单，由校学位评定委员会审查通过，授予学士学位。上海大学提供的证据能够证明江甲所在院系经审查认为其不符合规定，将江甲列入不授予学士学位的毕业生名单中，并报校学位评定委员会审查通过，故上海大学所作决定程序合法（Ab16）"；也有法院注重是否经过学位评定委员会审查，如"被告提供的证据能够证明被告已组织校学位评定委员会对是否颁发给原告的学士学位进行审查决定，因被告的学位评定委员会未通过授予原告学士学位，故被告决定不授予原告学士学位。被告对原告的学士学位条件已按照法律规定的程序进行了审核（Ab10）"。

刘燕文案（Ac1）中初审法院在判决书中写道："校学位委员会作出不授予学位的决定，涉及学位申请者能否获得相应学位证书的权利，校学位委员会在作出否定决议前应当告知学位申请者，听取学位申请者的申辩意见；在作出不批准授予博士学位的决定后，从充分保障学位申请者的合法权益原则出发，校学位委员会应将此决定向本人送达或宣布。"其后，正当程序（due process）逐渐成为司法审查的重点。在张福华案（Aa13）中法院明确提出："学位的授予依法应当遵循正当程序原则。"虽然，何谓正当程序，尚须实务界与学术界的不断探索。"行政法上的正当程序，需要通过法院一次次创造性的判决去积累经验，去充实内容，去浇水施肥。"① 但有的法院对正当程序似乎存有理解上的误差，如"在原告毕业时，被告没有即时书面告知原告不授予学位的决定，至2004年3月18

---

① 何海波：《实质法治——寻求行政判决的合法性》，法律出版社2009年版，第160页。

日，才由深圳大学教务处作出《关于"阮向辉授予学士学位申请书"的答复》。由于相关法律法规对于学校不授予学生学位的告知程序没有明确规定，因此不能认定被告在告知不授予学位的程序上违法（Aa4）"。

此外，有个别法院并不严格于法定程序或正当程序，学校自订的程序规则可以作为程序合法性的依据，如"被上诉人并未能向法庭提供充分证据证实其已按照自己制定的规则对上诉人的学士学位授予资格依法履行了相应的审查职责，故其作出不授予上诉人学位的具体行政行为的主要证据是不足的，程序上存在明显不当，已构成不履行法定职责（Ab11）"。

七是其他相关问题。除了上述六大主题外，法院也会对个案中所遇到的具体问题作出解释或提出观点。主要涉及下列几个问题。

（1）学位是否可以补授？法院都肯定了现实中大学作出的"不予补授学位"的规定，但是给出的理由并不相同。在阮向辉案（Aa4）中，法院的理由是"根据国家教委学位办及国务院学位办之教位办〔1992〕1号文件《关于制发学士学位证书的通知》第三条第5项：《学士学位一般不予补授，学士学位证书一般也不予补发》。因此，被告不向原告发放学位证书的行为符合有关法律法规规定，并且作出不授予学位证书决定的程序合法，原告以被告行政不作为为由所提诉讼请求没有法律依据。"而在王玲案（Aa8）中，法院的理由则是"我国现行的法律、法规、规章均没有授权学位授予单位补授学士学位，被告作出'学士学位原则上不予补授'的规定，与上位法不冲突，符合'法无授权视为禁止'的行政法学原理"。

（2）学位授予是否必须以学籍取得为前提？在陈颖案（B2）中，法院肯定了该问题，认为"公民有受教育的权利和义务，尤其高等教育，对于个人乃至社会的发展影响重大，但基于我国高等学校资源有限的情况，客观上限制了一部分申请接受高等教育者的入学机会。由此，在高等教育中，除了对报考者的知识水平及能力进行测试外，还需要设定一定的报考条件，对任何申请接受高等教育者运用同样的能力判断标准是使公民依法享有平等的受教育权原则的具体化。故根据我国的社会现实情况，符合招生条件并通过入学考试是取得学籍、获得研究生学历教育的必要前提条件"。

（3）各类学位授予是否必须以相应学历层次为前提？在曾源星案（Aa5）中，法院认为"本案双方争议的焦点是学校应根据学生的学历层次，还是应根据学生实际所受教育情况给予颁发学历证书并给予评定学位。根据国家《学位条例暂行实施办法》的规定，获取学士学位应当具有本科学历，原告不具备本科学历，其要求被告给予评定并颁发学位证书的请求，本院不予采纳"。

（4）受民办未获学位授权高校委托的高校在学位授予纠纷中是否可以作为被告？在何小强案（Aa11）中，法院认为"上诉人何小强虽然不是被上诉人华中科技大学本校的大学生，但作为与华中科技大学有委托授予学士学位关系的华中科技大学武昌分校的大学生，基于被上诉人华中科技大学与第三人华中科技大学武昌分校开办者武汉军威企业集团有限公司之间合作办学协议的实际约定、华中科技大学实际接受第三人华中科技大学武昌分校委托审查授予该校应届本科毕业生学士学位的历史事实和现实操作情况，以及基于信赖利益保护原则，上诉人何小强以华中科技大学在收到申请之日起六十日内未授予其工学学士学位，向人民法院提起行政诉讼，符合《最高人民法院关于执行〈中华人民共和国行政诉讼法〉若干问题的解释》第三十九条第一款的规定，因此，被上诉人华中科技大学是本案适格的被告"。

（5）学位授予是学校依职权主动授予，还是依申请授予？在黄攀（Aa12）案中，法院认为"被告对其校学生凡经审核符合国家规定的授予学士学位条件的，应主动授予学士学位"。

（6）申诉是否作为学位行政诉讼的前置条件？虽然这个问题在大多数案件中并未被关注，但也存有个别法院对此进行关注与肯定。如在洪某、韩某诉北京联合大学案中（Ab16），北京西城区人民法院以"被告已明确告知原告陈述、申辩及申诉等救济途径，而原告在规定期限内并未向学院学生申诉委员会提出书面申诉，可以视为原告放弃了向学校申诉的权利"，从而驳回诉讼请求。

（7）学位证书格式与内容的制定主体是谁？在陈舜文、陈丽云诉南华大学案（B1）中，湖南省衡阳市中级人民法院认为"《教育法》以及《高等教育法》并未就毕业证与学位证的内容作出明确规定，高校在颁证时如何具体操作属于教育行政部门的职权范畴。教育部及湖南省教育厅根据《教育法》第十五条的规定，有权制定高等学历证书管理规范性文件"。

二　司法介入的实践分歧：从"是否"介入到"如何"介入

从学位纠纷诉讼案件的实然考察可知，司法机关在"是否"介入到"如何"介入上都存在一定的分歧。

尽管 1997 年田永案后，高校与学生间的管理纠纷开始纳入了行政诉讼程序中去，而 1999 年第 4 期《最高人民法院公报》刊登了该案例，更是为类似纠纷案件起到了一定的指导作用。即使如此，在司法实践中，仍有诸多高校纠纷以内部行政行为为由被拒之司法门外。比如 2003 年重庆邮电学院某女大学生因怀孕被学校勒令退学案，被重庆市南岸区法院以学校的勒令退学决定属于高校内部管理行为为由，而裁定驳回起诉。而当把高校与学生间因退学处分等导致的纠纷类型转向因学位授予这类更具学术色彩的纠纷时，司法机关是否介入疑虑就更重了。

1999 年刘燕文诉北京大学学位评定委员会一案被北京市海定区法院受理，成为学位纠纷司法介入的标志性案例。但这个纠纷案件，司法介入也颇费周折。早在 1997 年刘燕文就向法院提起过诉讼，但并没有被受理。后来即使该案被受理了，关于司法机关是否介入也依旧争论不断。比如在 1999 年 12 月 21 日北京大学法学院研究生会主办主题为《"专家"评审与正当程序——"刘燕文告北大"一案大家谈》的学术沙龙中，贺卫方教授就明确提出："对于这起诉讼，我曾经有一点顾忌，那就是，担心外部权力借此机会，以司法的名义干涉大学的独立，对学术自由与独立是否会产生某种不良的影响。"[1] 而民法学者王利明教授同样认为："海淀区法院不该受理此案。学术评价属于高等院校的自主权，据我所知，国外还没有法院受理的先例。海淀区法院受理此类案件妨碍了高校的自主权。法院不能做力所不能及的事情，如果做了也是无法执行的，那是司法资源的浪费，因为学术问题太复杂，法院的受理代替了一种学术评价。"[2] 湛中乐教授一针见血地指出其缘由："跟之前的田永诉北京科技大学案相比，刘燕文诉北京大学案有着更为深远的意义。因为它更多地触及高校学术自由、大学自治与司法审查的关系。涉及人民法院对高校纠纷介入的深度和

---

[1]　参见北京大学法学院研究生会专门为此次沙龙编辑的小册子，第 10 页。转引自沈岿《公法变迁与合法性》，法律出版社 2010 年版，第 144 页，注释 6。

[2]　徐建波、胡世涛：《学位之争能否启动司法程序》，《检察日报》2000 年 1 月 10 日，第 3 版。

强度。"①

　　的确，学位授予纠纷中掺杂着更为复杂的学术问题。也许正是出于对学术自由和大学自治的顾虑，才导致司法是否介入在实践中依旧存有分歧。但也有不同声音认为，大学自治不应成为司法介入的障碍，大学自治权是公权，为了防止大学滥用自治权，必须受到制约。② "由刘燕文诉北大一案给教育界带来的冲击看，学术领域在此之前的自治是现实存在的，看来学术领域不是给不给自治权的问题，而是学术领域如何合理使用自治权的问题。倘若这种自治缺乏了民主与正义，还不如法律之治好些。由此可见在学术自治问题上司法仍应保留它介入和矫正的可能。或许这本身对学术领域就是一种监督和制约，它在一定程度上防止了学术机构在使用权力中的专权和滥用。"③

　　当然，司法介入也并不意味着其代替了一种学术评价。可以说，除了出于对大学自治所必要的监督与制约外，司法介入正当性的主要理由则是对学生权利的救济。"与开除、勒令退学等针对学生的处分相比，高等学校授予学位的行为固然有其特殊性，但就目前而言，并没有专门针对学位授予的救济方式。在此种情况下，法院诉讼之门的开启势成必然。只有这样，学生的合法权益才能得到有效的保障。当然，法院对于高等学校的这类行为，是仅作合法性、程序性审查，还是包括合理性、实质性审查？针对高等学校的相关决定（是否授予学位、是否颁发毕业证书），法院可以作出哪些形式的判决？即是说，法院仅可以判决撤销重作，还是可以直接判决责令颁发？这些都是可以进一步探讨的问题。但所有这些问题的存在，应该说，在目前并不妨碍有关学位授予、毕业证颁发的争议进入诉讼程序，毕竟我们不能漠视学生的权利而轻易地关闭法院的大门"。④

　　从学生权利角度来论证司法介入的正当性，在司法实践中也被一些法院明确作为受案的理由，比如湖北省武汉市中级人民法院在 2010 年胡宝兴诉华中农业大学（Ab14）的判决书中就指出："华中农业大学不给胡宝

---

①　湛中乐：《大学法治与权益保护》，中国法制出版社 2011 年版，第 259 页。

②　徐建波、胡世涛：《学位之争能否启动司法程序》，《检察日报》2000 年 1 月 10 日，第 3 版。

③　王峰：《"刘燕文诉北大案"的法律思考》，中国法院网，http://www.chinacourt.org/article/detail/2003/11/id/93734.shtml，2013 年 2 月 2 日登录。

④　湛中乐、李凤英：《刘燕文诉北京大学案——论我国高等教育学位制度之完善》，《中外法学》2000 年第 4 期。

兴授予学士学位的行为，对其权利义务产生实际影响，是可诉的具体行政行为。"随着这种司法理念的深入，学位纠纷的司法介入已成为一种趋势。

当司法介入成为一种趋势时，实践中对司法应"如何"介入的关注开始变得更为突出。在如何介入问题上，主要涉及介入条件、介入范围和介入方式等。有学者强调司法介入的有限性，认为不告不理是前提，介入范围是有限的，受理条件也是有限的，而且应穷尽行政救济才可以提起诉讼。①对学位诉讼案件的实然考察可知，目前司法机关在如何介入上，主要在以下三个方面有分歧。

一是，是否应把穷尽行政救济或校内申诉作为介入的条件。有些法院明确要求必须把穷尽行政救济或校内申诉作为司法介入的前提。比如在2010年洪某、韩某诉北京联合大学案中，北京市西城区人民法院就以原告放弃校内申诉而驳回起诉："被告已明确告知原告陈述、申辩及申诉等救济途径，而原告在规定期限内并未向学院学生申诉委员会提出书面申诉，可以视为原告放弃了向学校申诉的权利。"

二是，合理性问题是否可以作为司法审查的内容。合法性审查是学位纠纷案件中司法机关审查的重点，在该问题上司法机关已形成一定的共识。特别是2012年第2期《最高人民法院公报》所刊登的《何小强诉华中科技大学履行法定职责纠纷案》（Aa11），显然是对这种实践共识所做出的回应。在其裁判摘要中指出："学位授予类行政诉讼案件司法审查的深度和广度应当以合法性审查为基本原则。各高等院校根据自身的教学水平和实际情况在法定的基本原则范围内确定各自学士学位授予的学术标准，是学术自治原则在高等院校办学过程中的具体体现，对学士学位授予的司法审查不能干涉和影响高等院校的学术自治原则……"但在合理性问题上，司法机关的做法却存有分歧。有些法院强调合理性问题不是司法审查的内容，如廖志强诉集美大学案（Ab5）中法院就认为："被告集美大学做出的'受过留校察看以上行政处分而不授予学士学位'的规定属于合理性问题，根据我国行政诉讼法的规定，对具体行政行为的合理性不作审查。"但也有不少法院对案件合理性问题进行审查，比如崔征、何元媛等诉中南大学案（Aa2），法院就关注到了合理性问题："被告要求其九

①　程雁雷：《论司法审查对大学自治有限介入》，《行政法学研究》2000年第2期。

九级英语专业学生要通过国家专业英语四级考试的规定，从学生参加考试、备考时间以及学生学业水平分析，具有合理性。"

三是，程序性问题到底应以正当程序、法定程序还是自定程序为标准。可以说，程序性问题是司法审查的重点。但各个法院在程序性问题到底以什么为审查标准有分歧。有些法院强调正当程序。自刘燕文案（Ac1）中初审法院在判决书中写道："校学位委员会作出不授予学位的决定，涉及学位申请者能否获得相应学位证书的权利，校学位委员会在作出否定决议前应当告知学位申请者，听取学位申请者的申辩意见；在作出不批准授予博士学位的决定后，从充分保障学位申请者的合法权益原则出发，校学位委员会应将此决定向本人送达或宣布。"其后，正当程序（due process）逐渐为司法实践所接受。在张福华案（Aa13）中法院更是明确提出："学位的授予依法应当遵循正当程序原则"。但更多的法院仅仅关注法定程序是否被严格执行。甚至有个别法院并不严格于法定程序或正当程序，将学校自订的程序规则作为程序性问题审查的依据，如在韦安吉诉广西工学院案（Ab11）中法院就认为："被上诉人并未能向法庭提供充分证据证实其已按照自己制定的规则对上诉人的学士学位授予资格依法履行了相应的审查职责，故其作出不授予上诉人学位的具体行政行为的主要证据是不足的，程序上存在明显不当，已构成不履行法定职责。"

三　司法介入的理论纷争：从"特别权力关系理论"到"宪法理论"

纠结在实践分歧之中的是纷繁杂乱的理论观点。从"特别权力关系理论"的发展与变迁，到"部分社会说"与"内部行政行为理论"的演绎，再从"代替父母理论"到"特权理论"，最后回归到"宪法理论"，虽然这些理论以论说高校与学生法律地位为主线，但其探讨的动机与其背后关切的目的，始终在于高校纠纷中司法介入的限度与强度。

特别权力关系理论起源于19世纪后半叶君主立宪时代的德国公法学，由学者拉班德（paul laband）建立理论雏形，并由学者奥托·迈耶（otto Maye）予以体系化。

按大陆法系传统的公法学说，公法上的权力关系（国家与公民的关系）分为一般权力关系（普通权力关系）和特别权力关系。前者是指国家基于主权的作用，对其管辖权所及的公民行使公权力，例如行使警察权、征税权等；后者是指国家或公共团体等行政主体，基于特别的法律原因，在一定范围内，对相对人有概括的命令强制的权力，而另一方面相对人却负有服从义务，例如国家对公务员、国立大学对学生等。①

在特别权力关系中，无论该关系是强制形成的，还是当事人自由选择的，当事人均不享受公民的基本权利，不实行法律保留原则。当事人不得利用普通的法律救济渠道寻求法律救济。行政机关可以在没有法律授权的情况下，直接根据自己管理的需要，发布规章或指示命令，安排和规范这种关系，不受法律的约束。② 因此，"所谓特别权力关系论，是指将依据特别的公法上之原因（法律之规定或本人的同意）而成立的公权力与国民的特别法律关系，理解为'特别权力关系'的观念，并于此主张以下法律原则之正当的理论。这些原则即：①公权力拥有概括性的统治权（命令权、惩戒权），在各种无法律根据的场合下，也能对属于特别权力关系的私人进行概括性的统治（法治主义的排除）；②公权力对属于特别权力关系的私人，在无法律根据的情况下，可以限制其作为一般国民所享有的人权（人权的限制）；③特别权力关系内部的公权力行为，原则上不受司法审查（司法审查的排除）"③。可见，特别权力关系具有三个主要特征，即排斥基本权的保护、排斥法律保留、排斥司法审查。

"二战"后，随着人权意识的不断高涨，特别权力关系理论受到了严厉批评。为了应对时代需求，学者们提出了各种修正理论。其中德国学者乌勒（Carl Hermman Ule）在 1956 年提出的"基础关系与经营关系"二分论最具影响力。根据乌勒的理论，④ 将特别权力关系主体所为的内部行为分为基础关系和经营关系。其中基础关系主要指涉及内部成员身份或地位的得失等行为；经营关系主要指在不改变内部成员身份或地位的情况下，对其所为的各种管理手段。乌勒主张，针对基础关系可以适用公法上的一般原则，即内部成员享有基本权利的保护、主体行为适用法律保留且法院对此进行司法审查。而经营关系则依旧适用传统的特别权力关系理

---

① 翁岳生：《论特别权力关系之新趋势》，载《行政法与现代法治国家》，台湾大学法学丛书 1990 年版，第 131—132 页。

② 于安：《德国行政法》，清华大学出版社 1999 年版，第 33 页。

③ ［日］芦部信喜：《宪法》（第三版），高桥和之增订，林来梵等译，北京大学出版社 2006 年版，第 92 页。

④ 翁岳生：《论特别权力关系之新趋势》，载《行政法与现代法治国家》（第十版），台湾大学法学丛书 1990 年版，第 143 页。

论，排除司法审查。

乌勒的二分法为司法介入高校纠纷提供了理论基础。但由于乌勒理论仅在修正特别权力关系，并未否认特别权力关系的存在，而且其中有关基础关系与经营关系划分的标准也存有争议，并非清晰明朗。① 1972 年重要性理论取代了二分法。该理论认为，无论是基础关系还是管理关系，只要是涉及人民基本权利的"重要事项"或对其有"重要影响"，均应接受司法审查。依据重要性理论，司法介入高校纠纷的范围不断扩大。"在德国判例中，学校当局之入学许可、学校之分配、参加高中毕业考试之许可、博士学位之授予、退学或开除、留级、授予大学教师资格、拒绝发给毕业证书等，行政法院认为有审查权限。"②

有学者认为，重要性理论的提出标志着已彻底告别了特别权力关系理论。③ 但也有学者认为该理论"仅在进一步限缩特别权力关系主体于'经营关系内所残存之特别权力'，并未根本否认其基于特别关系成立目的所为之经营与内部秩序管理权力，在一定条件下，纵无法律之依据或授权，而发生侵害人民权益时，亦无司法救济之可能"④。的确，重要性理论为了克服了二分法中基础关系与经营关系划分标准上的模糊性，提出了只要涉及人民基本权利的"重要事项"或"重要影响"，就可以进行司法审查。但重要性理论同样面临着对"重要事项"或"重要影响"界说上的争议性与模糊性。可以看到，从特别权力关系理论到重要性理论的发展与变迁中，司法介入的限定与强度都有所突破，但不管在二分法中，还是在重要性理论中，学生诉讼权的实现始终因其身份而受到限制。从这一点来说，重要性理论也只不过是特别权力关系理论的一种适时改良而已。

深受德国法影响的日本和中国台湾，特别权力关系理论也曾被广泛地运用到司法实践中去，而在特别权力关系理论受到批判之后，也出现相应的改良理论，比如日本的部分社会说。该学说始于日本最高法院在国立大

---

① 赖恒盈：《告别特别权力关系——兼评大法官释字第六八四号解释》（上），《月旦法学杂志》2011 年第 10 期。

② 翁岳生：《行政法与现代法治国家》，自行出版社 1990 年版，第 147 页。

③ 许宗力：《论法律保留原则》，载《法与国家权力》，台湾元照出版社 1993 年版，第 171 页。

④ 张桐锐：《告别特别权力关系？——从最高行政法院 94 年裁字第 1123 号裁定谈起》，收录于林明锵、蔡茂寅主编《行政法实务与理论》（二），台湾元照出版社 2006 年版，第 47 页。

学的学分不认定处分受到了争诉的富山大学案件中。日本最高法院认为无论国立大学还是私立大学，均"形成了与一般市民社会不同的特殊的部分社会"，从而判示"学分授予（认定）行为，除非有特殊情况足以认定其与一般市民法秩序有直接关系，否则应作为单纯的大学内部之问题，委之于大学的自主性、自律性的判断，而不能成为司法审查的对象"①。根据该学说，大学是属于自律的、具有概括性权能的部分社会，对于与一般市民社会没有直接关联的学校内部纷争，司法不予介入。

针对日本的部分社会说，有学者认为其功能在于通过确保社会团体的纠纷解决权来较大程度地保障社团的自治性，因为社团的内部纠纷通常是具有多中心（polycentric）特征的纠纷，司法审查机关欠缺涉足各团体内部事务的必要专业知识，加之司法审查资源有限，即使勉强作出实体判决，能否在社会团体内部获得有效执行也不无疑问。② 但芦部信喜却认为"这种以法律秩序的多元性为前提的一般性、概括性的部分社会论并不妥当。由于各个团体的目的、性质（例如，强制加入与任意加入的区别）、功能本来就不同，支持其自律性、自主性的宪法上之根据，也因宗教团体、大学、政党、工会以及地方议会等等不同，因此必须着眼于它们的相异之处，并将引起纠纷或争诉的权利之性质等纳入考虑范围，进行个别具体的检讨。"③ 这种质疑说明了部分社会说有可能因忽视部分社会间的差异性而导致该学说最终的分裂。

有学者研究指出，部分社会说与特别权力关系理论在产生背景、理论宗旨和所涉领域都存在区别，认为通过该学说对司法审查"介入各类社团之事项范围以及可介入之程度进行积累与概括，既可避免重蹈特别权力关系之覆辙，又可较好地兼顾社团自治与成员人权的保障"④。但不可否认，部分社会说与特别权力关系理论之间的渊源关系。从某种意义上来说，部分社会说只是改变了原先特别权力关系理论的说理方式，用所谓的"部分社会"取得了"特别权力关系"，但是对于司法介入的界限与强度

---

① 日本最高法院 1977 年 3 月 15 日判决，民集 31 卷 2 号 234 页。转引自 [日] 芦部信喜《宪法》（第三版），高桥和之增订，林来梵等译，北京大学出版社 2006 年版，第 302 页。

② FULLER L. The Forms and Limits of Adjudication, in the Principles of Social Order［C］//Selected Essays of Lon L. Fuller. Oxford：Hart Publishing，2001：127.

③ ［日］芦部信喜：《宪法》（第三版），高桥和之增订，林来梵等译，北京大学出版社 2006 年版，第 301—302 页。

④ 参见郑磊《论"部分社会"法理》，载《学习与探索》2009 年第 3 期。

仍持保守立场。因此"这种学说与特别权力关系的不同仅在于解释角度有别，实质上并无特别差异，法院的用意主要在于避免直接适用已引起广泛批判的特别权力关系理论。"①

此外，特别权利关系理论对我国的行政法学界也有一定影响，我们的内部行政行为理论是这种影响的结果，它在立法上构成了《行政诉讼法》第 12 条第 3 项的理论依据。② 所谓内部行政行为，是指行政主体在内部行政组织管理过程中所作的只对行政组织内部产生法律效力的行政行为，如行政处分及上级机关对下级机关所下达的行政命令等。内部行政行为不得适用行政复议程序和提起行政诉讼。③ 也正是基于内部行政行为理论，我国很多高校纠纷被拒之司法门外。

随着田永案的突破，我国不少学者开始重构司法介入高校纠纷的理论，比如程雁雷提出确定高校管理行为是否可诉的三个标准：一是，被诉高校学生管理行为是否足以改变学生的在学身份；二是，被诉高校学生管理行为是否具有外部性，即是否影响公民受教育机会的实现，或者涉及学生受教育权利的完整性而影响学生的未来发展；三是，被诉高校学生管理行为是否具有对学生的公民基本权益有重大影响。法院依据其中的一个标准就可以判断某一高校学生管理行为是否具有可诉性。④ 显然，这一观点主要是对重要性理论的借鉴。

因建基于公私法区分基础上的诉讼双轨制，大陆法系国家在处理高校与学生纠纷时，首先更侧重于从理论上解析行政法院（或行政诉讼程序）为何享有或不享有对该领域纠纷的司法审查权。相较而言，英美法系的普通法程序使高校与学生之间的纠纷在启动司法程序上并不存在理论上的障碍。但若仔细研究可以发现，英美法系中的"代替父母理论"和"特权理论"，与"特别权力关系理论"有着异曲同工之处，即排斥司法审查，只是后者从司法程序的启动源头上进行排除，前者则是在司法程序启动后的司法审查中进行排除。

"代替父母理论"（In loco parentis）正式用于教育环境据说是在 18 世

① 谢瑞智：《教育法学》，台湾文笙书局 1996 年版，第 102 页。
② 石红心：《权利需求与司法回应》，载罗豪才主编《行政法论丛》（第 3 卷），法律出版社 2000 年版，第 476 页。
③ 参见罗豪才主编《行政法学》，北京大学出版社 2001 年版，第 80 页。
④ 程雁雷：《高校学生管理纠纷与司法介入之范围》，《法学》2004 年第 12 期。

纪晚期的英格兰,① 认为学校是居于父母的地位对学生行使管理权力,法院对此不应干涉。根据该理论,法院既不认为学生享有与成年人相同的各种宪法权利,也不运用其他相关法律来解决高校与学生之间的纠纷,而是对高校的裁量决定一味地予以尊重。② 该理论的代表性案例是戈特案。在该案中,法院认为:"学院主管当局主张,关于他们的学生之身体和道德上的福利及心智的训练,他们是立于代替父母的地位。就该目的而言,我们不能看出为何他们不能制定任何命令或规则来管理或改正他们的学生,而那是父母基于同一目的可以做的。无论这些命令或规则是明智的或他们的目的是有价值的,这都是单纯留给主管当局或父母裁量之事情,本案即是如此。而且,当他们行使裁量权时,法院无意去干涉,除非这些命令或规则的目的是违法的或违反公共政策的。"③

"特权理论"(Privilege theory)认为学生就读于高校是高校赋予学生的一种特权而非学生的权利,因而它不受法律保护,学校可以随时撤销。④ 该理论的代表性案例是安东尼案。在该案中,法院明确指出:"被大学录取是一种特权而非权利。为了保障大学的学术研究与良好的道德风尚,大学有权要求可能对学校整体环境产生不良影响的学生退学……只要在校方能够提供相关规定的情况下,其对于哪些情形适用这一规定具有自主决定的绝对权力,法院对高校的这一行为进行干涉的过程中,必须慎之又慎。"⑤

在代替父母理论和特权理论中,高校相较学生处于绝对的高权地位,虽然学生可以不服高校决定而提起司法诉讼,但法院对高校决定始终保持消极不审查、不干涉的立场,最终使学生无法得到有效的司法救济。随着高等教育大众化和人权观念的深入,法院对个人宪法权利保护更为严格。在此背景下,1961 年美国联邦第五上诉法院在狄克逊案中,推翻了代替

---

① W. Blackstone, Commentaries on the law of England, 441 (1965). Theodore C. stamatakos, The Doctrine of In loco parentis, tort liability and the student-college Relationship. 65 indiana law Journal 473.

② See Comment, colleges and universities: The Demise of In loco Parentis, 6 LAND &WATER L. REV. 715 (1971).

③ See Gott v. Berea college, 156 ky. 376, 161 s. w. 206 (1913). 转引自韩兵《论高等学校对学生的惩戒权》,浙江大学博士学位论文,2007 年,第 5—6 页。

④ 韩兵:《论高等学校对学生的惩戒权》,浙江大学博士学位论文,2007 年,第 6—7 页。

⑤ See Anthony v. Syracuse university, 231 N. Y. S 435 (1928).

父母理论和特权理论，并同时确立了"宪法理论"（constitutional theory）。① 该理论认为，学校与学生之间的关系应受宪法规制，学校并非具有不受限制的权力，学生所享有的人权或公民权并未在进入学校时即被放弃，所以学生在宪法上的权利仍应受法院的保护，而法院对于学校的决定是否合宪仍有审查的必要。②

四　剩下的焦点：司法审查的范围与标准

从实践分歧到理论纷争可以看到，司法机构高举人权旗帜，突破保守立场，开始介入传统的大学自治领域。特别是随着"无漏洞救济原则"的确立，通过司法途径救济学生权利已被逐步接受。

"无漏洞救济原则"缘于德国基本法的规定。德国基本法第 19 条第 4 项规定了保障人人均有对抗公权力不法侵害之权利保护机制，被联邦宪法法院称之为"整部行政诉讼法之基本规范"，保障人民享有（尽可能）无漏洞之权利保护。③ 针对德国基本法的这一规定，翁岳生教授曾指出了其背后的基本法理："无漏洞之权利保护，就是有权利必有救济之法理，人民诉请法院救济之法理为诉讼权保障之核心内容，不容剥夺。"④ 可见，"无漏洞救济原则"侧重于对公民诉权的保障。而将此原则运用到高校纠纷中，说明学生获得了一般公民地位，彻底走出了"二等公民"的阴影。但即便学生获得了基本权的保障，司法在如何介入上仍存在诸多忧虑，因为毕竟高校纠纷不同于一般行政纠纷，其中关切着大学自治和学术自由问题。

正是基于对大学自治的尊重和学术自由的考量，当司法是否介入不再成为关注点时，司法如何介入就成为了焦点。因为高校纠纷，特别像学位授予这类纠纷，涉及很多学术性或专业性问题，司法若仓促介入自身并不擅长的专业领域，很有可能既导致司法资源的浪费，又减损司法救济的有

---

① Dixon v. Alabama state Board of Education，294F. 2d 150（5ᵗʰ Cir.），cert. denied，368 U. S 930（1961）.

② See Alexander & Erwin S. Solomon，college dand university law，The Michie co，1972，p. 414.

③ Thomas Wurtenberger：《德国行政诉讼法之新发展》，刘建宏译，《国立中正大学法学集刊》2009 年第 5 期。转引自陈伏发《无漏洞救济视角下的行政诉讼受案范围》，《法律适用》2012 年第 2 期。

④ 翁岳生主编《行政诉讼法逐条释义》，五南图书出版股份有限公司 2002 年版，第 5 页。

效性。所以在如何介入上，首先考虑有关司法介入的时机与条件。

对我国学位诉讼案件的实然考察可知，在司法介入的时机与条件还存有分歧，有些法院认为应穷尽行政救济或校内申诉，而有些法院并不强调。那么，在司法程序启动前到底应否设立前置程序呢？

从比较法视角来看，不少国家在司法程序前规定了前置程序。比如在美国，高校与学生纠纷上基本都适用"穷尽行政救济原则"（exhaustion-of-remedies doctrine），即要求学生在寻求司法救济前，必须先穷尽所有可能的校内救济。若绕开校内救济径自提起诉讼，法院一般不予受理。英国则规定学生寻求司法救济前必须先寻求校内视察员（visitor）的救济。[1] 所谓视察员是由大学建立者任命的行政官员，对大学内部纠纷享有专属的司法裁判权。[2] 而在台湾地区，穷尽校内申诉原则是启动司法程序的前置条件。1995 年"大法官"释字第 382 号中就明确指出："受处分之学生于用尽校内申诉途径，未获得救济者，自得依法提起诉愿及行政诉讼。"

在我国，从法规范层面来说，尚不存在高校纠纷司法启动前置程序的要求。《行政诉讼法》第 37 条规定："对属于人民法院受案范围的行政案件，公民、法人或者其他组织可以先向上一级行政机关或者法律、法规规定的行政机关申请复议，对复议不服的，再向人民法院提起诉讼；也可以直接向人民法院提起诉讼。法律、法规规定应当先向行政机关申请复议，对复议不服再向人民法院提起诉讼的，依照法律、法规的规定。"即便承认通过司法能动已把高校纠纷纳入人民法院受案范围，根据该条规定，也找不到有关的法律法规规定司法程序的启动必须要有前置程序。像《教育法》《高等教育法》连学生是否有权申诉都没有提及。

《学位条例》第 16 条规定："非学位授予单位和学术团体对于授予学位的决议和决定持有不同意见时，可以向学位授予单位或国务院学位委员会提出异议。学位授予单位和国务院学位委员会应当对提出的异议进行研究和处理。"可见，只有两类主体即非学位授予单位和学术团体，可以提起异议，而学生是否可以就此提出异议都没有明示。即使通过法

---

[1]　韩兵：《论高等学校对学生的惩戒权》，浙江大学博士学位论文，2007 年，第 119 页。
[2]　同上书，第 112 页。

解释方法，把学生纳入提出异议的主体中去，也无法解释出这一异议程序的强制性。2005 年教育部颁发的《普通高等学校学生管理规定》（以下简称"学生管理规定"），对学生申诉程序倒是明确规定，从第 59 条到 64 条详细规定学生有获得告知的权利、有提起申诉的权利、有申请复查权利等，但显然这些规定并没有要求申诉是启动司法程序的前置条件。

尽管缺失法规范层面的规定，司法机关面对日渐增多的高校纠纷案件，开始对是否要求申诉程序前置进行了关注与探讨。2006 年 11 月召开的全国法院立案审判实务座谈会上，最高人民法院副院长苏泽林说，鉴于我国教育行政申诉、仲裁制度与诉讼制度缺乏有机衔接，相关司法救济需逐步完善的客观情况，司法应把握好介入的条件和范围。对于因教育管理产生的纠纷，当事人应先行向教育行政部门申诉解决；对教育行政部门处理决定不服提起的行政诉讼，人民法院应当依法受理。① 虽然，这里只提到把向教育行政申诉作为司法救济程序启动的前置条件。但这一要求一旦跟"学生管理规定"中相关条文结合起来，比如第 64 条规定："从处分决定或者复查决定送交之日起，学生在申诉期内未提出申诉的，学校或者省级教育行政部门不再受理其提出的申诉"，这样是可以解读出穷尽校内申诉和行政救济作为司法介入的前置要求。

的确，将穷尽校内申诉和行政救济作为司法救济的前置程序具有合理性。因为首先由学术性机构来自我解决有关学术性纠纷，将更符合学术特点与要求，毕竟学术性机构在学术判断上的专业特色更具优势。而且这样也更符合程序效益原则，因为"对校内纠纷来说，诉讼毕竟是最易造成不合、最费时、最缓慢的解决方式，而且成本也最高"②。为此，高校内部应设立相关解决纠纷的学术性申诉机构。这种申诉机构既可以有常设性，也可以有临时性，其组成成员的遴选、处理程序等规则应由高校章程予以明确规定，甚至可以成立校际间的学术权威性机构。像美国教授联合会（American Association of University Professors，简称 AAUP）就参与有关

---

① 邓克珠、王斗斗：《不服教育部门处理决定的诉讼法院应受理》，《法制日报》2006 年 11 月 24 日第 5 版。

② Fernand N. Dutile：law and governance affecting the resolution of academin and disciplinary disputes at acottish universities-an American perspective，1997，8 Ind. International &Comparative law review. 1. p. 22.

学术纠纷的申诉救济制度，它可以在司法、立法等国家权力所不及的范围内对学术决策等问题予以实质性审查，从而救济受侵害者的权益。不过，一旦学生穷尽学术机构内部救济之后仍有正当理由认为其权益受到侵损时，司法就应适时介入。

司法程序启动之后，高校纠纷案件正式进入司法审查。此时，司法审查的范围与标准将成为最后的焦点与难点。正如湛中乐教授在谈及高校招生纠纷的司法审查时，"问题的难点是，法院对公立高等学校的招生行为应采取怎样的审查标准以及在强弱程度上如何，才能既保证法院对公立高等学校的'办学自主权'给予必要的宽容和尊重，又能有效地监督这种自主权的行使，从而保障公民享有平等的受教育权"①。同样，面对高校学位授予这类学术性纠纷，法院在保障学生权利的同时，不得不考虑如何选定其审查的范围和标准，才不至于侵犯到高校的学术自治。

现任最高人民法院副院长江必新教授曾归纳总结道："在我国教育行政领域有两起经典案例：'田永诉北京科技大学拒绝颁发毕业证、学位证行政诉讼案'及'刘燕文诉北京大学拒绝颁发博士学位证书和毕业证书案'，案件核心都涉及了司法介入学术自由的程度和方式问题。从这两起案件的审理经验来看，法院对于此类学术评价问题采取这样的态度：（1）学位授予关系到学生的切身利益，学校在授予学位问题上的自由不是无限度的，应当受到司法的监督；（2）司法的监督只能止步于程序性的审查，如学术委员会的组成人员是否符合相关规定、是否达到法定人数、是否采取规定的表决方式、是否遵守了公认的判断标准等；（3）学术评价属于学术自由和高校自治的范畴，对于学术水平能否达到授予学位标准的问题司法不应当介入"，并进一步解释，"司法之所以对此类行为仅限于程序审查，是由于第一，对于高度专业性、技术性判断法官受到专业知识和经验的局限，专家集团更具有判断优势，让外行审查内行是不合理的；第二，专家集团的判断往往采取合议机制，通过少数服从多数的投票程序得出结论，因此这种判断并非一家之言，而是集体讨论作出的理性选择，更应该得到法官的尊重"②。

无疑，仅作程序审查能最大限度地达致对高校自主权的尊重。但正如

---

①　湛中乐：《大学法治与权益保护》，中国政法大学出版社 2011 年版，第 250 页。

②　江必新：《司法审查强度问题研究》，《法治研究》2012 年第 10 期。

本书在第三章曾分析的那样，程序审查有可能成为法院避重就轻的一种策略性选择，最终使学生权利救济流于形式。另外，仅作程序审查也不符合实务案件的发展特点。在最初的田永案和刘燕文案中，主要的争论点就是程序问题，此时仅作程序审查是适当的。但此后更多的学位纠纷案件的争论点是有关学位授予标准的合法性问题，此时若仅作程序审查就无法解决案件的根本性争议，因为学位授予标准无疑是实体问题，而非程序问题。

除了主张仅作程序审查外，江必新教授同时主张对此类案件仅作合法性审查。"随着法治发展，这种理论（即特别权力关系理论——摘者注）遭受越来越多的批评，并且通过'重要性理论'开始逐步纳入司法审查的范围，逐步认为在涉及公民基本权利问题上司法有介入的必要。但是这种介入也不应当是一种深层次的介入，一般限于合法性审查，因为深层次的介入会侵犯行政机关的自主管理领域，严重影响行政效率。"①

显然，江必新教授把高校自主行为等同于行政行为，但对行政行为作合法性审查的正当理由，却未必适合于高校自主行为。"无法律无行政"，对行政行为作合法性审查符合法治原则，但法律对于高校自主权领域则奉行低密度规范，在学位授予标准等学术性问题上遵循最低限度原则。若对高校自主行为仅作合法性审查，将会出现两种极端：要么把高校自主行为等同于行政行为而进行合法性审查，最终抹杀了高校所应有的自主空间；要么在遵循最低限度原则下进行合法性审查，最终虚化了学生的权利救济。无疑，这两种极端都有违司法介入高校纠纷的初衷。

上文对高校学位纠纷诉讼的实然考察已知，有些法院只对程序性问题进行审查，而有些法院既审查程序性问题，也审查实体性问题；有些法院仅就依合法性标准进行审查，有些法院则不仅依合法性标准，也依合理性标准进行审查。可见，我国司法实务中对司法审查的范围和标准主要是纠缠在程序性问题还是实体性问题，是合法性标准还是合理性标准。而这种司法实务的分歧与差异，无疑影响了司法的严肃性与公正性。那么，法院到底应采取怎样的司法审查范围与标准，才能在保障学生权利与尊重高校自主权之间达致一种适当的平衡呢？

----

① 江必新：《司法审查强度问题研究》，《法治研究》2012 年第 10 期。

第三节　域外司法实践的转变

一　美国司法态度与立场：从"学术遵从"到"全面审查"

上文已提到，英美法系由于不存在大陆法系的诉讼双轨制，学生在诉权方面并不存在障碍，但法院对高校纠纷的审查一直持较为克制的司法态度。尊重大学的专业性与自治性，尽可能地避免干涉大学事务，是美国法院在审判涉及高等教育机构案件时的一贯态度。① 不过即便遵循着司法节制，但由于时代变迁与理论发展，美国法院对高校纠纷的司法审查范围与标准还是发生了显著的变化。

在"代替父母理论"和"特权理论"的影响下，法院最初在司法审查中，采取消极保守的态度，对高校决策持绝对遵从的立场。这种司法立场与态度被称为"学术遵从"（academic abstention）原则，即司法在学术问题上对专业判断的遵从，不能以法官的判断取代高校专业性的判断。具体而言，法院在审理高校纠纷案件中，尽量避免干涉依赖专业知识与教学经验而作出的高校决议，其中包括对学生的录取与评定、教师聘用、晋升与终身教职资质评定等。② 在学术遵从原则下，法院完全承认高校在实体和程序方面享有自由裁量权，对高校决策既不做实体性内容上的审查，也不对其程序性问题进行审查。

并非像王利明教授所知的那样，其实国外法院介入学位纠纷的案件屡见不鲜。在美国就有不少学位纠纷的司法案件，既包括因拒绝授予学位的纠纷案件，也包括撤销学位的纠纷案件。对早期的学位纠纷案件，美国法院严格遵循学术遵从原则。比如在1892年的琼斯案中，法院就以高校对学术有行使判断和自由裁量权为由，拒绝了原告要求法院颁发强制令以迫使学校向其颁发学位的诉求。③ 在1899年的尼尔案中，法院也认为，学校医学人员拥有法官所欠缺的专业知识，学校委员会认为原告没完成学业

---

① See Leas Terrence, Ph. D. Evolution of the Doctrine of Academic Abstention in American Jurisprudence (The Florida State University, 1989), p. 76. 转引自刘金晶《法庭上的"自主高校"》，《环球法律评论》2011年第6期。

② Leas Terrence, Ph. D. Evolution of the Doctrine of Academic Abstention in American Jurisprudence, p. 257. 转引自刘金晶《法庭上的"自主高校"》，《环球法律评论》2011年第6期。

③ People ex rel. Jones V. NWe York Homeopathic Medical College and Hosp, 20N. Y. S. 379 (N. Y. SUP. CT. 1892).

而不予颁发学位的决定具有准司法的性质。他们应有自由的决策权。只要
他们的行为是出于良好的信念并且是合乎情理地作出，法院就不会干预他
们的专业判断。① 在这种高度的学术遵从原则下，法院除了不审查高校决
策的实体性内容外，对其所作出决策的程序也不作审查，甚至认为遵循有
关程序对学术性决策并无益处。比如在 1913 年巴纳德案中，法院就认为：
"一个公开的听证对查明学生行为不端所要进行的事实调查或许是有用
的，但其对学术真理的探究则无裨益。"②

随着 1961 年宪法理论的确立，学生权利的宪法保护开始成为司法审
查的重要目标，绝对的学术遵从原则开始动摇了。就像希利案中，法官鲍
威尔在判决书中所指出的那样："虽然大学管理者享有广泛的裁量权，但
学生权利在受到侵害时同样应当得到救济。大学的环境虽然特殊，但并不
能完全被排除在宪法的约束之外。"道格拉斯法官则在其不同意见书中进
一步指出："向高等教育机构的管理层致敬的时代已经结束，当学生的新
观念与高校的传统观念及教条发生冲突时，没有理由给予大学特权。"③
之后，法院逐渐把"正当程序"纳入司法审查的视野中。

从判例来看，美国学位纠纷主要有两类：一类是基于学术性问题，比
如没能修满学分或学术不诚实；另一类是基于非学术问题，比如纪律惩
戒、大学所反对的社会不当行为、没交学费或其他费用等。④ "正当程序"
首先被认为只适合于因非学术性问题而引起的学位纠纷案件中，而不适合
于因学术性问题而引起的学位纠纷中。比如在马赫旺莎案中，联邦第五巡
回上诉法院就认为告知与听证的正当程序并不适合于此类案件，并明确提
出了所谓的两分法。该案原告在佐治亚州立大学完成了研究生学位的课
业，但却两次未能通过学位候选人应通过的综合考试。佐治亚州立大学向
原告提供了完成额外的课程作业以代替综合考试的机会，但原告却予以拒
绝并提出了诉讼。下级法院命令佐治亚州立大学向原告授予学位。在上诉
审中，联邦第五法院认为审理该案不必适用告知和听证程序，学校可以作

① Niles V. Orange Training School for Nurses, 63N. J. L. 528, 42A. 846（N. J. 1899）.
② Barnard V. Inhabitants of Shelburne, 216Mass. 19, 102 N. E. 1097（1913）.
③ Healy V. James, 408 U. S. 176. 转引自刘金晶《法庭上的"自主高校"》，《环球法律评论》2011 年第 6 期。
④ William H. Sullivan, The College or University Power to Withhold Diplomas, 15 J. C. & U. L. 335, 337, 1989.

出拒发学位的决定，因为"在判决有关违纪行为的指控时也许需要听证，但在查明有关学术性的事实方面听证可能会是无用的或是有害的。学生享有的正当程序权利，在基于纪律处分开除案件和基于学术性原因拒发学位证书案件之间存在着明显的两分法"①。

但在霍罗威茨案中，联邦第八巡回上诉法院开始突破所谓的两分法，即便在因学术性问题而引起的纠纷案件中，高校也必须遵循较严格的正当程序。该案原告霍罗威茨因为没有达到学校的学术要求而被退学。她以学校违反了正当程序为由向法院起诉，要求法院强制学校恢复其学籍。地方法院并未支持她的诉求。但在上诉审中，联邦第八法院认为高校必须给她一个听证的机会，否则就是对她所享有的《宪法》第十四修正案所规定的正当程序权利的侵损。②

通过正当程序把高校纠纷案件的程序问题纳入司法审查的范围，为有效救济学生权利提供了重要的保障。而在此后的诸多判例中可以看到，法院尝试着将实体问题也纳入司法审查中去。在面对实体问题时，法院仍强调对学术领域的司法克制。联邦最高法院就多次类似重申道："当法官被要求审查一个纯学术决定的实质内容时，他们应当对教师的专业判断表现出高度的尊重。很清楚，除非专业判断是如此实质地违背了可接受的学术规范，以至于表明负责人或委员会事实上没有作出专业的判断，否则他们不会推翻这个判断。"③ 在1986年联邦第十一巡回上诉法院就依照联邦最高法院的上述立场，审理判决了一起学位授予纠纷案件。该案原告弗雷德里克·J.哈波尔因博士考试不合格而被阿拉巴马大学研究生指导委员会取消博士生学籍。法院采取了对学术决议的审查标准，即当法官被要求去审查一项纯属学术性决议的实质，他们应当对专业人员的专业判断极为尊重。除非学术决议偏离公认的学术标准太远，以至于相关的人员或委员会实际上没有进行专业学术评判，否则他们的决定不能被推翻。最终驳回了原告的诉讼请求。④

尽管法院表示对纯学术性决定的实质方面要高度的尊重，但显然为这

① Mahavongsanan V. Hall, 529 F. 2d 448 (5th. Cir. 1976).
② Horowitz V. Board of Curators of University of Missouri, 538 F. 2d 1317 (8th Cir. 1976).
③ Regents of the University of Michigan V. Ewing, 474 U. S. 214, 225 (1985).
④ OLIVAS. M. A: The Law and Higher Education, Durham: Carolina Academic Press, 2006: 713-715.

种高度尊重留下一定回旋的余地，即如果学术决定"明显是武断或恣意的"，法院就可以禁止这一行为。比如在坦纳案中，原告坦纳作为一名毕业生，完成了学位论文，并通过了综合考试，却被通知两者都不被接受，因为他的学位论文委员会从来没有被大学正式承认。坦纳请求法院发布强制令，命令伊利诺伊大学授予他学位。虽然他的诉求被下级法院驳回了，但上诉法院裁决认为，按照坦纳诉状的说法，他已提供了足够的证据，证明大学有恣意和变幻不定的行为。① 而在 1994 年阿尔肯案中，原告在满足了除博士论文之外的所有要求之际，被学校以教学能力和学术研究能力差为由退学了。法院发现，他在学期间曾发表过一些反对学校的言论和一些相反的政治言论。在此，法院没有采纳学校的意见，认为学校的决定出于不良的动机，带有与学术无关的偏见。于是，判决学生胜诉。②

可见，美国法院采用"明显是武断或恣意的"这一审查标准，已开始介入高校学术决策的实体方面。从现有的判例来看，法院对学术决定是否"明显是武断或恣意的"判断，主要集中学术决定的形式方面，而非实质方面，其认定的情形主要包括：表面上看起来是学术判断，其实教育者却以令人怀疑的方式作出，以至于背离公认的学术准则，甚至根本未作学术判断；出于不良动机；带有与学术无关的偏见；任意无常，违反平等性等。③

用正当程序来审查程序问题，用"明显是武断或恣意的"来审查实体问题，甚至在 2007 年，将被认为是大学自治制度核心的"同行评审"也纳入了司法审查的范围，④ 美国法院已经走出了传统的"学术遵从"时代，走进了对高校学术决策全面司法审查的时代。

二 德国司法态度与立场：从"判断余地"到"作答余地"

同样有着悠久的大学自治传统的德国，随着"无漏洞救济"原则的确立，其法院对高校决策的司法审查也经历了历史性的变迁。下面以考

---

① Tanner v. Board of Trustees of the University of Illinois, 363 N. E. 2d 208, 209, 210（Ⅲ. Ct. App. 1977）.

② Alcorn V. Vaksman, 877 S. W2d 390（Tex. Ct. App. 1994）.

③ 韩兵：《论高等学校对学生的惩戒权》，浙江大学博士学位论文，2007 年，第 110—111页。

④ See Qamhiyah V. Iowa State University, 245 F. R. D. 393（S. D. Iowa 2007）. 转引自刘金晶《法庭上的"自主高校"》，《环球法律评论》2011 年第 6 期。

试事件为例来考察司法对高校学术评价方面所持态度与立场的转变与
发展。

　　在德国，公立高校作为公营造物，具有公法人法律地位，其与学生的
纠纷以行政诉讼方式由行政法院受理审查。在审查过程中，行政法院一般
把高校学术决策行为视同为行政裁量行为，并以此遵循相关审查原则。

　　"判断余地"（Beurteilungsspielraum）理论是德国行政法学家奥托·
巴霍夫（Otto Bachof）于 1955 年在其论文《在行政法之判断空间、裁量
与不确定法律概念》中提出的。他认为行政机关适用不确定法律概念在
立法者授权下，行政机关对某一部分行政领域可以自行作成最后的评价与
决定必须被接受与尊重，不得审查。[①] 一般认为，判断余地的主要类型
有："1. 不可代替的决定：（1）考试决定（2）学生学业评量（3）公务
员法上的判断；2. 由独立的专家及委员会作出的评价决定；3. 预测决定；
4. 计划的决定；5. 高等专业技术性及政策性之决定；6. 涉及地方自治事
项的不确定法律概念。"[②]

　　1959 年针对考试事件的行政诉讼，德国联邦行政法院首次将"判断
余地"适用于该案，在其判决书中指出，由于考试事件具有专业性，并
涉及教育评价，应承认教育机构对考试事件有判断余地，行政法院应予尊
重，不作审查。于是，"判断余地"成为了自突破特别权力关系理论后，
法院受理高校纠纷后在司法审查范围与标准上所采取的最基本的立场。

　　之所以将"判断余地"理论运用到高校纠纷案件中，恰如柏林高等
行政法院院长 Dieter Wilke 所指出的那样：法院不审查是因为，有关实质
专业问题的判断非法官个人能力所及，即使是受过相当专业训练的法官，
要对医学、太空等各种领域表示深度见解，并且由法官作出决定，近乎危
险。[③] 可见，"判断余地"虽是从不确定法律概念与行政裁量的角度提出
的理论观点，但将此运用到高校纠纷案件中，其实有着与美国"学术遵
从"相似的考量点，即对学术专业性与自治性的尊重。

　　秉持对考试机构与学校判断余地的尊重，法院一般不审查考试的实质
内容，包括考题的内容、具体的分数等。甚至考生在考卷上所作的回答，

---

① 董保城：《教育法与学术自由》，台湾元照出版有限公司 1997 年版，第 84 页。
② 翁岳生：《行政法》（上），中国法制出版社 2009 年版，第 253—260 页。
③ 董保城：《教育法与学术自由》，台湾元照出版有限公司 1997 年版，第 85 页。

如果本来是正确答案，却被误评为错误而扣分，那么依照考试机关享有判断余地的司法立场，行政法院也不会对其进行审理。除非考试机关对于考试内容上的评分显然恣意判断，行政法院则可以进行审查。① 因此，在"判断余地"的司法原则下，法院只对考试程序作审查。"由于法院仅能对考试程序作审查，为确保考生之权益，考试程序相较一般行政程序更须强化其形式之规定，由此可见，考试程序在法律上而言是不仅属要式而且缺乏弹性受到羁束之程序。"② 具体而言，其审查事项主要包括六点。①是否遵守考试和评议的程序性规定，即有无考试程序上的瑕疵，如考试委员的聘任，评议委员会的组成是否合法；命题、考试时间与方法，阅卷等是否遵守考试法规。②是否对具体的事实有误认，如是否误认解答文句的内容，或遗漏答案的一部分。③是否偏离一般的公认的评判标准，如考试的评分是否以比较方式评定。④是否参考了与考试和评议无关的因素，如是否存在私人恩怨，好恶或偏见等影响判断。⑤分数是否计算错误等程序性问题。⑥是否违背平等原则，如男女或种族间之差别待遇，或违反考试法上机会平等之重要原则。③

1991 年德国法院在考试事件上的保守立场开始转向，从教育机构或考试机关的"判断余地"转向考生的"作答余地"。同年 4 月 17 日，针对考试事件案件，德国联邦宪法法院作出了两项判决，对判断余地进行修正。德国联邦宪法法院则认为，考试事项虽属特殊性评断，然而，不能因此就摆脱法院的审查。考生在考试作答的见解虽与标准答案不完全相符。但是学生的见解若有道理可以说得通，此时应评为正确并给予分数。除非考题特殊以致考生回答问题的答案必须明确固定外，对考试的判断空间应从两种不同角度来观察，一方面评分委员固然享有判断余地；另一方面，考生在作答时亦应享有一个适当的回答问题的空间。考生所回答问题答案如果属于具备充分辩解理由、合乎逻辑的陈述，就不应被评断为答案错误。④ 可见，"作答余地"的司法审查已涉猎学术与专业的实质判断领域。

受联邦宪法法院这两项判决的影响，联邦行政法院已逐渐在其日后的

---

① 董保城：《教育法与学术自由》，台湾元照出版有限公司 1997 年版，第 87 页。

② 同上。

③ 翁岳生：《行政法院对考试机关考试评分之审查权》，载《台大法学论丛》，三卷一期。

④ 董保城：《教育法与学术自由》，台湾元照出版有限公司 1997 年版，第 97 页。

判决中作了相应的调整。对于考试争讼事件，联邦行政法院改变以往的消极审查转为积极审查并提高了审查的密度，同时，不仅将"作答余地"原则适用于学位结业考试以及国家考试，而且扩展至各种各类职业考试。① 尽管，从"判断余地"到"作答余地"，学生在考试评分等方面的合法权益得到了更为有效的法律保护，但德国高校并未因而造成大量诉讼浪潮的效应。②

　　当然，对包括考试事项在内的学术和专业问题的司法立场与态度的改变，德国实务界及学界也有不少人提出质疑，担忧这种司法审查强度增加会带来一些问题。比如德国已故行政法院院长 Horst Sendler 提出跨国比较后的质疑：德国行政法院的控制密度，不论就不确定法律概念的解释或涵摄或行政裁量，均属过高，而代价为高度的法官人事成本、审判时间的延宕，法官之难以胜任，行政部门专业性不受尊重、个案裁判的标准难以清楚地预见等结果，并在世界成为孤儿，因为法国、瑞士、英国等均不同于德国模式。③ 的确，从司法成本与司法能力的角度来看，"作答余地"原则的践行所面临的挑战与难度更大。

　　与"作答余地"的德国司法审查强度相比，法国对高校决策的司法立场相对缓和。法国公立高校跟德国公立高校具有相似的法律地位，公立高校在法律上具有公务法人的地位。"大陆法系有关公务法人的理论认为，公务法人与设置主体之间存在合作与独立的双重性，一方面设置主体必须对公务法人加以监督指挥，另一方面，因公务法人的出现顺应了现代行政专业化、分散化及自主化趋势，所以必须允许公务法人享有在其特殊功能范围内自主管理、自主判断，制定章程和规则的权力。"④ 因此，在法国，对于公立高校基于学术专业行使的学术判断权，不仅要求遵循诸如平等原则、公开原则等公法原则，学生在一定情况下还可以提起诉讼，这一诉讼由行政法院受理。⑤

---

　　① 董保城：《教育法与学术自由》，台湾元照出版有限公司1997年版，第99页。
　　② 同上。
　　③ 黄锦堂：《行政判断与司法审查》，载汤德宗、李建良主编《行政管制与行政争讼》，新学林出版股份有限公司2007年，第343页。
　　④ 马怀德：《学校、公务法人与行政诉讼》，载罗豪才主编《行政法论丛》（第3卷），法律出版社2000年版，第433页。
　　⑤ 王敬波：《高等学校与学生的行政法律关系研究》，中国政法大学博士学位论文，2005年，第56—58、104页。

针对高校纠纷案件，法国行政法院确定了尊重教师的专业权威与维持法院最小的监督相结合的审查标准。根据王敬波博士的研究，法国行政法院认为对于具有很强专业性的考试评分和学术问题的评定结论，法官应充分尊重教师和评议委员会的权威，这种标准的宪法基础是教育独立原则。法院认为评议行为既无法律特征，也无限制性特征，评议委员会有权确定评议标准，对于评议委员会根据考生的论文或者试卷内容所作的评议，不属于行政法官控制范围。但是法院并不认为专业人员的权威毫无限制，法院仍然在有限的范围内享有审查学术评价行为的权力。法院主要审查以下内容。第一，评分是否违反平等原则，如对于接受同样考试的人给予不同的评分标准。第二，评分是否考虑了试卷以外的因素，如错误地怀疑考生作弊。第三，试卷的内容是否超出了考试纲要的范围。第四，考试、评议的组织和程序是否合法，包括对于评议委员会的组成和任命是否符合法律规定和基本的法律原则，评议中采用的评议标准是否合乎法律和评议人的规定。第五，评议的程序是否合法等。①

上述内容表明，法国行政法院对考试事项在审查范围上同样涵括了程序问题和实体问题，但在实体问题的审查强度上明显低于德国，只是对"试卷的内容是否超出了考试纲要的范围"等事项进行审查，并不涉及学术和专业上的实质判断领域。

三　台湾地区司法态度与立场：从"合法性审查"到"正当性审查"②

本书在第四章曾对台湾地区大学自治权内涵的发展进行了考察，③ 通过释字第 380 号和第 450 号，在大学自治权与国家公权力的关系上勾勒了一幅极富浪漫的图景，即大学自治不仅可以对抗行政机关的不法干涉，亦可以对抗立法者的不当规范。但是，大学从外部层面争取到的自治权，却不断受到来自其内部层面的挑战，特别是随着学生权利的张扬。面对高校与学生间的纠纷，台湾地区的司法审查同样经历了跨

---

① 王敬波：《论高校学术评价行为的司法审查范围与强度》，《法律适用》2007 年第 6 期。

② 本部分内容已由笔者以《论大学自治权与学生权利的平衡——从台湾地区司法实践切入》一文发表于 2013 年第 1 期《行政法学研究》上。

③ 详见第四章第一节第三项（4.1.3）。

越性的转变。

（一）司法介入的实践演变

上文提到，受德国特别权力关系理论的影响，台湾地区也曾一度拒高校纠纷于司法门外。但随着 1995 年释字第 382 号，台湾地区高校与学生间的特别权力关系理论开始被突破。

台北商业专科学校学生王某，在参加 1990 年度第一学期期末考试后，被学校以考试作弊为由勒令退学。王某不服该退学处分，遵循法定程序依次提起诉愿、再诉愿及行政诉讼，[①] 请求撤销该处分，但均遭程序驳回。驳回的理由主要是：公立学校对学生所为的处分，属于特别权力关系，学生对此不享有提起诉愿、再诉愿，及行政诉讼的权利。

释字第 382 号就是由前述案例中被开除的台北商专学生王某所提交的声请案而做出的。针对声请，大法官在解释文中指出："受处分之学生于用尽校内申诉途径，未获救济者，自得依法提起诉愿及行政诉讼。"从而终结了台湾地区学生被学校开除不能寻求司法救济的历史。因此，该号解释发表后，即有学者发表评论予以高度肯定，认为其对打破学校领域的特别权力关系，具有"开创性"的意义。[②]

当然，司法实务上的转变，与特别权力关系理论发展存有密切关系。上文论述过，"二战"后，随着人权意识的不断高涨，特别权力关系理论受到了严厉批评。为了应对时代需求，学者们提出了各种修正理论。其中德国学者乌勒（Carl Hermman Ule）提出的"基础关系与经营关系"二分论最具影响力。根据乌勒的理论，[③] 将特别权力关系主体所为的内部行为分为基础关系和经营关系。其中基础关系主要指涉及内部成员身份或地位的得失等行为；经营关系主要指在不改变内部成员身份或地位的情况下，对其所为的各种管理手段。乌勒主张，针对基础关系可以适用公法上的一般原则，即内部成员享有基本权利的保护、主体行为适用法律保留且法院对此进行司法审查。而经营关系则依旧适用传统的特别权力关系理论，排除司法审查。

---

① 台湾地区的诉愿类似于大陆的行政复议。

② 蔡茂寅：《在学关系与司法审查——评大法官会议释字第 382 号解释》，《月旦法学杂志》1995 年第 4 期。

③ 翁岳生：《论特别权力关系之新趋势》，《行政法与现代法治国家》（第十版），1990 年版，第 143 页。

释字第 382 号就是乌勒二分理论具体运用的一个实例。首先在解释文中肯定了因改变学生身份并损及其受教育权的基础关系适用司法审查原则:"各级学校依有关学籍规则或惩处规定,对学生所为退学或类此之处分行为,足以改变其学生身分并损及其受教育之机会,自属对人民宪法上受教育之权利有重大影响,此种处分行为应为诉愿法及行政诉讼法上之行政处分。"接着又在理由书中对经营关系中的学生司法救济的请求权做出了严格的限制:"如学生所受处分系为维持学校秩序、实现教育目的所必要,且未侵害其受教育之权利者(例如记过、申诫等处分),除循学校内部申诉途径谋求救济外,尚无许其提起行政争讼之余地。"但由于基础关系与经营关系划分的标准存有争议,并非清晰明朗。而对受教育权的内涵与外延也存有不同理解。再加之,类似"为维持学校秩序、实现教育目的所必要,且未侵害其受教育之权利者",这样的表述因用语不明确,往往导致实务上即使"对学生受教育权以外权利有重大影响"的行为,也是屡屡不许救济。① 当然,对该号解释存有的不足,也有学者表示了理解:"释字第 382 号解释虽有不尽如人意之处。但该解释对于盘踞、压制台湾民主与法治秩序半个世纪之久的'特别权力关系'理论,有重要的解构之功。或许作出解释当时,解构的力道还不敢用得太深。"②

因此,从学生权利保障的角度来看,释字第 382 号在突破特别权力关系理论上算是一个启动程序,而彻底放弃该理论并确立大学生"有权利必有救济"原则的是释字第 684 号。

释字第 684 号缘起于下述三个声请案。

案例 1:台湾大学硕士生陈某选修其他学院所开设的《公司治理与企业发展》的 EMBA 课程,但该学院通知其"非该学院 EMBA 学生,不得加选该课程"。陈某认为该学院选课限制的规定有违宪法上受教育权的保护,使其学习自由受损。于是向学校提出申诉,但遭到驳回。后又提起诉愿,教育部也不受理。后向台北高等行政法院、最高行政法院提起行政诉讼,均遭驳回。法院驳回的主要理由为:"对于学生所为选课限制,系基

---

① 赖恒盈:《告别特别权力关系——兼评大法官释字第六八四号解释》(上),《月旦法学杂志》2011 年第 10 期。

② 李惠宗:《校园将永无宁日?——释字第 684 号解释评析》,《月旦法学杂志》2011 年第 4 期。

于教学自由，为维持学术品质，实现教育目的所必要之管理措施，并未改变抗告人……硕士班学生身份，且未损及抗告人受教育之机会，则诚难认系争管理措施对于抗告人宪法上受教育之权利有重大影响，自不得谓系争管理措施相当于有致学生退学或类此之行政处分。根据前揭司法院释字第382号解释意旨，系争管理措施尚不属行政处分，不得提起诉愿及行政诉讼。"①

案例2：私立醒吾技术学院学生龙某，因必修课《商业套装软体》的考试日期，与另一门课程相冲突，于是向必修课授课老师申请提前考试。虽获批准，但该门课程被授课老师评定为成绩不及格，从而导致其无法顺利毕业。龙某认为教师成绩评分上存有不公，于是向学校提起申诉，但遭学校评议委员会以"违法事件之审查，乃非申评会之权责"为由不予处理。"教育部"则以"非属司法院释字第382号解释理由书规定之退学或类此、改变学生身份、损及受教育机会处分"为由并未介入。龙某再向台北高等行政法院提起诉讼，但遭驳回，后又向"最高行政法院"提起抗告，同样遭到驳回。法院驳回的理由均为："本案非属司法院释字第382号解释理由书规定之退学或类此、改变学生及'其他有违行政中立及影响校园身份、损及受教育机会之行政处分，除循学校内部申诉途径救济外，尚无许其提起行政争讼之余地。"②

案例3：台湾大学学生蔡某，向该校课外活动组申请在学校公告栏及海报版张贴"挺扁海报"，被学校拒绝。蔡某认为学校不同意张贴，违反"宪法"第11条保障人民言论自由权，经校内申诉、向"教育部"提起诉愿、向台北高等行政法院提起行政诉讼及向"最高行政法院"提出抗告，皆因受理机关援引释字第382号解释意旨而遭到驳回。③

上述这三个案例，一方面说明台湾地区"大法官解释"对司法实践所具有的影响力；另一方面也看到释字第382号所设置的诉讼壁垒，随着"认真对待权利"的时代潮流而受到不断挑战与质疑。

2011年1月17日台湾地区针对上述三个声请案，公布了释字第684号。"大法官"试图通过该号解释，彻底解构学校领域这一特别权力关系

---

① 参阅陈玉奇释宪声请书。
② 参阅龙国宾释宪声请书。
③ 参阅蔡曜宇释宪声请书。

理论的最后堡垒。这一用意可从其理由书中窥得一斑。首先，"大法官"直接宣示"宪法"第16条有权利即有救济的意旨，不得仅因身份的不同而受到限制。接着，明确表示学生不仅有受教育权，即使受教育权以外的"其他基本权利"受到侵害，也可以提起行政诉讼。最后，明确宣告第382号解释中涉及不许救济的部分，应予变更。

针对该号解释，学界反应不一。有人担忧这一解释会让大学遭遇讼累，使得校园永无宁日；① 以致有学者发出疑虑：这到底是送给大学生的礼物还是大学的震撼弹？② 当然，也有学者对此抱乐观态度，认为该号解释将有助于"使传统上居于无可挑战地位的学校权责单位及教师，在作成各种对有所不利影响学生的措施前，会更加谨慎"③。除了对可能产生的外部效应的争论外，该号解释对大学生权利保障所具有的实效性也遭到学者们的质疑。学者们认为该号解释只给了大学生一种"空洞"的争讼权利，④ 大学这片借着自治的名号而成为法治国家的原始森林并未真正告别，⑤ 而且大学自治似有干预学术自由之嫌，变成一种"反噬现象"了。⑥ 但不管怎么说，释字第684号开启了台湾地区司法全面介入高校纠纷的历史。

（二）司法审查的模式转变

从突破到彻底解构特别权利关系理论的过程中，法院对高校纠纷的司法审查模式也逐渐从合法性审查转向了正当性审查。

在21世纪之初，台湾地区曾有两例有关大学生被退学的司法判决引发了争议。一例是私立世新大学的"二一"退学制，即该学校学则第29条的规定："学生学期学业成绩不及格科目之学分数，达该学期修习学

---

① 李惠宗：《校园将永无宁日？——释字第684号解释评析》，《月旦法学杂志》2011年第4期。

② 萧文生：《释字第684号送给大学生的礼物 VS 大学的震撼弹》，《月旦裁判时报》2011年第8期。

③ 李惠宗：《校园将永无宁日？——释字第684号解释评析》，《月旦法学杂志》2011年第4期。

④ 李建良：《大学生的基本权利与行政争讼权——释字第684号解释简评》，《台湾法学杂志》2011年第3期。

⑤ 周志宏：《告别法治国家的原始森林？大法官释字第684号初探》，《台湾法学杂志》2011年第3期。

⑥ 李惠宗：《大学自治权下学籍制度合宪性之探讨——释字第684号的问题》，《月旦法学教室》2011年第6期。

分总数二分之一者，应令退学。"依照该规定将学期所修学分有二分之一不及格的学生黄某退学。黄某不服学校处分，后向台北高等行政法院提起行政诉讼。另一例是公立花莲师范学院学生纵火案。该校学生李某因纵火被判刑。后学校以该学生前述行为属于重大违规事项，经学务委员会议依照学生奖惩办法第十二条第十一款规定予以退学。李某不服学校退学处分，后也向台北高等行政法院提起行政诉讼。台北高等法院最后认定两校的退学处分都属于违法行为，其理由主要是校规规定违反法律保留原则，因为关于学生退学或开除学籍处分在"大学法"中并未有所规定或明确授权。

两案判决作出后引起诸多质疑，一些大学校长甚至"教育部"都认为这是对大学自治的过度干涉。同时这也引发了学者们强烈探讨，特别是其中法院认定大学自订有关退学制度因违反法律保留原则而无效，更是引发有关大学自治与法律保留关系的学术探讨。① 本书无意于将这众多观点意见予以一一剖析，只是试图去还原一下引发这场争议的情境，并试图理解在此情境下法院判决或情有可原之处。

首先，两案发生在释字第 450 号之后。前文提过，经释字第 380、450 号后，大学自治不仅获得立法保留，甚至提升到了宪法保留地位。那么，为何台北高等法院仍以法律保留原则（主要是立法保留）来制约大学自治原则呢？难道这是法院公然背弃大法官解释的意旨？笔者认为法院所作出的判决是可以解释的。因为，释字第 380、450 号中所提到的立法保留与宪法保留，是针对大学之外的行政机关与立法机关的行为，即行政机关对大学事务进行管理与监督时必须要符合立法保留原则，而立法机关在对大学事务进行相关立法规制时必须要符合宪法保留原则。可见，释字第 380、450 号主要在于厘定大学自治权与国家公权力的关系。而在大学自治权与学生权利的关系上，除了释字第 382 号赋予了学生有限的诉讼权外，至于大学以自治名义制定的校规，在涉及学生的基本权利（如受教育权）时，是否要符合法律保留原则，并未有相关的大法官解释给出

---

① 如林明锵：《大学自治与法律保留——评台北高等法院八十九年度判字第 1833 号判决》，《月旦法学杂志》第 77 期；黄昭元：《落第搁落之大学生——二一退学的宪法争议》，《月旦法学杂志》第 80 期；程明修：《针对学生退学处分之行政诉讼的选择——兼评台北高等法院八十九年度判字第 1833 号判决》，《月旦法学》第 82 期；李建良：《大学自治与法治国家——再探二一退学制度的相关法律问题》，《月旦法学杂志》第 101 期等。

明确答案。

正是基于这样的背景，台北高等行政法院认为在涉及大学生基本权利时，大学自治应该止步于法律保留，从而对大学校规进行合法性审查，强调违反法律保留原则的校规不予适用。比如在世新大学退学案的判决书中，台北高等行政法院认为："被告所自行订定学则第二十九条，以大学学生学习成绩不及格科目之学分数达该学期修习学分总数二分之一，作为剥夺大学生之学生身分之理由，违反法律保留原则及'中央法规标准法'第五条之规定，本院不受其拘束，而不予适用，被告依该学则对原告所为之退学处分，系属违法之行政处分。"①

由上观之，台北高等行政法院判决并未背离"大法官"在释字第380、450号中所确立的大学自治原则，只是尝试着在实务中对大学自治权与学生权利的冲突做出一种价值性选择。但是，这种通过对大学校规进行合法性审查来实现对学生权利的保障并未获得最终成功。因为，2002年"最高行政法院"通过第344、467号判决分别废弃了花莲师范学院纵火案和世新大学"二一"制退学案的原判决。在判决理由中，"最高行政法院"虽然肯认了原判决中有关干涉公民权利义务的事项适用法律保留原则，但是也强调大学自治原则不容忽视，并认为应在尊重大学自治原则下，法律仅对有关学生权利义务事项做低密度规范，即"无法律另设规定，则大学自为规定"。可见，"最高行政法院"在大学自治权与学生权利之间更倾向于对大学自治权的维护。既然，肯认在法律无明文规定情况，大学可以根据大学自治原则而进行"自为规定"，那么，大学"自为规定"的校规是否合法，就不可能成为司法审查的内容。

虽然，"最高行政法院"最终放弃了对大学校规进行合法性审查。②但是，在"认真对待权利"旗帜高扬的时代，对学生权利的保障同样不容忽视。而在学生不断地"为权利而斗争"，台湾地区司法机关逐步对大学校规建立了正当性审查模式。

夏某是台湾政治大学民族学系硕士班学生，因两次参加一门硕士候选人资格考试科目没有及格，被民族学系依据该系有关规定予以退学处分。

---

① 台北高等行政法院 2000 年度诉字第 1833 号判决书。

② 文中所指的"校规"是对大学基于自治权而制定的有关规章制度的统称，包括招生简章、学籍管理规章、学生奖惩规章、学位授予细则等。

夏某不服，认为该系有关硕士候选人资格考试的规定与法律不符，因为根据 1994 年修正后的"学位授予法"第 6 条第 1 项可知，硕士候选人资格考试制度已被废除，但是政治大学民族学系却依旧保存了该项考试制度，致使学生增加额外的法律负担并以此为依据将其退学，严重侵害到他的受教育权。

"大法官"针对该声请案作出释字第 563 号。在该解释中，"大法官"肯定了大学享有超越法律规定而另设学位授予条件的权利："学位授予法"第六条第一项规定，是国家本于对大学之监督所为学位授予之基本规定，而大学为确保学位之授予具备一定之水平，有权利在合理及必要的范围内，订定有关取得学位的资格条件。不过，就影响学生权利的相关大学自治行为，"大法官"亦作出了限定："大学对学生所为退学之处分行为，关系学生权益甚巨，有关章则之订定及执行自应遵守正当程序，其内容并应合理妥适，乃属当然"。

虽然相对解释文篇幅，这一限定可谓寥寥数语。但是，其所具有的战略性眼光不容置疑。正如前文所言，大学自治经释字第 380、450 号后，获得了重要地位。虽然经释字 382 号，学生权利的司法救济途径也被有限地打开。但是，相对大学所享有的自治权，学生权利的保障仍处弱势。特别在"最高行政法院"排除了对大学自治的合法性审查后，如何防范大学借着自治之名而重堕特权权力关系理论之窠臼，成为专制而恣意侵害学生权利的王国，就成了难题。可以说，释字第 563 号是对解决该难题所作出的第一次回应与努力。

从内容上看，这一限定初步建构了司法对高校决策的正当性审查模式，即大学"有关章则之订定及执行自应遵守正当程序"。而正当程序具体何指？在理由书里对此进行了解释，主要指两方面：一是指大学校规制订时应当遵循民主正当性，即制订与学生权益有关的校规时，应有民主选举产生的学生代表参与；二是指大学校规执行时应当遵循正当程序，即对学生作出有关处分时，应有相关申诉、告知等程序。可见，该号解释主要是从形式（或程序）上对大学校规制订与执行进行了规范。虽然，该号解释也提到大学有关章则内容应当"合理妥适"，但到底何谓"合理妥适"，并未做出具体解释。而在有关内容上是否"合理妥适"的问题，则涉及实质正当性问题。关于大学校规的实质正当性审查模式的建构则是在释字第 626 号中完成。

释字第 626 号是针对考生郑某所提请的声请案。郑某参加某警察大学研究所硕士班入学考试,并顺利通过初试、复试口试。但在复试体格检查时,因为色盲,被判定体检不合格,从而导致不予录取。郑某对此不服,认为以歧视人的生理缺陷作为入学条件,侵害其人性尊严且剥夺其受教育权,因而该校招生简章中拒绝色盲者入学的规定违反法律保留原则及授权明确性原则,并逾越大学自治范畴。

虽然在该号解释中,"大法官"肯认了大学所自订的相关入学资格条件,并无违反法律保留原则。但理由书对该招生简章中有关拒绝色盲者入学的规定是否违宪的一番论证,值得注意。

理由书第三段明确指出:"系争'中央警察大学九十一学年度研究所硕士班入学考试招生简章'乃警大为订定入学资格条件所订定之自治规章,在不违背自治权范围内,固不生违反法律保留原则之问题,但仍受宪法所规定基本权之拘束。"接着,在此基础上进一步提出:"因以色盲之有无决定能否取得入学资格,使色盲之考生因此不得进入警大接受教育,而涉有违反受教育权与平等权保障之虞,是否违宪,须受进一步之检验。"由此观之,大法官认为大学基于自治而制定的规章,可以无法律保留问题,但是,该规章之内容仍须受到平等原则的检验。若存在对平等原则的限制,那么,需要进一步审查这种限制是否合理。

理由书第五段具体阐述如何审查对平等原则限制的合理性:"招生简章之规定是否违反平等权之保障,应视其所欲达成之目的是否属重要公共利益,且所采取分类标准及差别待遇之手段与目的之达成是否具有实质关联而定。"换言之,大学自订规章对公民平等权进行限制,应从该限制所欲达到的目的是否属于重要公共利益,以及为达到这种目的而采取的手段是否符合比例原则。

"大法官"运用上述逻辑对警大拒绝色盲者入学的规定进行了实质正当性审查后,认为:"警察大学……系为培养理论与实务兼备之警察专门人才,并求教育资源之有效运用,藉以提升警政之素质,促进法治国家之发展,其欲达成之目的属重要公共利益;因警察工作之范围广泛、内容繁杂,职务常须轮调,随时可能发生判断颜色之需要,色盲者因此确有不适合担任警察之正当理由,是上开招生简章之规定与其目的间尚非无实质关联。"从而认定该校招生简章并未违反"宪法"规定。

台湾地区司法机关在经历一系列的实务尝试后,对高校决策的合法性审查模式已被彻底放弃。随着释字第 563、626 号的努力，一种正当性审查模式的基本框架得到了呈现。该审查模式的基本框架如下所述。首先，对大学基于自治权所作出对学生权利存在影响的具体行为进行形式正当性审查，判断该行为是否符合正当法律程序。具体而言，该行为是否由既定规则所认定的组织做出、是否按照既定程序、是否赋予相对人辩论机会。若在该阶段存有瑕疵，那么可以依此视为该行为无效；若通过审查，那么就进入第二个阶段，即该行为所依据的校规自身是否具有正当性。这一阶段的审查又可以细分为两大步骤，第一步审查该校规的形式正当性，看其制定是否符合民主程序或专业性要求；若是存有瑕疵，那么可以认定该校规无效，从而导致依据该校规做出的行为无效。若通过审查，则进入第二步，即审查该校规的实质正当性，审查的基准主要是平等原则。若不符合平等原则，则进一步审查该校规制定的目的是否符合重要公共利益。若不符合重要公共利益，则可认定该校规无效；若是符合，则再进一步审查该目的与手段之间是否符合比例原则。

四　比较与启示：从程序性救济到实体性救济

对美国、德国和台湾地区司法实践的比较，可以发现三者在面对高校纠纷案件时，都已转向解决司法技术层面的问题，即有关司法审查内容和标准，不过各自的侧重点有所不同。美国司法从"学术遵从"到"全面审查"的立场转向中，侧重点在于司法审查的范围问题；德国司法从"判断余地"到"作答余地"的立场转向中，侧重点在于司法审查的内容问题；台湾地区司法从"合法性审查"到"正当性审查"的立场转向中，侧重点在于司法审查的标准问题。但不管怎么说，这些司法立场与态度的转向，一定程度都使得司法审查的范围从程序问题扩展到实体问题，司法审查的方式从形式审查扩展到实质审查。而司法扩展的背后凸显了对学生权利从程序性救济到实体性救济的焦点转换。

若从司法介入高校纠纷的整个过程来看，无疑是高校自主权与学生权利的一场博弈。从最初"是否介入"的疑虑到后来"何时介入"的考量，再到最后"如何介入"的坦荡，则表明在这场博弈中，司法走过了从对高校自主权（大学自治）的倾斜性尊重到对学生权利的倾斜性保护的"心路历程"。这种倾斜性的选择和改变，是法院努力在尊重高校自主权与保障学生权利之间寻求平衡点的尝试性努力，并有着可以理解的时代背景与基调。之所以会转向对学生权利的倾斜性保护，一方面是由于在这些国家或地区，大学自治已有了深厚的社会文化根基和有效的制度保障。不管是在有着大学自治传统的美国和德国，还是大学仍为政府附属机构的台湾地区，宪法有力地确保了大学不受不当立法规范和不法行政干涉。另一方面则是由于权利意识的高涨。耶林呐喊着为权利而斗争、德沃金高调着认真对待权利，我们不可避免走向了权利时代。

司法高举权利旗帜，对学生权利走出倾斜性保护的第一步就是赋予学生完全的诉求。特别在诉讼双轨制的德国和台湾地区，以"有权利必有救济"的法理践行着"无漏洞救济"原则，从而启动学生权利的程序性救济。但若仅仅是程序性救济，学生所拥有的其实只是一项"空洞"的争讼权利。换言之，学生虽然对高校侵害行为可以无拘束性地提起诉讼，但是法院能从实体上真正给予救济的可能性却不大。因为根据大学自治原则，大学享有对内的规章制定权，而这一规章制定权本身可以突破和超越法律规定。既然连法律（立法）都要受大学自治原则制约，那么，法院在司法审查相关案件时，其审查依据当然首要的是大学自订的规章。既然无法从法律上对此进行合法性审查，那么，依照大学自订规章去审查受到这一规章侵害的大学生权利时，自然无法得到真正的救济。因此，在形式法治国向实质法治国的转变中，① 司法对学生权利的救济也必然要从程序性救济走向实体性救济。

转向实体性救济后，高校决策的程序和内容开始被纳入司法审查的范围中，并从形式性审查扩张到实质性审查。不过在司法审查的强度上存在差异性，其中德国走得最远，"作答余地"使得高校决策中基于专业判断的实质内容受到实质性审查，而美国、中国台湾地区司法审查的范围虽然也已从程序问题扩展到实体问题，但对实体问题中基于专业判断的实质内容仍坚守司法克制原则而予以尊重。

---

① 形式法治国仅强调国家公权力之行使（行政与司法）应受到一般性、抽象性法律之拘束，而法律是透过一定之程序加以制定。实质法治国则更进一步强调法律之内容应追求正义之实现与人民基本权利之保障，抵触正义原则或侵犯人民基本权之法律，即使由国会所通过，也仅在形式的意义上具有法律的外观，并不符合实质法治国理念下所称之法律的要求。参见颜厥安、周志宏、李建良《教育法令之整理与检讨——法治国原则在我国教育法制中之理论与实践》，教育改革审议委员会 1996 年版，第 22 页。

第四节　高校学位授予权的司法审查

一　司法审查的模式选择

通过对域外司法实践的考察与比较已知，面对高校纠纷案件，法院已将程序问题和实体问题纳入司法审查范围，兼用形式审查与实质审查的方式，其司法目标主要转向对学生权利的实体性救济。各国或地区司法态度与立场的变化与发展，符合权利意识高涨的时代趋势。

因此，面对我国高校学位授予权纠纷案件，法院在寻求和选择适当的司法审查模式时，除了要考量高校学位授予权的特质外，理应对这一趋势作出积极回应，参照各国或地区的有益做法。

在司法审查范围上应选择"全面审查"模式。高校学位授予权行使中的程序问题和实体问题都应纳入司法审查范围中。在高校学位授予权的三个子权利，即学位授予标准设定权、学位评定权和学位证书颁发权中，都涉及程序性问题和实体性问题。比如在学位评定权中，评定主体的组成和议事规则属于程序问题，而评定的依据、理由及结果则属于实体问题。不管是实体方面，还是程序方面，都有可能导致对学生权利的侵害。因此，法院不应放弃对实体问题的审查。实践中有些法院拒绝将实体问题纳入审查范围，比如在杨蕾、白紫山等诉武汉理工大学一案中，（Aa7）湖北省武汉市中级人民法院在其判决书中就写道："学校如何规定自己学校学生的质量和水平，不是司法审查的对象。"[1] 这种以高校自主权为由一概拒绝对实体问题进行司法审查的做法是值得商榷的。

当然，不能一味地为了对学生权利进行实体性救济，而完全不顾学位纠纷的特殊性和高校自主权。毕竟学位纠纷中涉及诸多学术性和专业性判断，对于这些问题，司法应保持必要的克制，对高校自主权予以充分的尊重。因此，在司法审查内容上应选择"尊重专业判断"的模式。在高校学位授予权中，专业判断主要集中在学位评定权上，比如学位论文是否达到专业水准，就属于专业判断，对此司法应予以尊重。

在确定了司法审查的范围与内容之后，最核心的问题就是应采用何种标准对此进行审查。一般而言，行政诉讼案件以合法性标准审查为主。显

---

[1]　湖北省武汉市中级人民法院，（2006）武行终字第 60 号。

然在面对高校学位授予纠纷案件中，我国最高人民法院有以合法性标准为审查模式的选择性趋势。这一趋势的典型案例就是何小强案。

2012 年第 2 期《最高人民法院公报》刊登了《何小强诉华中科技大学履行法定职责纠纷案》（以下简称何小强案）一案。该案情与诸多学位授予纠纷案件类似，原告何小强因没有通过国家大学英语四级考试而被拒绝授予学士学位。何小强对此不服，认为华中科技大学将国家英语四级考试作为学士学位授予条件之一没有法律根据。针对该案，最高人民法院公报在其裁判要旨中首先一般性地指出："学位授予类行政诉讼案件司法审查的深度和广度应当以合法性审查为基本原则。各高等院校根据自身的教学水平和实际情况在法定的基本原则范围内确定各自学士学位授予的学术标准，是学术自治原则在高等院校办学过程中的具体体现，对学士学位授予的司法审查不能干涉和影响高等院校的学术自治原则"，可见，法院期望通过合法性审查来确保对高校自主和学术自治的尊重。

但这种合法性审查模式是否适合高校学位授予纠纷案件呢？若参照上文对台湾地区司法实践的分析来看，合法性审查模式能否真正保障大学自治是值得质疑的。而从学生权利救济的角度来看，合法性审查模式亦是无法切实对其进行实体性救济。显然，大学自治在大陆地区还需要不断争取，而这种争取更多是面向行政机关与立法机关，而不在于司法机关。在大学自治还未真正得到制度确立之前，对大学生权利诉求就不能简单地用内涵模糊的大学自治之名而予以消解。否则，这无异于特别权力关系理论以大学自治之名进行"借尸还魂"。

因此，为了防范大学成为恣意妄为之地并切实保障学生权利，正当性审查模式同样值得大陆法院在审理相关案件时借鉴。"法治实践表明，通过合法性标准规制政府权力虽仍有必要，但其效用已递减至极低限值，故应突破传统法治主义预设的合法性窠臼，辅以正当性标准，形塑合法性与正当性并用的二元体系。"① 那么，对于作为高校自主权的学位授予权的司法审查，则应以正当性标准为主，辅以合法性标准。

二　司法审查的主要基准

不管是合法性审查还是正当性审查，司法审查的具体基准是多样的，

---

① 江必新：《行政程序正当性的司法审查》，《中国社会科学》2012 年第 7 期。

难以一一列举。结合高校学位授予权的特点和我国司法环境，本书认为，应以正当程序为主要基准对程序问题进行审查，以比例原则为主要基准对实体问题进行审查。

其中，关于正当程序的有关内容，本书在第四章已探讨过。以正当程序为司法审查基准，不仅审查高校是否依照法定程序行使学位授予权，而且审查法定程序及法定程序之外程序是否符合正当程序要求。[①] 虽然在学位授予纠纷案件中，程序问题往往成为司法机关审查的重点，但实体问题却是引发争议的主要因素。学位授予的实体规则中，特别是有关学位授予标准问题，比如学术论文发表、国家英语四六级考试过关作为取得相关学位的规定，到底应以何种标准进行审查，在不断地挑战着司法经验与智慧。

在何小强案中，法院在裁判要旨中一方面强调审查该类案件以合法性标准为主，另一方面又强调这种合法性审查不能干涉和影响高等院校的学术自治原则。但这种合法性标准最终又因学术自治原则被完全消解掉了，正如法院在其判决书正文中所言："各高等院校根据自身的教学水平和实际情况在法定的基本原则范围内确定各自学士学位授予的学术标准，是学术自治原则在高等院校办学过程中的具体体现，坚持确定较高的学士学位授予学术标准抑或适当放宽学士学位授予学术标准均应由各高等院校根据各自的办学理念、教学实际情况和对学术水平的理想追求自行决定。"[②] 既然高校有权在法定学位授予标准内，依学术自治原则适当提高或放宽学位授予学术标准，那么，又如何以合法性标准进行审查呢?! 显然，面对高校学位授予纠纷，法院在合法性审查与尊重学术自治原则间是多么纠结，以致硬将两个相悖的要求强扭在一起。

不管是第三、四章对高校学位授予权的理论论证，还是这一章中对其他国家与地区司法实践的考察，都显示对高校学位授予实体规则仅作合法性审查并不合适。但在合法之外，如何确保高校自主权在实现学术自由的前提下，其所制定的实体规则对学生权利的侵害或限制达到最小，便成为司法审查的考量重心。本书认为，这一目的的实现必须借助比例原则。换言之，一方面为了尊重高校对学术品质的要求与学术自由的追求，另一方

---

① 详见 4.4.3.1。

② 湖北省武汉市中级人民法院，（2006）武行终字第 60 号。

面为了防止高校滥用权利、保障学生权利，法院对学位授予实体规则应当采用比例原则进行审查。

比例原则被誉为是公法学中的"皇冠原则"或"帝王条款"。"比例原则为当今国家公权力行使的最高指导原则，无论是立法、行政或司法机关，在行使公权力以达成任务的过程中都要受到比例原则的拘束。"① 据考证，比例原则（the Principle of Proportionality）的思想渊源可以追溯到1215 年英国《自由大宪章》（Magna Charta Libertatum）中关于犯罪与处罚应具有衡平性的规定，即人民不得因为轻罪而受到重罚。② 后来，在社会契约理论，特别是在宪政国家（constitutional state）、法治国家（the Rule of Law）和宪法基本权保障等理念的支持下，逐渐成为具有客观规范性质的行政法上的比例原则，并进而发展到宪法层面，成为具有宪法位阶的规范性要求。③

之所以比例原则如此重要，是因为其"着眼于法益的均衡，以维护和发展公民权为最终归宿"④，并内在地蕴含着在自由与规制间达致适当平衡的精神。现代公法面临着两个相关的重要问题：一是面对公民自由领域，如何保证国家公权力（特别是立法权）的行使对自由权的限制与侵害是适度的；二是面对法律赋予执法者的自由空间，如何保证执法者自由裁量权的行使保持在适度、必要的限度内。这两项任务就是通过比例原则来实现的。因此，"比例原则不仅具有规范执法的重要意义，更是司法上据以审判的重要工具"。⑤

尽管比例原则是针对公法领域中的公权力行使而提出的要求。但正如姜昕博士所解读的那样："比例原则所产生的初衷就是以对人的尊严的尊重，以及人是目的而非手段及性恶论的人性预设来对权力进行规范，也正因如此，比例原则的目的被称为'调和公益上的必要和自由与权利之侵害'，是相对于公权力的强势地位而对私权利主体的保护。"⑥ 因此，这一原则同样适用公权力之外对公民权利具有影响性和侵害性的团体公权利。

---

① 姜昕：《公法上比例原则研究》，吉林大学博士学位论文，2005 年，第 13 页。

② 蔡宗珍：《公法上之比例原则初论——以德国法的发展为中心》，《政大法学评论》1999 年第 62 期。

③ 余凌云：《行政法讲义》，清华大学出版社 2010 年版，第 80—81 页。

④ 陈新民：《德国公法学基础理论》，山东人民出版社 2001 年版，第 389 页。

⑤ 余凌云：《行政法讲义》，清华大学出版社 2010 年版，第 81 页。

⑥ 姜昕：《公法上比例原则研究》，吉林大学博士学位论文，2005 年，第 2 页。

高校学位授予权作为高校自主权，具有团体公权利性，相对学生权利具有优势，其在追求学术品质和学术自由中往往引发与学生权益的冲突。有学者曾指出："比例原则是针对自由权的问题提出的，在个人自由和其他法益产生冲突的情况下，通过比例原则的公正权衡，防止个人自由受到不合理的侵害。在今天的公法领域，尤其是在宪法层面，比例原则几乎已经扩展至保护包括自由和平等在内的所有个人权利。即便如此，从根本上说，比例原则的结构并未发生实质性的改变。当个人的自由和平等与另一种法益发生冲突的时候，或者说，当两种或更多种的法益不能同步实现时，比例原则得以适用，换言之，比例原则适用于任何形式的法益冲突。"① 在学位授予中同样存在着高校与学生间因自由权而引发的法益冲突。解决这种形式的法益冲突，比例原则无疑是最为适合的选择。

比例原则作为一个完整的理论概念提出，缘起于德国学者。1895 年，德国著名的行政法学家奥托·迈耶（Otto Mayer）在其出版的《德国行政法》第一册中就明确提出："警察权力不可违反比例原则。"当然，彼时奥托·迈耶所指的比例原则在内涵上还相对狭隘。② 经过理论与实践的诸方努力，如今的比例原则已有了较为确定的基本内涵和稳定的结构。其中，对该原则最为著名的、也是最为通常的阐述就是所谓的"三阶理论"，即适当性、必要性和狭义比例性。③

适当性，即指所使用的手段必须能够达到所要追求的目标。换言之，所采用的措施必须能够实现目的，或者至少有助于目的的达成。从公法上讲，就是要求"公权力机关执行职务时，面对多种选择，仅得选择能够达到所追求的目的的方法为之"④。可见，适当性偏重"目的取向"上的要求。要求目的和手段之间要有一个合理的联结关系，且这种联结是正当、合理的。但是如果所采取的措施或手段只有部分有助于目的的达成，也不违反适当性原则，从本质上说，只要手段不是完全或全然不适合，就

---

① Stefan Huster, Gleichheit und Verh ltnismigkeit, JZ 11（1994），p. 543，转引自赵真《比例原则在反歧视诉讼中的适用——以香港平等机会委员会诉教育署案为例》，《行政法学研究》2012 年第 1 期。

② 陈新民：《宪法基本权利之基本理论》（上），台北元照出版公司 1999 年版，第 256—267 页。

③ 也有将狭义比例性称为法益相称性。参见蔡宗珍《公法上之比例原则初论——以德国法的发展为中心》，《政大法学评论》1999 年第 62 期。

④ 城仲模：《行政法之基础理论》，台北三民书局印行 1980 年版，第 40 页。

不违反比例原则。①

必要性，即指在诸多同样可以达成所追求目的的手段中，必须选择对个人权利侵害最小的一种。因此该要求也被称为"最小侵害原则"。当然，必要性需要借助经验的积累来考量诸种手段之间的选择问题，以此保证所采用的手段是最温和的、侵害最小的。②

狭义比例性，也称"法益相称性""相当性原则"，主要指所采用的措施与所要实现的目的之间必须合比例或者相称。"权力的行使，虽是达成目的所必要的，但是不可给予人民超过目的之价值的侵害。"③ 换言之，对于特定的公权力措施而言，虽然满足了适当性和必要性，但是，如果该手段所侵害的公民私人利益，与其实现的目的所追求的公共利益相比较，两者显然不相当，那么，国家机关采取该项措施就违反了狭义比例性。可以说，狭义比例性是比例原则的精髓。

对于上述比例原则的"三阶理论"，本书赞同下述观点："比例原则是在符合宪法的前提下，先考察手段的有效性，再选择对公民权益侵害最小的手段来实现同样可以达到目的的目标。最后还必须进行利益上的总体斟酌。考察此手段实现的目标价值是否过分高于因实现此目标所适用的手段对公民的人身财产等基本权利的损害价值。"④ 下面将运用比例原则的"三阶理论"，以"发表一定数量与级别的学术论文作为学位授予的学术性标准"为例对高校学位授予纠纷的实体问题进行司法审查。

在我国，很多高校都将在一定级别刊物上发表一定数量的学术论文作为授予硕士学位或博士学位的条件。现实中对此存有诸多非议和质疑。比如倪洪涛博士认为这一规定之所以如此风行，其原因有二："其一，学校的'高要求'不是为了学术本身，而是为了迎合'教学质量评估'和各种大学排名，从而为提升自己对考生的诱惑力增加'筹码'，此时，在校研究生已被'工具化'了；其二，我国当下高校大面积和大幅度的扩招，

---

① 谢世宪：《论公法上之比例原则》，载城仲模《行政法之一般法律原则》（一），台北三民书局印行 1999 年版，第 123 页。

② 余凌云：《行政法讲义》，清华大学出版社 2010 年版，第 82—83 页。

③ 陈新民：《行政法学总论》，台北三民书局印行 1995 年版，第 62 页。

④ 范剑虹：《欧盟与德国的比例原则——内涵、渊源、适用与在中国的借鉴》，《浙江大学学报》2000 年第 5 期。

是在‘教育产业化’错误引导下缓解就业压力的权宜之计。"并直指这种发表论文"绑架"学位的做法所引发的弊端,"让怀着'实用主义'想法的如此大规模的研究生群体去追求所谓的'学术'研究,除了给本就难以维系的刊物起死回生的机会、造成学术腐败和学术'寻租'行为大行其道外,剩下的只是资源浪费和纸质垃圾"①。的确,以当下的出版生态环境,规定在一定时段内发表一定级别与数量的学术论文,就如同幽灵般折磨着诸多象牙塔中的学子,使其忙碌、焦虑和揪心于发表事务,而无法从容、安心和静心于学业专研。

尽管不满、反对、质疑之声不绝于耳,但因该规定而引发的学位授予争议进入司法程序的则不多。笔者仅收集到一例,即 2010 年杨某诉北京大学案。杨某系北京大学医学部 2004 级博士研究生,于 2007 年 5 月通过博士论文答辩。但北京大学依据《北京大学医学部研究生在学期间发表论著的规定》,认为杨某未达到发表一篇 SCI 收录的论文这一要求,而不授予其博士学位。对此,杨某多次申诉未果后,向北京西城区法院起诉并被受理,请求撤销学校不授予博士学位决定书。②

该案最后以驳回起诉告终,这样的结果并不让人感到意外。前文对我国学位纠纷案件的实然考察中可以发现,涉及学术性标准争议 Aa 类的 14 个案件,最后无一不是高校胜诉。对此的判决理由,法院大多用类似于"该类规定属于高校自主范围"而一笔带过。显然,面对学位授予标准这类实体问题,我国法院表现出了对高校学术自治的绝对尊重。这或许就是该类争议进入司法程序不多的一个重要因素。

的确,正如在第四章中曾分析过,由于学位授予标准一方面彰显着高校对学术品质的要求与学术自由的追求,另一方面又牵连着国家对学位的基本质量要求,在学位授予标准的设定上高校与国家之间应当形成一种合作态势。为了保障学位的基本质量,以及贯彻国家的相关政策,立法机关对学位授予标准进行规范具有正当性。由于学位授予标准关涉着学术自由,因此立法机关应尽量制定低密度规范,以使高校有更大的空间去实现

---

① 倪洪涛:《论法律保留对"校规"的适用边界——从发表论文等与学位"挂钩"谈起》,《现代法学》2008 年第 9 期。

② 该案于 2010 年 9 月 24 日上午 9 点在西城法院第十八法庭公开开庭审理,并通过北京法院网进行了网络直播。参见北京法院网直播记录,北京西城区法院网,http://old. chinacourt. org/zhibo/member/index. php? member_ id = 1110&zhibo_ id = 792&domain = bjxcfy. chinacourt. org。

学术自治。而高校在设定自身的学位授予标准时，应以国家立法规定为最低限，不能降低国家对学位所设定的基本标准。换言之，高校在设定学位授予标准时遵循的是法律最低限规则。依照上述逻辑，高校在学位授予学术标准上不管如何规定似乎都不为过。

因此，虽然不少法院也主张要对此类问题进行合法性审查，而其实所谓的合法性审查也就是不做审查。但这样的司法立场与态度显然不符合国际发展趋势，为了防止高校滥用职权、对学生权利进行更为有效的实体性救济，我国法院也有必要通过比例原则对高校学位授予标准这类实体规则进行正当性审查。

首先，从适当性上来看，要求发表学术论文这一手段能否达致评价个人学术水平这一目标？学位从本质上就是个人学术水平的称号，各级别的学位称号代表了相应等级的学术水平。虽然，学术水平本身就是一个非常主观化的概念，采用哪些要素进行衡量，只能不断地通过学术共同体的智慧累积才能确定。但根据以往学术经验，能发表学术论文的确可以证明著者具有一定学术水平。因此，要求发表学术论文可以成为评价学生具有一定学术水平的有效手段，符合比例原则的适当性。

那么，要求发表学术论文是否是评价个人学术水平的必要手段呢？评价某人学术水平达到某种级别学位称号的有效手段，除了要求发表论文外，主要就是要求通过学位论文的答辩。学位论文的答辩是经专家同行对学生学术素养作出实质性判断的一种有效手段。世界上诸多大学都是以通过学位论文的答辩作为授予学位称号的唯一条件。而在我国，很多高校除了要求通过学位论文答辩外，还要求发表学术论文。这样的做法显然很有中国特色，当然也不乏辩护的理由。在全球化的时代，学术水平不仅实质性地表现在学术知识的丰富性、学术观点的创新性和学术态度的严谨性等方面，也要求学者应具有有效表达与传递自身学术观点的能力。体现这种能力的最为必要的形式就是发表论文。因此，发表论文的技能本身也代表着一种学术水平。从这一角度来看，要求发表学术论文作为评价学生学术水平的做法，符合比例原则的必要性。

尽管要求发表学术论文的做法符合适当性和必要性，但现实中很多高校对发表学术论文的数量与级别进行过高规定，则显然有违狭义比例性。比如《浙江大学社会科学学部研究生论文发表要求》（社科学部发〔2010〕04号）规定：申请博士学位的博士生，有1篇与学位论文有关的学术论文在 SSCI、AHCI、SCI 收录的刊物或在学校人事部门规定的权威刊物上发表；或在学校规定的一级刊物上至少发表 1 篇与学位论文有关的学术论文，并在核心期刊上发表 1 篇及以上与学位论文有关的学术论文。从当下的学术生态环境来看，要求在校博士生人人都要在权威刊物或一级刊物上发表学术论文，手段与目标已失相称性。在现有的出版制度下，很多期刊都需要通过发表知名学者的论文来维持必要的学术市场和较高的引证率。所以，有不少高级别期刊或明或暗一直有不发表在校博士研究生学术论文的惯例。可见，要求在校博士生在这类级别刊物上发表学术论文，其实不是对其学术水平提出高要求与高规格，而是直接将他们推向了与教授、博士生导师相竞争的论文发表市场。像这类高要求可以作为评优评价的衡量标准，但不应作为授予博士学位的前提条件。因此，一旦诉诸司法，法院应以该规定有违比例原则，判定其不具有正当性。

三　最后的难题：司法判决方式与执行力

在法治与人权的旗帜下，为了达致对学生权利的实体性救济，司法应突破传统的桎梏，进入大学自治的核心领域，对其实体规则进行正当性审查。如果说，这一做法在理论上可以自洽的话，那么，在实践中仍有可能遭遇到实效性不强的困境。毕竟，学生权利救济的最终实现，除了司法审判之外，还须高校的积极配合。因此，作为一门实践技艺，司法在高校学位授予纠纷中不仅应关注其审查模式，还必须认真考量其判决方式及执行力问题。

若接上前一项的结尾继续前行："要求学术论文发表在权威或一级刊物作为博士学位授予条件"的规定因违反比例原则而不具有正当性，那么，如果该名学生其他条件都已符合，并已通过学位论文答辩，法院该作何判决？是判决高校向该名学生授予博士学位，还是直接判决授予其博士学位呢？

从我国目前司法实践做法来看，上述两种方式都不在选择范围之内。不管是在确认程序违法的案件中，还是在确认实体规则无效的案件中，法院一般都只是判决高校重新对学生学位资格进行审查。比如在张福华诉莆田学院案（Ab13）中，法院在判定被告所制订的《莆田学院学士学位授予工作细则（试行）》中第三条："在校学习期间，违反学校有关管理规定，曾受过校行政记过（含记过）以上处分者或按结业处理者，不授予学士学位"的规定，与《中华人民共和国学位条例》第四条规定相抵触，从而认定其无效，但最终法院选择重做判决："被告莆田学院应在判决生效之日起 60 日内召集本校的学位评定委员会对原告张福华的学士学位资格进行审核，并作出是否授予学士学位的决定。"法院同时给出如此判决的理由："原告请求法院判令被告向原告颁发学士学位证书，由于司法权不能替代行政权，故该请求本院不予支持。"① 姑且不论把高校学位授予权视为行政权是否妥当，起码在法院视角下，选择重做判决是唯一恰当的方式。

选择重做判决充分表达了司法对高校自主权的尊重，但若是从权利救济的实效性来看，却难以真正保护学生合法权益。正如北京西城区法院王晓平法官，实证研究了该院历年所裁判的高校纠纷案件后指出："从案件的裁判方式看，原告胜诉率低，即使胜诉了，对原告权益的保护也不能起到立竿见影的作用。"② 现实中有不少案例显示，重做判决几乎只是带给了学生一个空洞的胜诉感。比如江苏省南京市白下区人民法院就曾因一名学生考试作弊被取消学位资格的案件作出三次相同的重做判决。法院认定该校将考试作弊作为取消学位资格的规定违法，要求高校重新审核其学位资格，虽然高校服从判决，并组织学位评定委员会进行重审，但学位评定委员会每次都以相同的理由即考试作弊而拒绝授予该名学生学位。③

可见，重做判决虽然凸显了对大学自治的尊重，但难以达致对学生权利的真正救济和防止高校自主权的滥用，甚至还有可能导致司法严肃性的丧失。回到前面关于权威或一级刊物的论文发表与博士学位的争议中，面对其他要求都已符合，并已通过学位论文答辩的情况下，显然重做判决也不是一种恰当的选择。当然，直接判决授予博士学位的方式，无疑超越司法权限，也不具可取性。

本书认为，在此种情境下，最合理与有效的方式就是判决高校向其授予博士学位。因为，一方面判定学位授予标准实体规则不具正当性，并没

① 详见福建省莆田市城厢区人民法院（2010）城行初字第 22 号行政判决书。
② 王晓平：《关于审理高校教育类行政案件有关问题的调研报告》，北京西城区法院网，http://bjxcfy.chinacourt.org/public/detail.php? id=4&apage=2，2013.2.23 登录。
③ 蒋德：《学子 3 赢官司仍没学位 法官称司法权不能过度干预行政权》，法制网，http://www.legaldaily.com.cn/ajzj/content/2009 - 12/29/content _ 2013089.htm? node = 6093，2013.2.26 登录。

有侵犯高校对学生学术水平专业判断的自主权，仍维持着司法对大学自治必要的尊重。另一方面，在高校对学生学术水平作出实质判断（如学位论文答辩的通过、其他学位授予条件的满足）的基础上，要求高校授予学生博士学位，而不是仅仅要求高校重新对其博士学位资格进行审查，这既体现了司法的权利救济最后手段性，又能保障对学生权利达致真正的实体救济。

即使在"学术遵从"历史悠久的美国司法界，也有不少法院采用此种判决方式。比如 1980 年奥尔森案中，毕业生奥尔森因未能通过学校所规定的综合考试而没有获得学位。对此，他辩称，由于他信赖由教授作出的关于考试评分程序的误导性表述，即及格分数要求至少正确回答五个问题中的三个，但实际的标准是五个答案中必须有四个是正确的。在考试时，他依照这种表述分配时间，若按照教授所说的标准，他已得到了及格的分数。虽然大学拒绝更改他的分数，并主动提出允许他再次参加考试，但他向法院提起诉讼，请求制止大学适用更严格的标准。后来，初审法院和上诉法院都支持奥尔森的诉讼请求，判决大学承担教授错误表述的责任，并授予奥尔森学位。①

当然，这一判决方式仍有可能遭遇中国式的质问：如果高校拒不授予其博士学位，司法又能如何呢？这其实，已经不再是法院仅仅考量该类案件司法判决方式与执行力的问题，而是面对所有类型的案件都可能遭遇的困难，即司法判决的执行难。所以，要解决这个最后的难题，只能仰赖我国社会尚法理念的确立、司法权威的提升和法治建设的完善。②

---

① See Olsson v. Board of Higher Education of the City of New York, 402 N. E. 2d 11503 (N. Y. 1980).

② 所谓尚法理念，指的是社会成员对司法和法治所蕴含的价值和立场的认可与崇尚，在理性思考之后激发出的对司法的归属感和依恋感，对法治的忠诚和热情。社会公众内心的这种神圣情感是构筑司法权威的社会心理基石。详见卞建林《我国司法权威的缺失与树立》，《法学论坛》2010 年第 1 期。

第 七 章

结　语

　　高校学位授予权是一个内涵丰富的概念，包含了学位授予标准设定权、学位评定权和学位证书颁发权三个子概念，其核心本质是建基于专业知识上的学术评价权。故而，学位授予权是高校的固有权，属于高校自主权范畴，有别于国家行政权。作为高校自主权的种概念，高校学位授予权具有公法性和团体公权利性两大法律特征。公法性的特征喻示着高校行使学位授予权乃是一种公法上的行为，与学生之间形成的是一种公法上的关系。这种公法上的关系为高校学位授予权纠纷通过行政诉讼途径解决奠定了基础。团体公权利的特征则表明，高校在行使学位授予权时，一方面可享有"法无禁止即自由"，另一方面又有必要通过国家公权力对其进行适当的规范和监督。高校学位授予权在具体运行时，应遵循专家评定、正当程序、法律最低限和学术性标准等规则。

　　在外部关系上，由于现有学位授权法治化的缺失，高校学位授予权在一定程度上受到国家行政权的恣意化侵害。为了保障高校学位授予权行使的自主性，应从立法上对学位授权规范化进行完善。在内部关系上，具有优势地位的高校学位授予权，又极易侵害学生权利。为了有效监督高校学位授予权的滥用和异化，保障学生合法权益，应从审查范围、审查标准和裁判方式等方面完善现有的司法审查制度。

　　上述内容构成了本书以高校学位授予权为研究主题的基本框架。的确，作为研究对象的高校学位授予权有着丰富的内涵，存在很多值得深入挖掘的问题。此外，将高校学位授予权作为研究对象这一本身也蕴含着丰富的意义。正如在绪论中所言，本书的理论旨趣和现实关怀则在于国家法治与大学自治。在当下中国，一方面是强大的国家公权力对市民社会自治权无所不在的侵蚀，另一方面则是借着自治名号的各种社会组织与团体对公民权利的肆虐。就像富勒所感慨的那样："在人类的每一种追求中，在我们穿越完全失败的深渊和人类卓越成就的颠覆之间的狭长山径的时候，我们总是会遭遇平衡的难题。"[①] 如何让国家公权力、社团自治权与公民权利达致一种法治意义上的平衡无疑是法理学上的一个重要的时代命题。

高校学位授予权的行使，一方面关涉着国家法治和公权力监督，另一方面又牵连着高校自治和学生权利保障。因此，如果说高校学位授予权是本书研究的显性主题，那么在这一显性主题中始终关怀着另一个隐性主题，即法治理念下高校自主权、学生权利和国家公权力间的适度平衡。不能因为过于强调国家公权力的监督，而无视高校因其特殊性所享有的自主权；不能因为过于强调高校自主权，而排斥一切国家公权力的介入，这将使学生权利极易受到高校以自主名义的恣意侵害；也不能因为过于强调对学生权利的保障，而让国家公权力借此名义过度干涉高校自主权。

在维系三者的适度平衡中，作为始终不能缺位的国家公权力扮演着非常重要的角色。规制与自由、保障与平衡都有赖于国家公权力的行使。"在现实中，宪政国家的双重面目似乎是一个永远无可回避的问题：为了维护个体的自由与平等，国家的权力需要一个法制框架来规范和制约，而自由平等对社会秩序的依赖却预示着任何法律框架都需要国家的权力来保障它的实施。"[②] 其实宪政国家这种双重面目源于国家公权力的双重面目，即一方面保障着权利和自由，另一方面又可能侵害着权利和自由。鉴于其双重面目，国家公权力的分解和制衡成为一种不可回避的选择。将国家公权力具体分解为立法权、司法权和行政权，通过这三权的分工与合作，来最大限度地实现其保障权利和自由的功效，防止其滥用与腐化。

在高校自主权、学生权利和国家公权力三者之间，也只有通过对国家公权力的分解和分工才有可能达致适度平衡。立法权应以尊重高校自主权为主，通过低密度规范让高校享有更多自主的空间；行政权应以监督高校自主权为主，通过法治化管理使高校在自主中始终保持着应有的学术品质；司法权则应以保障学生权利为主，通过个案的正当性司法审查防止高

---

① ［美］富勒：《富勒的道德性》，郑戈译，商务印书馆 2005 年版，第 55 页。

② 董炯：《宪制模式的变迁与行政法的兴起》，载罗豪才主编《行政法论丛》（第 3 卷），法律出版社 2000 年版，第 6 页。

校自主权的滥用。这就是达致适度平衡的基本框架。

对作为高校自主权范畴下的高校学位授予权的研究，正是该平衡框架的一种具体化建构。但正如德国著名法学家齐佩利乌斯所指出的那样："很多情形下，在国家不可避免的规制与'自治性'的自我规范和自我实现之间建立一种理想关系，是一项历久弥新的任务和政治艺术。理论观察只能尝试使这种关联逐渐明晰。但它并不能解决根据不断变换的情境而寻求正确尺度，以及在适宜的时候介入规范的政治问题。"① 的确，即使以高校学位授予权为具体情境的理论建构中，仍存有诸多具有政治性选择色彩的问题。比如如何才算是立法上的"低密度规范"，如何才算是行政执法上的"应有学术品质"等，都不仅是个法学问题，更是个政治问题。因此，建构高校自主权、学生权利和国家公权力适度平衡的理想关系，不仅需要借助法学理论以明晰化，而且必须仰赖政治决断以现实化。

附件 1：学位诉讼目录汇总［案件来源：万律网（westlaw china）\ 北大法宝网 \ 北大法意］

学位诉讼目录汇总［案件来源：万律网（westlaw china）\ 北大法宝网 \ 北大法意］

说明：A 为学位授予纠纷：Aa 未达到学校规定的学术性标准，Ab 因违反学校规定的非学术性标准，Ac 因学位论文未通过；B 为学位撤销纠纷；C 为学位授权纠纷。

表一、Aa 类案件列表

编号	案件
Aa1	张向阳诉南京大学（1999）
Aa2	崔征、何元媛、邓悠、杨丹丹、张丽、洪萍诉中南大学（2004）
Aa3	吕广观诉西南政法大学（2004）
Aa4	阮向辉诉深圳大学（2004）
Aa5	曾源星诉南方冶金学院（2004）
Aa6	傅某诉深圳大学（2005）
Aa7	杨蕾、刘毅、冯伟波、张维、白紫山诉武汉理工大学（2006）
Aa8	王玲诉武汉工程大学（2006）

---

① ［德］齐佩利乌斯：《德国国家学》，赵宏译，法律出版社 2011 年版，第 434 页。

续表

编号	案件
Aa9	赖文浩诉华南师范大学（2006）
Aa10	陈劲诉重庆师范大学（2008）
Aa11	何小强诉华中科技大学（2009）
Aa12	黄攀诉中原工学院（2009）
Aa13	王林辉诉武汉大学（2010）
Aa14	杨某诉北京大学（2010）

表二、Ab 类案件列表

编号	案件
Ab1	田永诉北京科技大学（1999）
Ab2	樊兴华诉郑州航空工业管理学院（2003）
Ab3	武雅学诉暨南大学（2003）
Ab4	余波诉南昌大学（2004）
Ab5	廖志强诉集美大学（2004）
Ab6	褚玥诉天津师范大学（2004）
Ab7	杨亚人诉天津科技大学（2005）
Ab8	陈文宇诉安徽工业大学（2007）
Ab9	吕甲诉上海大学（2009）
Ab10	王某诉上海某某大学（2009）
Ab11	韦安吉诉广西工学院（2010）
Ab12	李晓雨诉安阳师范学院（2010）
Ab13	张福华诉莆田学院（2010）
Ab14	胡宝兴诉华中农业大学（2010）
Ab15	武华玉诉华中农业大学（2010）
Ab16	洪某、韩某诉北京联合大学（2010）
Ab17	江甲诉上海大学（2011）
Ab18	陶某某诉上海杉达学院（2011）
Ab19	金某某诉上海杉达学院（2011）

表三、Ac 类案件列表

编号	案件
Ac1	刘燕文诉北京大学学位评定委员会（1999）

表四、B 类案件列表

编号	案件
B1	陈舜文、陈丽云诉南华大学（2005）
B2	陈颖诉中山大学（2008）

表五、C 类案件列表

编号	案件
C1	西北政法大学 VS 陕西省学位委员会复议案

附件 2：案例详情一览表

编号	案号	判决法院	案因	判决结果
Aa1	未知	江苏省南京市中级人民法院	英语未达到要求	驳回诉讼请求
Aa2	（2003）岳行初字13号	湖南省长沙市岳麓区人民法院	英语四级未过	驳回诉讼请求
Aa3	（2004）沙行初字第32号	重庆市沙坪坝区人民法院	毕业时英语四级未过，后通过英语四级，申请补授学士学位	驳回诉讼请求
Aa4	（2004）深南法行初字第22号	广东省深圳市南山区人民法院	课程重修	驳回诉讼请求
Aa5	（2003）赣中法行初字第15号	江西省赣州市中级人民法院	录取为专科，因学校工作失误编入本科，并完成本科课程与相关要求，学校以专科学历层次不能授予本科毕业证与学士学位	驳回诉讼请求
Aa6	（2005）深南法行初字第20号	广东省深圳市南山区人民法院	必修课程重修	驳回诉讼请求

续表

编号	案号	判决法院	案因	判决结果
Aa7	（2006）武行终字第60号	湖北省武汉市中级人民法院	英语未达到要求	驳回诉讼请求
Aa8	（2006）武行终字第130号	湖北省武汉市中级人民法院	毕业时英语四级未过，后通过英语四级，申请补授学士学位	驳回诉讼请求
Aa9	（2006）穗中法行终字第323号	广东省广州市中级人民法院	未参加该校组织的学位英语考试	驳回诉讼请求
Aa10	（2008）渝一中法行终字第225号	重庆市第一中级人民法院	课程考试未通过，结业证书，后补考通过，补发毕业证书，原告请求补发学位证书	驳回诉讼请求
Aa11	（2009）武行终字第61号	湖北省武汉市中级人民法院	英语四级未过	驳回诉讼请求
Aa12	（2009）新行初字第33号	河南省新郑市人民法院	超过四年学制拒颁学士学位	驳回诉讼请求
Aa13	（2010）武行终字第108号	湖北省武汉市中级人民法院	英语未达到规定要求	原审撤销武汉大学决定（因程序违法）；一审驳回诉讼请求；二审维持一审判决
Aa14	（2008）	北京市西城区人民法院	博士答辩通过，论文未发	驳回起诉
Ab1	（1998）海行初字第142号	北京市海淀区人民法院	考试作弊退学处分	判决生效之日起六十日内组织本校有关院、系及学位评定委员会对原告田永的学士学位资格进行审核；二审维持

编号	案号	判决法院	案因	判决结果
Ab2	（2003）二七行初字第 67 号	河南省郑州市二七区人民法院	考试作弊留校察看	判决生效之日起六十日内，对原告进行学士学位资格审核，作出是否授予学士学位的决定
Ab3	（2003）穗中法行终字第 59 号	广东省广州市中级人民法院	考试作弊处分	一审驳回诉讼请求；二审判决生效之日起 60 日内召集本校的学位评定委员会对上诉人武雅学的学士学位资格进行审核。（实体规则违法）
Ab4	（2004）赣行终字第 10 号	江西省高级人民法院	考试作弊，退学处分	驳回诉讼请求
Ab5	（2004）集行初字第 1 号	福建省厦门市集美区人民法院	打架斗殴留校察看处分	驳回诉讼请求
Ab6	（2004）高行终字第 44 号	天津市高级人民法院	考试作弊处分	驳回诉讼请求
Ab7	（2005）津高行终字第 0002 号	天津市高级人民法院	考试作弊留校察看	驳回诉讼请求
Ab8	（2007）花行初字第 19 号	安徽省马鞍山市花山区人民法院	考试作弊处分	驳回诉讼请求
Ab9	（2009）沪二中行终字第 274 号	上海市第二中级人民法院	因考试作弊而退学处分，后恢复学籍，完成课程准予毕业，不授予学位	驳回诉讼请求
Ab10	（2009）长行初字第 24 号	上海市长宁区人民法院	考试作弊处分	驳回诉讼请求

续表

编号	案号	判决法院	案因	判决结果
Ab11	（2010）柳市行终字第3号	广西壮族自治区柳州市中级人民法院	考试作弊记过处分	一审驳回诉讼请求，二审支持诉讼请求（程序违法）
Ab12	（2010）文行初字第13号	河南省安阳市文峰区人民法院	考试作弊记过处分	判决生效之日起60日内对学士学位资格进行审核。（实体规则违法）
Ab13	（2010）城行初字第22号	福建省莆田市城厢区人民法院	记过处分	判决生效之日起60日内对学士学位资格进行审核。（实体规则违法）
Ab14	（2010）武行终字第184号	湖北省武汉市中级人民法院	考试作弊记过处分	驳回诉讼请求
Ab15	未知	湖北省武汉市洪山区人民法院	考试作弊处分	确认具体行政行为违法；责令判决生效之日起60日内召集学位评定委员会对硕士学位授予条件进行审查，并将审查结果书面告知原告
Ab16	未知	北京市西城区人民法院	考试作弊	驳回诉讼请求
Ab17	（2011）沪二中行终字第34号	上海市第二中级人民法院	因考试作弊而留校察看处分	驳回诉讼请求

续表

编号	案号	判决法院	案因	判决结果
Ab18	（2011）浦行初字第237号	上海市浦东新区人民法院	考试作弊	驳回诉讼请求
Ab19	（2011）浦行初字第236号	上海市浦东新区人民法院	考试作弊	驳回诉讼请求
Ac1	（1999）海行初字第103号	北京市海淀区人民法院	学位论文在校学位评定委员会未通过	一审撤销被告不授予博士学位的决定；责令判决生效后3个月内对学位的决议审查后重新作出决定；二审裁定发回重审；重审一审驳回起诉，二审驳回上诉，维持原裁定
B1	（2005）衡中法行终字第77号	湖南省衡阳市中级人民法院	学位证书的内容上注明"专科起点"字样	驳回诉讼请求
B2	未知	广东省广州市中级人民法院	学历伪造取得考试资格；发现后撤销硕士学位	一审驳回诉讼请求，二审支持原告请求，再审维持一审判决

参考文献

一 中文

（一）著作

1. 颜厥安：《法与实践理性》，允晨文化实业股份有限公司 1998 年版。

2. 颜厥安、周志宏、李建良：《教育法令之整理与检讨——法治国原则在我国教育法制中之理论与实践》，教育改革审议委员会，1996 年 12 月出版。

3. 韩忠谟：《法学绪论》，北京大学出版社 2009 年版。

4. 郭道晖：《社会权力与公民社会》，译林出版社 2009 年版。

5. 刘作翔：《迈向民主与法治的国度》，山东人民出版社 1999 年版。

6. 徐显明主编：《人权研究（第二卷）》，山东人民出版社 2002 年版。

7. 夏勇：《人权概念起源：权利的历史哲学》，中国政法大学出版社 2001 年版。

8. 夏勇主编：《走向权利的时代：中国公民权利发展研究》（修订版），中国政法大学出版社 2000 年版。

9. 龚丕祥：《权利现象的逻辑》，山东人民出版社 2002 年版。

10. 王莉君：《权力与权利的思辨》，中国法制出版社 2005 年版。

11. 孙笑侠：《程序的法理》，商务印书馆 2005 年版。

12. 孙笑侠、夏立安主编：《法理学导论》，高等教育出版社 2004 年版。

13. 孙笑侠等主编：《返回法的形而下》，法律出版社 2003 年版。

14. 孙笑侠、钟瑞庆等：《复活的私权》，中国政法大学出版社 2007 年版。

15. 林来梵：《从规范宪法到宪法规范：规范宪法学的一种前言》，法律出版社 2001 年版。

16. 周安平：《大数法则：社会问题的法理透视》，中国政法大学出版社
    2010 年版。

17. 吕良彪：《和光同尘：法治时代的权利博弈》，中国方正出版社 2009
    年版。

18. 刘治斌：《法律方法论》，山东人民出版社 2007 年版。

19. 陈金钊、焦宝乾、桑本谦等：《法律解释学》，中国政法大学出版社
    2006 年版。

20. 王利明：《法律解释学》，中国人民大学出版社 2011 年版。

21. 翁岳生：《行政法与现代法治国家》，1990 年版。

22. 许宗力：《法与国家权力》，台湾元照出版社 1993 年版。

23. 陈敏：《行政法总论（第七版）》，台北新学林 2011 年版。

24. 陈新民：《德国公法学基础理论》，山东人民出版社 2001 年版。

25. 陈新民：《宪法基本权利之基本理论》（上），台北元照出版公司 1999
    年版。

26. 董保城：《法治与权利救济》，台湾元照出版公司 2006 年版。

27. 董保城：《教育法与学术自由》，台湾元照出版公司 1997 年版。

28. 董保城主持：《德国学术自由之研究》，"教育部"委托研究计划，
    1992 年版。

29. 李建良：《宪法理论与实践》（三），学林文化事业有限公司 2004
    年版。

30. 詹火生、杨莹主持：《英国学术自由之研究》，"教育部"委托研究计
    划报告，1992 年 3 月版。

31. 许育典：《教育宪法与教育改革》，五南图书出版社 2005 年版。

32. 许育典：《法治国与教育行政》，高等教育文化事业有限公司 2002
    年版。

33. 罗豪才主编：《行政法论丛》（第 3 卷），法律出版社 2000 年版。

34. 罗豪才主编：《行政法论丛》（第 7 卷），法律出版社 2004 年版。

35. 章剑生：《现代行政法基本理论》，法律出版社 2008 年版。

36. 余凌云：《行政法讲义》，清华大学出版社 2010 年版。

37. 高家伟主编：《教育行政法》，北京大学出版社 2007 年版。

38. 沈岿：《公法变迁与合法性》，法律出版社 2010 年版。

39. 何海波：《实质法治：寻求行政判决的合法性》，法律出版社 2009

年版。

40. 金自宁：《公法/私法二元区分的反思》，北京大学出版社 2007 年版。

41. 董炯：《国家、公民与行政法——一个国家—社会的角度》，北京大学出版社 2001 年版。

42. 周志宏：《学术自由与大学法》，台湾蔚理法律出版社 1989 年版。

43. 周志宏：《学术自由与高等教育法制》，台湾高教出版社 2002 年版。

44. 周志宏：《教育法与教育改革》，高等教育文化事业有限公司 2003 年版。

45. 湛中乐：《大学法治与权益保护》，中国法制出版社 2011 年版。

46. 湛中乐：《公立高等学校法律问题研究》，法律出版社 2009 年版。

47. 湛中乐主编：《大学自治、自律与他律》，北京大学出版社 2006 年版。

48. 周叶中、周佑勇主编：《高等教育行政执法问题研究》，武汉大学出版社 2007 年版。

49. 劳凯声：《教育法论》，江苏教育出版社 1993 年版。

50. 劳凯声主编：《变革社会中的教育权与受教育权：教育法学基本问题研究》，教育科学出版社 2000 年版。

51. 劳凯声主编：《中国教育法制评论》（第 1 辑），教育科学出版社 2002 年版。

52. 劳凯声主编：《中国教育法制评论》（第 4 辑），教育科学出版社 2006 年版。

53. 劳凯声主编：《中国教育法制评论》（第 7 辑），教育科学出版社 2009 年版。

54. 劳凯声主编：《中国教育法制评论》（第 8 辑），教育科学出版社 2010 年版。

55. 李惠宗：《教育行政法要义》，元照出版有限公司 2004 年版。

56. 申素平：《教育法学：原理、规范与应用》，教育科学出版社 2009 年版。

57. 周光礼：《教育与法律：中国教育关系的变革》，社会科学文献出版社 2005 年版。

58. 周光礼：《学术自由与社会干预：大学学术自由的制度分析》，华中科技大学出版社 2003 年版。

59. 蔡春：《在权力与权利之间：教育政治学导论》，北京师范大学出版社 2010 年版。

60. 龚向和：《受教育权论》，中国人民公安大学出版社 2004 年版。

61. 温辉：《受教育权入宪研究》，北京大学出版社 2003 年版。

62. 陈韶峰：《受教育权救济及其法律救济》，教育科学出版社 2010 年版。

63. 倪洪涛：《大学生学习权及其救济研究：以大学和学生的关系为中心》，法律出版社 2010 年版。

64. 李国慧：《司法审查介入高校学生管理的限度——从行政审判实务出发》，人民法院出版社 2009 年版。

65. 李仁燕：《高校内部行政法律关系论》，中国政法大学出版社 2010 年版。

66. 安宗林、李学永：《大学治理的法制框架构建研究》，北京大学出版社 2011 年版。

67. 蒋后强：《高等学校自主权研究——法治的视角》，法律出版社 2010 年版。

68. 夏民：《法学视野中的大学自治——以大学权力为中心的分析》，江苏大学出版社 2009 年版。

69. 和震：《美国大学自治制度的形成与发展》，北京师范大学出版社 2008 年版。

70. 俞德鹏、侯强：《高校自主办学与法律变革》，山东人民出版社 2011 年版。

71. 徐小洲编著：《自主与制约：高校自主办学政策研究》，浙江教育出版社 2007 年版。

72. 许杰：《政府分权与大学自主》，广东高等教育出版社 2008 年版。

73. 刘晖、侯春山编：《中国研究生教育和学位制度》，教育科学出版社 1988 年版。

74. 康翠萍：《学位论》，人民出版社 2005 年版。

75. 陈子辰、王家平等编著：《我国学位授权体系结构研究》，浙江大学出版社 2012 年版。

76. 陈学飞等：《西方怎样培养博士》，教育科学出版社 2002 年版。

77. 宋文红：《欧洲中世纪大学的演讲》，商务印书馆 2010 年版。

（二）译著

1. ［德］魏德士：《法理学》，丁晓春、吴越译，法律出版社 2005 年版。

2. ［德］考夫曼：《法律哲学》，刘幸义等译，法律出版社 2004 年版。

3. ［德］拉伦兹：《法学方法论》，陈爱娥译，商务印书馆 2003 年版。

4. ［德］卡尔·施米特：《宪法学说》，刘锋译，世纪出版集团上海人民出版社 2005 年版。

5. ［德］齐佩利乌斯：《德国国家学》，赵宏译，法律出版社 2011 年版。

6. ［德］马克斯·韦伯：《学术与政治》，冯克利译，生活·读书·新知三联书店 1998 年版。

7. ［德］卡尔·雅斯贝尔斯：《大学的理念》，邱立波译，上海世纪出版集团 2007 年版。

8. ［德］弗里德里希·包尔生：《德国大学与大学学习》，张弛、郄海霞、耿益群译，人民教育出版社 2009 年版。

9. ［德］罗伯特·阿列克西：《法律论证理论》，舒国滢译，中国法制出版社 2002 年版。

10. ［奥］欧根·埃利希：《法社会学原理》，舒国滢译，中国大百科全书出版社 2009 年版。

11. ［奥］凯尔森：《法与国家的一般理论》，沈宗灵译，中国大百科全书出版社 1996 年版。

12. ［奥］凯尔森：《纯粹法理学》，张书友译，中国法制出版社 2008 年版。

13. ［法］笛卡尔著：《谈谈方法》，王太庆译，商务印书馆 2000 年版。

14. ［法］托克维尔：《论美国的民主》，董果良译，商务印书馆 1988 年版。

15. ［法］雅克·韦尔热：《中世纪大学》，王晓辉译，上海人民出版社 2007 年版。

16. ［法］涂尔干：《教育思想的演进》，李康译，上海人民出版社 2003 年版。

17. ［美］德沃金：《认真对待权利》，信春鹰、吴玉章译，上海三联书店 2008 年版。

18. ［美］富勒：《富勒的道德性》，郑戈译，商务印书馆 2005 年版。

19. ［美］霍菲尔德：《基本法律概念》，张书友编译，中国法制出版社2009年版。

20. ［美］博登海默：《法理学——法律哲学与法律方法》，邓正来译，中国政法大学出版社1999年版。

21. ［美］布鲁贝克：《高等教育哲学》，浙江教育出版社1987年版。

22. ［美］爱德华·希尔斯：《学术的秩序——当代大学论文集》，李家永译，商务印书馆2007年版。

23. ［美］哈斯金斯：《大学的兴起》，张堂会、朱涛译，北京出版社2010年版。

24. ［美］华勒斯坦等：《学科·知识·权力》，刘健芝等译，生活·读书·新知三联书店1999年版。

25. ［美］伯顿·R.克拉克：《高等教育系统——学术组织的跨国研究》，王承绪等译，杭州大学出版社1994年版。

26. ［英］约翰·密尔：《论自由》，张友谊译，外文出版社1998年版。

27. ［英］洛克：《政府论（下册）》，商务印书馆1993年版。

28. ［英］哈耶克：《通往奴役之路》，王明毅等译，中国社会科学出版社1997年版。

29. ［英］哈耶克：《法律、立法与自由》（第一卷），邓正来等译，中国大百科全书出版社2000年版

30. ［英］哈耶克：《自由秩序原理》，邓正来译，生活·读书·新知三联书店1997年版。

31. ［英］米尔恩：《人的权利与人的多样性：人权哲学》，中国大百科全书出版社1997年版。

32. ［英］威廉·韦德：《行政法》，中国大百科全书出版社1997年版。

33. ［英］安东尼·史密斯、弗兰克·韦伯斯特主编：《后现代大学来临》，侯定凯、赵叶珠译，北京大学出版社2010年版。

34. ［日］美浓部达吉：《公法与私法》，黄冯明译，中国政法大学出版社2003年版。

35. ［日］芦部信喜：《宪法》（第三版），高桥和之增订，林来梵等译，北京大学出版社2006年版。

36. ［西班牙］奥尔特加·加塞特：《大学的使命》，徐小洲、陈军译，浙江教育出版社2001年版。

（三）论文

1. 李步云：《论人权的三种存在形态》，《法学研究》1991 年第 4 期。

2. 蔡茂寅：《在学关系与司法审查——评大法官会议释字第 382 号解释》，《月旦法学杂志》1995 年第 4 期。

3. 刘作翔：《法治社会中的权力和权利定位》，《法学研究》1996 年第 4 期。

4. 申素平：《试论高等学校法人地位问题》，《高等师范教育研究》1997 年第 4 期。

5. 申素平：《学位立法的国际比较与借鉴》，《学位与研究生教育》2004 年第 11 期。

6. 秦惠民：《关于我国学位立法的若干思考》，《学位与研究生教育》1997 年第 5 期。

7. 秦惠民：《从首例学位诉讼案看〈学位条例〉的修订》，《学位与研究生教育》2000 年第 2 期。

8. 秦惠民：《高等学校法律纠纷若干问题的思考》，《法学家》2001 年第 5 期。

9. 秦惠民：《学术权力——一个无法回避的制度性现象》，载湛中乐主编《大学自治、自律与他律》，北京大学出版社 2006 年版。

10. 夏勇：《法治是什么——渊源、规诫与价值》，《中国社会科学》1999 年第 4 期。

11. 蔡宗珍：《公法上之比例原则初论——以德国法的发展为中心》，《政大法学评论》1999 年第 62 期。

12. 马怀德：《学校、公务法人与行政诉讼》，载罗豪才主编《行政法论丛》（第 3 卷），法律出版社 2000 年版。

13. 马怀德：《保护公民、法人和其他组织的权益应成为行政诉讼的根本目的》，《行政法学研究》2012 年第 2 期。

14. 胡锦光：《北大博士学位案评析》，《人大法律评论》2000 年第 2 期。

15. 程雁雷：《论司法审查对大学自治有限介入》，《行政法学研究》2000 年第 2 期。

16. 程雁雷：《背景·问题·启示：西北政法大学"申博"案引发的法律思考》，载劳凯声主编《中国教育法制评论》（第 8 辑），教育科学出版社 2010 年版。

17. 程雁雷：《高校学生管理纠纷与司法介入之范围》，《法学》2004 年第
    12 期。

18. 石红心：《权利需求与司法回应》，载罗豪才主编《行政法论丛》（第
    3 卷），法律出版社 2000 年版。

19. 石红心：《社团治理与司法》，载罗豪才主编《行政法论丛》第 7 卷，
    法律出版社 2004 年版。

20. 湛中乐、李凤英：《刘燕文诉北京大学案的法律分析——论我国高等
    教育学位制度之完善》，《中外法学》2000 年第 4 期。

21. 湛中乐：《进一步改革与完善学位法律制度》，《中国高等教育》2005
    年第 2 期。

22. 湛中乐、韩春晖：《论大陆公立大学自治权的内在结构——结合北京
    大学的历史变迁分析》，载劳凯声主编《中国教育法制评论》（第 4
    辑），教育科学出版社 2006 年版。

23. 湛中乐，徐靖：《通过章程的现代大学治理》，《法制与社会发展》
    2010 年第 3 期。

24. 湛中乐：《西北政法大学"申博"案的思考与解析》，载劳凯声主编
    《中国教育法制评论》（第 7 辑），教育科学出版社 2009 年版。

25. 湛中乐：《历史不应忘记：为何持续关注西北政法大学"申博"案》，
    载劳凯声主编《中国教育法制评论》（第 8 辑），教育科学出版社
    2010 年版。

26. 徐晨：《学位诉讼案引发的行政法思考》，《河北法学》2000 年第
    4 期。

27. 朱峰：《从刘燕文诉北大案看行政正当程序的评判标准》，《政治与法
    律》2000 年第 5 期。

28. 董炯：《宪制模式的变迁与行政法的兴起》，载罗豪才主编《行政法论
    丛》（第 3 卷），法律出版社 2000 年版。

29. 林喆：《权力的分化及国家权力的社会化——评郭道晖的〈论权力的
    多元化与社会化〉》，《政治与法律》2001 年第 2 期。

30. 林明锵：《大学自治与法律保留——评台北高等法院八十九年度判字
    第 1833 号判决》，《月旦法学杂志》2001 年第 77 期。

31. 黄昭元：《落第搁落之大学生——二一退学的宪法争议》，《月旦法学杂志》2001 年第 80 期。

32. 程明修：《针对学生退学处分之行政诉讼的选择——兼评台北高等法院八十九年度判字第 1833 号判决》，《月旦法学杂志》2001 年第 82 期。

33. 黄厚明：《大学自主权的历史、文化视角》，《理工高教研究》2002 年第 6 期。

34. 黄昭元：《二一退学制度的宪法争议》，《新世纪经济法制之建构与挑战》自行出版社 2002 年出版。

35. 李建良：《大学自治与法治国家——再探二一退学制度的相关法律问题》，《月旦法学杂志》2003 年第 101 期。

36. 李建良：《大学自治、受教育权与法律保留原则》，载《宪法理论与实践》（三），学林文化事业有限公司 2004 年版。

37. 李建良：《大学生的基本权利与行政争讼权——释字第 684 号解释简评》，《台湾法学杂志》2011 年第 3 期。

38. 孙国华、杨思斌：《公私法的划分与法的内在结构》，《法制与社会发展》2004 年第 4 期。

39. 季卫东：《法律专业教育质量的评价机制——学生消费者时代的功利与公正》，《法律与生活》2004 年第 9 期。

40. 何兵、赵鹏：《从专业课程设置析大学自治与政府管制》，《行政法学研究》2005 年第 2 期。

41. 袁本涛、王孙禹：《我国实施学位授权审核制度的反思与改革刍议》，《高等工程教育研究》2005 年第 2 期。

42. 谢海定：《作为法律权利的学术自由权》，《中国法学》2005 年第 6 期。

43. 石正义：《法理学视野下的学位授予权》，《湖北社会科学》2005 年第 10 期。

44. 刘丽华：《对我国学位授予权性质的几点认识》，《中国高教研究》2005 年第 11 期。

45. 刘丽华：《浅谈英国的学位授权审核制度》，《学位与研究生教育》2006 年第 2 期。

46. 王秀槐：《德国、日本与美国主要大学研究所学位授予比较研究》，《复旦教育论坛》2006 年第 2 期。

47. 袁明圣：《解读高等学校的"法律法规授权的组织"资格——以田永诉北京科技大学案为范本展开的分析》，《行政法学研究》2006 年第 2 期。

48. 郑焱、张昶：《从法律视角重新认识学位和学位授予权》，《学位与研究生教育》2006 年第 4 期。

49. 陈文干：《大学自治内涵新探》，《江苏高教》2006 年第 5 期。

50. 牛凤蕊：《高校学位纠纷的法理学分析》，《中国高教研究》2006 年第 7 期。

51. 董保城、朱敏贤：《国家与公立大学之监督关系及其救济程序》，载湛中乐主编《大学自治、自律与他律》，北京大学出版社 2006 年版。

52. 张桐锐：《告别特别权力关系？——从最高行政法院 94 年裁字第 1123 号裁定谈起》，载林明锵、蔡茂寅主编《行政法实务与理论》（二），台湾元照出版社 2006 年版。

53. 许育典：《在学关系下教育行政的法律监督——以中小学生为核心》，《教育研究集刊》2007 年第 2 期。

54. 金自宁：《大学自主权：国家行政还是社团自治》，《清华法学》2007 年第 2 期。

55. 孙海龙、董倚铭：《知识产权公权化理论的解读和反思》，《法律科学》2007 年第 5 期。

56. 余功文、余翠兰：《高等学校教育管理行为辨析——以高等学校授予学位行为为例》，《湖北社会科学》2007 年第 6 期。

57. 王敬波：《论高校学术评价行为的司法审查范围与强度》，《法律适用》2007 年第 6 期。

58. 龚怡祖：《我国高校自主权的法律性质探疑》，《教育研究》2007 年第 9 期。

59. 黄锦堂：《行政判断与司法审查》，载汤德宗、李建良主编《行政管制与行政争讼》，新学林出版股份有限公司 2007 年版。

60. 田鹏慧、赵建亮：《对学位撤销纠纷的思考》，《人民司法》2008 年第 1 期。

61. 丁伟、阎锐：《以论文发表数量作为学位论文答辩前提的法理追问》，《政法论坛》2008 年第 2 期。

62. 肖鹏：《论撤销学位的法律规制——对中山大学撤销陈颖硕士学位案件的法律思考》，《中国高教研究》2008 年第 2 期。

63. 孙笑侠：《法学的本相——兼论法科教育转型》，《中外法学》2008 年第 3 期。

64. 杜瑛：《论学位授权审核制度的理论基础》，《江苏高教》2008 年第 4 期。

65. 章剑生：《反思与超越：中国行政主体理论批判》，《当代法学》2008 年第 6 期。

66. 倪洪涛：《论法律保留对"校规"的适用边界——从发表论文等与学位"挂钩"谈起》，《现代法学》2008 年第 9 期。

67. 张德瑞：《高校学位评定委员会的性质、地位与立法完善》，《学位与研究生教育》2009 年第 1 期。

68. 张峰振：《建立我国行政法治愈制度的必要性及初步构想》，《河南省政法管理干部学院学报》2009 年第 2 期。

69. 郑磊：《论"部分社会"法理》，《学习与探索》2009 年第 3 期。

70. 袁治杰：《德国博士学位法律制度研究及其对我国的启示》，《比较法研究》2009 年第 6 期。

71. 罗建国、李建奇：《论哈耶克"自生自发秩序"原理视角下的学位授权政策研究》，《中南林业科技大学学报》（社会科学版）2009 年第 6 期。

72. 吴本厦：《筚路蓝缕　开拓创新——黄辛白同志对我国学位与研究生教育事业历史贡献的回顾》，《学位与研究生教育》2009 年第 7 期。

73. 林梦泉、龚桢梽：《改革环境下我国学位授权审核的不适应性分析及几点思考》，《学位与研究生教育》2009 年第 7 期。

74. 韩映雄：《世界主要发达国家学位授权制度分析》，《高等教育研究》2009 年第 8 期

75. 张卫平：《在"有"与"无"之间——法学方法论杂谈》，《法治研究》2010 年第 1 期。

76. 陈越峰：《学位评定立法：原则、主体、程序和救济》，《行政与法》2010 年第 1 期。

77. 陈越峰：《高校学位授予要件设定的司法审查标准及其意义》，《华东政法大学学报》2011 年第 3 期。

78. 卞建林：《我国司法权威的缺失与树立》，《法学论坛》2010 年第 1 期。

79. 尹晓敏：《高校公权力规制——信息公开的视角》，《教育发展研究》2010 年第 7 期。

80. 何海波：《要反思的是整个学位管理体制——评西北政法大学不服"申博"决定行政复议案》，载劳凯声主编《中国教育法制评论》（第 8 辑），教育科学出版社 2010 年版。

81. 王大泉：《学位制度改革的法治保障与制约条件——由西北政法大学复议陕西省学位委员会一案引发的思考》，载劳凯声主编：《中国教育法制评论》（第 8 辑），教育科学出版社 2010 年版。

82. 耿宝建：《学位制度建设的几点个人看法》，载劳凯声主编《中国教育法制评论》（第 8 辑），教育科学出版社 2010 年版。

83. 孙展望：《法律保留与立法保留关系探析》，《政法论坛》2011 年第 2 期。

84. 周志宏：《告别法治国家的原始森林？大法官释字第 684 号初探》，《台湾法学杂志》2011 年第 3 期。

85. 李惠宗：《校园将永无宁日？——释字第六八四号解释评析》，《月旦法学杂志》2011 年第 4 期。

86. 李惠宗：《大学自治权下学籍制度合宪性之探讨——释字第 684 号的问题》，《月旦法学教室》2011 第 6 期。

87. 刘金晶：《法庭上的"自主高校"》，《环球法律评论》2011 年第 6 期。

88. 萧文生：《释字第 684 号送给大学生的礼物 VS 大学的震撼弹》，《月旦裁判时报》2011 年第 8 期。

89. 赖恒盈：《告别特别权力关系（上）（下）——兼评"大法官"释字第六八四号解释》，《月旦法学杂志》2011 年第 10、11 期。

90. 周志宏：《告别法治国家的原始森林？"大法官"释字第 684 号初探》，《台湾法学杂志》2011 年第 171 期。

91. 陈伏发：《无漏洞救济视角下的行政诉讼受案范围》，《法律适用》2012 年第 2 期。

92. 郑毅：《在自治与自主之间——论我国大学章程的价值追求》，《法学论坛》2012 年第 5 期。

93. 王德志：《论我国学术自由的宪法基础》，《中国法学》2012 年第 5 期。

94. 王天华：《国家法人说的兴衰及其法学遗产》，《法学研究》2012 年第 5 期。

95. 江必新：《行政程序正当性的司法审查》，《中国社会科学》2012 年第 7 期。

96. 江必新：《司法审查强度问题研究》，《法治研究》2012 年第 10 期。

97. 江必新：《完善行政诉讼制度的若干思考》，《中国法学》2013 年第 1 期。

98. 周慧蕾、孙铭宗：《论大学自治权与学生权利的平衡——从台湾地区司法实践切入》，《行政法学研究》2013 年第 1 期。

99. 周慧蕾：《试析台湾地区公立大学组织改造的趋势及启示》，《台湾研究》2013 年第 2 期。

100. 周慧蕾：《大学自治：从保障到平衡——基于台湾地区"大法官"相关解释的分析》，《高等教育研究》2013 年第 3 期。

101. 周慧蕾：《大学学术权力司法规制的国际比较及启示》，《法治研究》2014 年第 8 期。

102. 周慧蕾：《从规范到价值：高校学位授予权法律性质的定位》，《法治研究》2014 年第 12 期。

103. 徐建波、胡世涛：《学位之争能否启动司法程序》，《检察日报》2000 年 1 月 10 日，第 3 版。

104. 严鸿珍：《为何实施学位授予公示制》，《新华日报》2002 年 4 月 17 日，第 A2 版。

105. 何兵：《学位评定委员会的法律定性》，《人民法院报》2005 年 8 月 29 日，第 B4 版。

106. 何兵：刘燕文诉北京大学博士学位行政诉讼案代理词，天涯网，http：//www.tianya.cn/publicforum/content/no01/1/95478.shtml，2012.10.24。

107. 王怡：《法治与自治：大学理想及其内部裁判权》，学术批评网，http：//www.acriticism.com/article.asp? Newsid=7197，2012.8.24。

106. 王峰：《"刘燕文诉北大案"的法律思考》，中国法院网，http：//www. chinacourt. org/article/detail/2003/11/id/93734. shtml，2012. 10. 24。

108. 王晓平：《关于审理高校教育类行政案件有关问题的调研报告》，北京西城区法院网，http：//bjxcfy. chinacourt. org/public/detail. php？id=4&apage=2，2013. 2. 20。

109. 蒋德：《学子 3 赢官司仍没学位 法官称司法权不能过度干预行政权》，法制网，http：//www. legaldaily. com. cn/ajzj/content/2009 –12/29/content_ 2013089. htm？node=6093，2013. 2. 26。

（四）硕博士学位论文

1. 康翠萍：《学位论》，华中科技大学博士学位论文，2002 年。

2. 骆四铭：《我国学位制度的问题与改革对策研究》，华中科技大学博士学位论文，2003 年。

3. 王敬波：《高等学校与学生的行政法律关系研究》，中国政法大学博士学位论文，2005 年。

4. 蒋后强：《高等学校自主权研究》，西南大学博士学位论文，2006 年。

5. 茹宁：《国家与大学关系的哲学分析》，南开大学博士学位论文，2007 年。

6. 韩兵：《论高等学校对学生的惩戒权》，浙江大学博士学位论文，2007 年。

7. 罗建国：《我国学位授权政策研究》，华中科技大学博士学位论文，2008 年。

8. 余伟良：《二十世纪的中国学位制度》，湖南师范大学博士学位论文，2008 年。

9. 李伟：《大学教师评聘自主权研究》，浙江大学博士学位论文，2008 年。

10. 杨少琳：《法国学位制度研究》，西南大学博士学位论文，2009 年。

11. 蔡洁：《我国高校学位授予行为的行政法规制》，中国人民大学博士学位论文，2009 年。

12. 官瑜珍：《论大学自治之界限》，浙江大学博士学位论文，2012 年。

13. 魏千峯：《论学术自由：中美法制之比较研究》，政治大学法律研究所硕士学位论文，1989 年。

14. 胡庆山：《日本宪法的大学自治理念及制度保障之探讨》，淡江大学日本研究所硕士学位论文，1990 年。

15. 杨素满：《我国与德国大学法之比较研究》，中兴大学法律学研究所硕士学位论文，1993 年。

16. 张陈弘：《大学自治之重新建构》，台湾大学法律学研究所硕士学位论文，2004 年。

17. 吴静：《民国时期学位制度探讨》，浙江大学硕士学位论文，2001 年。

18. 章敏：《影响学士学位授予的因素分析与对策研究》，华中科技大学硕士学位论文，2004 年。

19. 贾媛媛：《高等学校学位证颁发权的法理研究》，中国政法大学硕士学位论文，2006 年。

20. 杨朝晖：《论美国研究生学位授予权管理》，河北大学硕士学位论文，2006 年。

21. 王颖：《因考试作弊引起的高等学校学位授予纠纷研究》，中国人民大学硕士学位论文，2007 年。

22. 张瑾琳：《我国研究生学位授权质量保证体系研究》，河北大学硕士学位论文，2007 年。

23. 陈洁：《近代中国学位制度探析》，湘潭大学硕士学位论文，2008 年。

24. 乔亚琦：《高校学位授予行为的行政法学研究》，华东政法大学硕士学位论文，2009 年。

25. 孙春牛：《我国学位授权审核中政校关系法治化研究》，安徽大学硕士学位论文，2010 年。

26. 张弛：《中国学位授权制度变迁研究：由国家授权转向行政许可》，湘潭大学硕士学位论文，2010 年。

27. 张松铃：《学位纠纷之归因分析及对策探讨》，华东师范大学硕士学位论文，2011 年。

二　英文

1. William A. Kaplin, Barbarn A. Lee, *The Law of Higher Education*, Jossey-Bass Publishers, San Franciaico（1995）.

2. Kevin McGuinness, *The Concept of Academic Freedom*, The Edwin Mellen Press (2002).

3. Essex, Nathan L., *School Law and the Public Schools: A Practical Guide for Educational Leaders*, 3rd ed., Allyn and Bacon (2004).

4. McCarthy, Martha M. Cambron-McCabe, Nelda H. & Thomas, Stephen B., *Public School Law-Teachers' and Students' Rights*, 5ed., Allyn and Bacon (2004).

5. Olivas. M. A, *The Law and Higher Education*, Durham: Carolina Academic Press, 3rded (2006).

6. Louis Joughin, *Academic Due Process*, *Law and Contemporary Problems*, Vol. 28, No. 3 (1963).

7. Charles J. Stevens, *Preventing Unnecessary Intrusions on University Autonomy: A proposed Academic Freedom Privilege*, California Law Review, Vol. 69 (1981).

8. Notes: *Testing the Limits of Academic Freedom*, 130 U. of Pennsylrantia Law Review (1982).

9. Matthew W. Finken, *On "Institutional" Academic Freedom*, 61 Tex. L. Rev. (1983).

10. J. Peter Byrne, *Academic Freedom: A "Special Concern of the First Amendment"*, The Yale Law Journal, Vol. 99, No. 2 (1989).

11. Terrence Leas, *Higher Education, the Courts, and the "Doctrine" of Academic Abstention*, *Journal of Law & Education*, Vol. 20, No. 2 (1991).

12. Fernand N. Dutile, *Law And Goverance Affecting The Resolution Of Academic And Disciplinary Disputes At Scottish Universities An American Perspective*, 8 Ind. Int'l & Comp. L. Rev. 1 (1997).

13. FULLER L, *The Forms and Limits of Adjudication*, *in the Principles of Social Order*, Selected Essays of Lon L. Fuller, Oxford: Hart Publishing (2001).

14. Edward N. Stone II and John Wesley Lowery, *Navigation Past the "Spirit Of Insubordination": A Twenty-first Century-Model Student Conduct Code With a Model Hearing Script*, Journal of College And University Law. (Vol. 31、No. 1) (2004).

15. Elizabeth Morse, *Can You Place a Value on Education*?: *Why Texas Should Treat A Professional Degree as Marital Property*, Estate Planning & Community Property Law Journal, Summer, (Approx. 28 pages) (2012).

后　记

　　本书成形于我的博士论文基础之上。似乎，对高等教育领域法权问题的兴趣，注定将成为我学术生涯中一种狭隘的坚持。从硕士学位论文到博士学位论文，从大学生到大学教师，在选题的改变与角色的转换中始终不变的是，作为一名大学法律人对法治理念和大学自治精神的追求与向往。我深知，将学位授予权作为法学理论专业博士学位论文的选题，并不是一个很明智的选择。如此具体而细微的权利研究无疑局限了理论视野的延展和学术领域的开拓。更何况，我国目前高等教育法研究的局面仍由教育学学科主导，尚未引发主流法学界关注的热度。选择如此一个偏离传统法理学研究主题的选题，的确让我犹豫不决。但一种强烈的迷思情怀又让我对该选题欲罢不能。在担忧和纠结中，是我的导师孙笑侠教授所给予的肯定与鼓励，让这一狭隘最终变成了坚定不移，直至海阔天空。近20万字的论文，字字凝聚师恩深重。

　　尽管已顺利通过答辩，承蒙厚爱，还被评为当年优秀论文，但由于学识浅陋，我的博士论文还是留有不少遗憾与不足。本书定稿之际，于艳茹被北京大学撤销博士学位事件正在申诉中，也受到学界与媒体的极度关注。其中不乏对北大做法的各种（包括理性与非理性、专业与非专业的）质疑声，不少人为于艳茹的学术命运唏嘘不已、打抱不平。就因其所发表的一篇论文涉嫌抄袭，而她的博士学位论文并没有任何问题的情况下，就被撤销学位是否合理？北大撤销学位的程序是否正当？证据与理由是否充分？可见，从1999年刘燕文案到2014年于艳茹事件，从拒绝颁发学位证到撤销已颁发学位证，其实人们所关注的主题仍然相似，而这些相似主题背后则深深地充满着对大学滥用权力的警觉性。虽然，书中谈及了学位撤销权这一问题，但可惜没有作进一步的深挖与细化。希望能在接下来围绕学术权力的研究中，弥补这一遗憾。

自然，本书能得以成形还要真诚地感谢浙江大学法学院章剑生教授、梁上上教授、陈林林教授、夏立安教授、钱弘道教授，中国人民大学张志铭教授，北京大学湛中乐教授在开题、写作与答辩中，所给予的无私帮助与宝贵建议。

当然不会忘记的，还有相聚相识相知于月轮山间的我的同窗与挚友。谢谢他们的陪伴，在那条午间散步的小道中、在钟楼前的草坪上、在幽静的情人桥旁，都曾留有我们分享思想、激辩观点、畅谈人生的美好回忆。

而本书之所以能顺利出版，要感谢中国社会科学出版社张林女士的辛勤付出，要感谢温州大学及法政学院领导、同事的支持与帮助。

无法想象，如果没有家人的支持与包容，我是否还能如此淡定地静坐在温州市图书馆的一角，阅读着、思考着、书写着、感恩着……没有工作的读博三年，曾给我的先生陈志波平添了不少生活压力，谢谢他默默承受过的一切。谢谢我可爱的小丫头波娃，她是最好的舒缓剂，使我在枯燥而紧张的写作日子里依然不忘欢笑。感谢我的父母，是他们最无私的爱始终为我打造着一片心无旁骛、恣意驰骋的空间。

周慧蕾

2015 年 3 月 31 日

于温州市图书馆